क्रैक दा इंटरव्यू

गवर्नमेण्ट
एवं प्राइवेट
सेक्टर के लिए

क्रैक दा इंटरव्यू

लेखक
रितिका कपूर

arihant
अरिहन्त पब्लिकेशन्स (इण्डिया) लिमिटेड

arihant

अरिहन्त पब्लिकेशन्स (इण्डिया) लिमिटेड

卐 **रजि. कार्यालय**

'रामछाया' 4577/15, अग्रवाल रोड, दरिया गंज, नई दिल्ली – 110002
फोन: 011-47630600, 43518550; **फैक्स:** 011-23280316

卐 **मुख्य कार्यालय**

कालिन्दी, टी०पी० नगर, मेरठ (यूपी) – 250002
फोन: 0121-2401479, 2512970, 4004199; **फैक्स:** 0121-2401648

卐 **शाखा कार्यालय**

आगरा, अहमदाबाद, बरेली, बंगलुरु, भुवनेश्वर, चेन्नई, दिल्ली, गुवाहाटी, हैदराबाद, जयपुर, झाँसी, कोलकाता, लखनऊ, नागपुर, मेरठ तथा पुणे

卐 **ISBN :** 978-93-13160-80-9

卐 **मूल्य :** ₹ 125.00

PO No. : TXT-59-T064142-03-25

Published By : Arihant Publication (India) Limited

'अरिहन्त' की पुस्तकों के बारे में अधिक जानकारी के लिए हमारी वेबसाइट www.arihantbooks.com पर लॉग इन करें या info@arihantbooks.com पर सम्पर्क करें।

प्रस्तावना

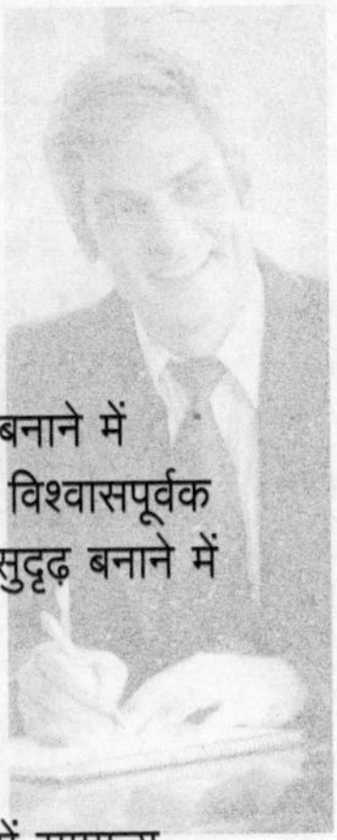

प्रस्तुत पुस्तक क्रैक दा इंटरव्यू आपके ज्ञान एवं कौशल को सक्षम बनाने में सहायक सिद्ध होगी, जिससे आप किसी भी साक्षात्कार का सामना विश्वासपूर्वक कर सकेंगे। यह पुस्तक साक्षात्कार करने वालों की योग्यताओं को सुदृढ़ बनाने में भी उपयोगी है।

प्रमुख विशेषताएँ

- प्रस्तुत पुस्तक में सर्वप्रथम उद्देश्य एवं इसके प्रकारों के बारे में सामान्य जानकारी का वर्णन किया गया है।
- इसके उपरान्त पुस्तक में व्यक्तित्व के विभिन्न गुणों को बताया गया है, जो साक्षात्कार के लिए आवश्यक हैं एवं प्रत्येक गुण को उदाहरण के साथ समझाया गया है।
- पुस्तक में साक्षात्कार की प्रक्रिया तथा उसका सामना करने के दिशा–निर्देशों को क्रमबद्ध तरीके से समाहित किया गया है।
- पुस्तक में प्रचुर मात्रा में नमूना साक्षात्कारों की विभिन्न श्रेणियों; जैसे– गवर्नमेण्ट, प्राइवेट जॉब्स एवं स्कूल एडमिशन के लिए सैम्पल इंटरव्यू में विभाजित किया गया हैं। इन नमूना साक्षात्कारों में संघ लोक सेवा परीक्षा (IAS, IPS, IRS, IFS, SSB, बैंक इंटेलिजेन्स ब्यूरो, RRB, दिल्ली मेट्रो, फाइनेंस मैनेजर, इंजीनियर, HR, कॉर्डिनेटर, ऑफिस एग्जीक्यूटिव, मार्केटिंग रिप्रिजेनटेटिव, सेल्स एजीक्यूटिव, सेल्स मैनेजर, IT कॉर्डिनेटर, स्कूल टीचर, BHM तथा MBA कोर्स, इत्यादि के साक्षात्कारों को शामिल किया गया है।
- पुस्तक में नमूना Resume को पाठकों की सहायता के लिए सम्मिलित किया गया है, जिससे वे अपना प्रभावशाली Resume सुव्यवस्थित ढंग से बना सकें।
- पुस्तक के अन्त में कुछ सामान्य FAQs (अकसर पूछे जाने वाले प्रश्न) भी सम्मिलित किया गया है, जिससे पाठक साक्षात्कार में पूछे जाने वाले सामान्य प्रश्नों का सर्वश्रेष्ठ तरीके से उत्तर दे सके।

मैं आशा करती हूँ कि प्रस्तुत पुस्तक उन उम्मीदवारों के लिए अत्यन्त उपयोगी सिद्ध होगी जो उच्चतर श्रेणी की Jobs के लिए होने वाले साक्षात्कारों की तैयारी कर रहे हैं।

आप सभी को ढेर सारी शुभकामनाएँ

रितिका कपूर

विषय-सूची

इंटरव्यू से सम्बन्धित सामान्य जानकारी

इंटरव्यू के लिए आवश्यक गुण एवं व्यक्तित्व के लक्षण

गवर्नमेण्ट, प्राइवेट जॉब्स एवं स्कूल एडमिशन के लिए सैम्पल इंटरव्यू

इंटरव्यू से सम्बन्धित सामान्य जानकारी

- इंटरव्यू : संक्षिप्त परिचय
- इंटरव्यू के प्रकार

'इंटरव्यू' शब्द एक व्यक्ति का दूसरे व्यक्ति से वार्तालाप अर्थात् संवाद की भूमिका को दर्शाता है जिसमें एक व्यक्ति साक्षात्कारकर्ता (Interviewer) की तथा दूसरा व्यक्ति प्रतियोगी (Candidate) की भूमिका निभाता है। यह प्रतियोगी परीक्षा में चयन हेतु सबसे महत्त्वपूर्ण चरण है, जहाँ साक्षात्कारकर्ता द्वारा एक व्यक्ति के सम्पूर्ण व्यक्तित्व का आकलन किया जाता है।

इंटरव्यू : एक परिचय

इंटरव्यू का अर्थ

इंटरव्यू अथवा साक्षात्कार दो या दो से अधिक व्यक्तियों (साक्षात्कारकर्ता एवं प्रतियोगी) के बीच विचारों एवं भावों (Expressions) का आदान-प्रदान करने की महत्त्वपूर्ण प्रक्रिया है, जिसमें साक्षात्कारकर्ता प्रश्न पूछकर प्रतियोगी (Candidate) के विषय में जानकारी प्राप्त करता है। दूसरे शब्दों में, साक्षात्कार प्रतियोगी के व्यक्तित्व एवं ज्ञान के परीक्षण की ऐसी प्रक्रिया है, जिसमें सफल होने पर प्रतियोगी वांछित अर्थात् उपयुक्त पद प्राप्त कर सकता है। इंटरव्यू एक जटिल प्रक्रिया है, अत: प्रतियोगी को उसमें सफलता प्राप्त करने हेतु उसकी तकनीक व रणनीति को समझकर उसमें दक्षता प्राप्त करनी होती है।

इंटरव्यू का उद्देश्य

यह विभिन्न उद्देश्यों की पूर्ति के लिए किया जाता है। इंटरव्यू का मुख्य उद्देश्य पद की गरिमा व महत्त्व की दृष्टि से प्रतियोगियों के व्यक्तित्व का परीक्षण करना तथा पद के अनुसार उनकी योग्यता का आकलन करना होता है। यह किसी भी चयन प्रक्रिया का अहम पड़ाव है। इसके अन्तर्गत चयन (Selection), मूल्य निरूपण (Appraisal), अनुशासनात्मक कार्यवाही (Disciplinary action), सलाह (Counselling) तथा सामान्य समस्या समाधान (Problem solving) आदि उद्देश्यों की पूर्ति की जाती है। यही निजी (Private) व सार्वजनिक (Government) दोनों क्षेत्रों जिनमें प्रशासनिक सेवाएँ (Civil services), सुरक्षा सेवाएँ (Defence services), बैंकिंग (Banking) तथा अर्द्धसैनिक सेवाएँ (Paramilitary services) सम्मिलित होती हैं, सभी में महत्त्वपूर्ण भूमिका निभाता है।

इंटरव्यू व्यक्ति के विभिन्न गुणों या लक्षणों के बारे में अधिक जानकारी एकत्र करने और नौकरी की आवश्यकता के साथ सह-सम्बन्ध रखने के विशिष्ट उद्देश्यों से आयोजित किया जाता है। इंटरव्यू व्यक्ति के गुणों व आवेदन-पत्र (Application form) में दी गई सूचनाओं की यथार्थता को सत्यापित (Verify) करने में सहायता करता है। साक्षात्कारकर्ता प्रतियोगी द्वारा दिए गए उत्तरों से उसकी अभिव्यक्ति (Expression), ज्ञान (Knowledge), कौशल (Skills) तथा आत्मविश्वास (Self-confidence) का आकलन करने का प्रयास करता है। इंटरव्यू साक्षात्कारकर्ता को प्रतियोगी के व्यक्तित्व और क्षमताओं में महत्त्वपूर्ण अन्तर्दृष्टि (Insight) प्रदान करता है और यह प्रतियोगी को जानने का अवसर देता है कि उनकी योग्यता (Qualification), पहलू (Aspects) तथा करियर के लक्ष्य (Career goals) कम्पनी की आवश्यकता के अनुरूप हैं या नहीं।

इंटरव्यू के लक्ष्य

साक्षात्कारकर्ता एवं प्रतियोगी के लिए इंटरव्यू के अलग-अलग दृष्टिकोण हैं। इंटरव्यू के मुख्य लक्ष्य इस प्रकार हैं

साक्षात्कारकर्ता के दृष्टिकोण से

1. **आपकी योग्यता एवं उपयुक्तता** (Suitability) **का पता लगाना** इंटरव्यू के माध्यम से साक्षात्कारकर्ता यह जानने में रुचि रखते हैं कि जिस प्रतियोगी को नियुक्त किया जा रहा है उसका संस्था अथवा संगठन (Organisation) में योगदान कैसे हो सकता है। साथ ही, इंटरव्यू का उद्देश्य यह भी पता लगाना है कि यह प्रतियोगी अन्य प्रतियोगियों से किस प्रकार अलग व श्रेष्ठ है।
2. **उपस्थिति, व्यक्तित्व एवं पृष्ठभूमि** इंटरव्यू के आधार पर, एक साक्षात्कारकर्ता आपके व्यक्तित्व की विशेषताओं, उपस्थिति (Appearance), व्यवहार कुशलता (Mannerism), मानसिक सतर्कता (Mental alertness), विचारों की निरन्तरता, नेतृत्व गुण (Leadership qualities) आदि का आकलन करते हैं।
3. **प्रतियोगी की संगठनात्मक अनुकूलता** (Organisational Fitness) **की जाँच करना** साक्षात्कारकर्ता निश्चित रूप से यह भी जाँचना चाहेगा कि प्रतियोगी उनके समूह में, कॉर्पोरेट संस्कृति में तथा संगठन में स्वयं को स्थापित कर पाएगा या नहीं।
4. **उम्मीदवार के ज्ञान एवं बुद्धि कौशल की जाँच** इंटरव्यू के द्वारा साक्षात्कारकर्ता प्रतियोगी के ज्ञान एवं तीक्ष्ण-बुद्धि (Knowledge and Intelligence) की भी जाँच करता है। जिसमें उम्मीदवार के ज्ञान के सन्दर्भ में शैक्षिक योग्यता, विशेषज्ञता (Specialisation), उस विषय की प्रतिदिन के कार्य-कलाप में उपयोगिता, अन्य सामान्य विषयों की जानकारी, बुद्धिलब्धता (I.Q.) एवं सामान्य विवेक (Common sense) आदि को सम्मिलित किया जाता है।
5. **सद्भावना** (Goodwill) **को बढ़ावा देना** इंटरव्यू में भी सद्भावना को बनाने व बढ़ाने के लिए अवसर प्रदान किए जाने चाहिए। साक्षात्कारकर्ता को शिष्टाचारपूर्वक व्यवहार करना चाहिए। यदि किसी प्रतियोगी को संगठन द्वारा चयनित नहीं किया जाता, तो उसके कारण को बताना चाहिए। साथ ही, रचनात्मक सुझावों (Constructive suggestions) को भी बताना चाहिए।

उम्मीदवार के दृष्टिकोण से

1. **जॉब की उपयुक्तता** प्रतियोगी का सबसे महत्त्वपूर्ण कार्य जॉब प्रोफाइल व जिम्मेदारियों का पता लगाना है। कम्पनी द्वारा दी गई प्रोफाइल के द्वारा उसके करियर के लघु अवधीय एवं दीर्घकालिक उद्देश्य (Short and long term career goals) पूरे होंगे या नहीं, यह प्रतियोगी को देख लेना चाहिए। प्रतियोगी को संगठन की संस्कृति, अपनी उन्नति एवं अवसर तथा अपनी जॉब की सुरक्षा की भी जाँच कर लेनी चाहिए।
2. **स्थान की उपयुक्तता** इंटरव्यू के माध्यम से उम्मीदवार को कार्य-स्थल की जाँच कर लेनी चाहिए। साथ ही, स्थानान्तरण (Transfer) के सिद्धान्त (यदि कम्पनी में लागू होते हों) को भी परख लेना चाहिए।
3. **सैलरी एवं अन्य सुविधाएँ** इंटरव्यू के समय प्रतियोगी को पद के अनुरूप अपनी सैलरी एवं अन्य सुविधाओं के बारे में भी जानकारी प्राप्त कर लेनी चाहिए।

इंटरव्यू के प्रकार

इंटरव्यू में साक्षात्कारकर्ता एवं उम्मीदवार के बीच प्रश्न और उत्तर के माध्यम से सूचनाओं का आदान–प्रदान किया जाता है। इंटरव्यू विभिन्न प्रकार के होते हैं, जिनका उपयोग साक्षात्कारकर्ता अपनी आवश्यकताओं के अनुरूप उम्मीदवार का चयन करने के लिए करता है।

संगठन पर आधारित इंटरव्यू

संगठित इंटरव्यू
(Structured Interview)

संगठित इंटरव्यू को निर्देशित (Directed) इंटरव्यू भी कहा जाता है। इस प्रकार के इंटरव्यू पहले से ही निर्धारित और योजनाबद्ध (Preplaned) होते हैं। ऐसे इंटरव्यू में उम्मीदवार से पूछे जाने वाले प्रश्न, प्रश्नों का क्रम, उम्मीदवार से जिस जानकारी को प्राप्त करना है आदि बातों का निर्णय साक्षात्कारकर्ताओं द्वारा इंटरव्यू से पूर्व ही कर लिया जाता है। यह इंटरव्यू विधिपूर्वक किए जाते हैं, जिसके कारण ऐसे इंटरव्यू में निरन्तरता (Consistency) के साथ पक्षपात की भी न्यूनतम स्थिति (Minimum bias) होती है। इस प्रकार के इंटरव्यू का सबसे बड़ा लाभ यह होता है कि यह संक्षिप्त, शीघ्रता से सम्पन्न होने वाले तथा अपक्षपातपूर्ण होते हैं।

असंगठित इंटरव्यू
(Unstructured Interview)

संगठित इंटरव्यू के विपरीत असंगठित इंटरव्यू अधिक आसान, लचीला (Flexible) व व्यक्तिगत होता है। इसे अनौपचारिक (Informal) इंटरव्यू भी कहा जाता है। इस प्रकार के इंटरव्यू में साक्षात्कारकर्ता उम्मीदवार के कौशल, ज्ञान, रुचि, अभिरुचि आदि सभी का मूल्यांकन करता है।

ऐसे इंटरव्यू में साक्षात्कारकर्ता उम्मीदवार से मुक्त प्रकृति के प्रश्न (Open Ended Question) पूछते हैं। इसमें साक्षात्कारकर्ता को किसी विशेष स्थिति के बारे में व्यक्ति की

समझ की वास्तविक जानकारी प्राप्त होती है। ऐसे इंटरव्यू में उम्मीदवार को लापरवाह नहीं होना चाहिए तथा साक्षात्कारकर्ता द्वारा पूछे जाने वाले प्रत्येक प्रश्न का उत्तर उचित प्रकार से देने का प्रयास करना चाहिए। इस इंटरव्यू में अधिक समय लगता है, साथ ही यह अधिक खर्चीले भी होते हैं।

स्ट्रेस इंटरव्यू
(Stress Interview)

साक्षात्कारकर्ता द्वारा स्ट्रेस या तनाव इंटरव्यू की तकनीक का प्रयोग कर्मचारी की दबाव या तनाव की स्थिति में कार्य करने की योग्यता को जाँचने के लिए किया जाता है। इस प्रकार के इंटरव्यू में उम्मीदवार पर जानबूझकर किसी उद्देश्य को सामने रखकर दबाव डाला जाता है, जिससे कि उम्मीदवार की भावात्मक सन्तुलन क्षमता (Emotional Balance Capacity) को परखा जा सके। ऐसे इंटरव्यू में साक्षात्कारकर्ता द्वारा एक के बाद एक (Rapid-fire) बड़ी तेजी से प्रश्न पूछे जाते हैं जिसके माध्यम से साक्षात्कारकर्ता यह देखना चाहते हैं कि उम्मीदवार अपने सन्तुलन को बनाए रखकर उचित उत्तर दे पाता है या नहीं। ऐसे इंटरव्यू में उम्मीदवार को संयम एवं धैर्य बनाए रखते हुए प्रश्नों के उत्तर देने चाहिए।

पारिस्थितिक इंटरव्यू
(Situational Interview)

इस प्रकार के इंटरव्यू में साक्षात्कारकर्ता यह देखने का प्रयास करते हैं कि उम्मीदवार कार्य के दौरान किसी विशेष परिस्थिति में आई समस्या का सामना किस प्रकार करेंगे। इसलिए साक्षात्कारकर्ता ऐसे प्रश्न तैयार करते हैं, जिससे उम्मीदवार की विश्लेषणात्मक (Analytical) और समस्या का समाधान करने की कुशलता (Problem Solving Skill) का पता लगाया जा सके। साक्षात्कारकर्ता यह भी देखना चाहते हैं कि उम्मीदवार कम-से-कम तैयारी में समस्या का सामना किस प्रकार करते हैं।

ऐसे इंटरव्यू में सफल होने का एकमात्र उपाय यह है कि उम्मीदवार अपने पिछले अनुभव याद रखे कि भूतकाल में उसने ऐसी परिस्थिति में समस्या का समाधान कैसे किया था।

संचार के साधनों पर आधारित इंटरव्यू

टेलीफोनिक इंटरव्यू
(Telephonic Interview)

इंटरव्यू में सबसे अधिक सुविधाजनक टेलीफोनिक इंटरव्यू को माना जाता है। यद्यपि ये टेलीफोनिक इंटरव्यू अन्य इंटरव्यू की तुलना में सरल होते हैं, परन्तु फिर भी कभी-कभी प्रतिभावान एवं योग्य उम्मीदवार भी प्रारम्भिक स्तर पर इस इंटरव्यू में अस्वीकृत कर दिए जाते हैं। इस प्रकार के इंटरव्यू का प्रयोग इंटरव्यू के अन्तिम चरण में भी किया जा सकता है।

टेलीफोनिक इंटरव्यू चयनकर्ता के लिए एक ऐसा माध्यम है जिसमें वह यह पता लगा सकता है कि उम्मीदवार काम करने के प्रति गम्भीर है या नहीं। उसके बाद वह निर्णय ले सकता है कि उसे उम्मीदवार को इंटरव्यू की प्रक्रिया में आगे ले जाना है या नहीं। सामान्यत: इस प्रकार के इंटरव्यू में पूछे जाने वाले प्रश्न उम्मीदवार की सामान्य योग्यता एवं कुशलता पर केन्द्रित होते हैं। आप किस प्रकार बोलते हैं, आपके आत्मविश्वास का स्तर क्या है? आदि बातों का विशेष ध्यान रखना चाहिए। टेलीफोनिक इंटरव्यू के लोकप्रिय होने का सबसे प्रमुख कारण यह है कि इससे धन व समय की बचत होती है। उम्मीदवार को इस प्रकार के इंटरव्यू को सहज रूप में नहीं लेना चाहिए और इसकी तैयारी उसी प्रकार करनी चाहिए जैसे आमने-सामने होने वाले इंटरव्यू के लिए की जाती है।

टेलीफोनिक इंटरव्यू के दौरान तथा उससे पहले उम्मीदवार को निम्न बिन्दुओं को ध्यान में रखना चाहिए

- आवेदन पत्र तथा शैक्षिक योग्यता एवं कार्यानुभव का संक्षिप्त विवरण अपने सामने रखें; साथ ही एक डायरी व पेन्सिल भी पास में रखें।
- टेलीफोनिक इंटरव्यू का संचालन सार्वजनिक स्थान पर कभी भी नहीं करना चाहिए। उम्मीदवार का ध्यान पूरी तरह से इंटरव्यू पर केन्द्रित होना चाहिए।
- टेलीफोनिक इंटरव्यू का संचालन एक शान्त एवं निजी क्षेत्र में करना चाहिए तथा परिवार के सदस्यों को पहले ही बता देना चाहिए कि इंटरव्यू के दौरान आपको किसी भी प्रकार से बाधित न करें।
- टेलीफोनिक इंटरव्यू के दौरान उम्मीदवार को भोजन करना, इण्टरनेट पर सर्च करना, मोबाइल का प्रयोग करना आदि किसी भी प्रकार के कार्य नहीं करने चाहिए।
- टेलीफोनिक इंटरव्यू के समय उम्मीदवार को यह मन में रखना चाहिए कि आप आमने-सामने बैठकर (Face to Face) इंटरव्यू दे रहे हैं।

पर्सनल इंटरव्यू
(Personal Interview)

इस प्रकार के इंटरव्यू के माध्यम से साक्षात्कारकर्ता उम्मीदवार के हाव-भाव, आवाज़ की स्पष्टता, चेहरे की अभिव्यक्ति आदि के द्वारा उसका आकलन कर सकता है। ऐसा इंटरव्यू उम्मीदवार को यह अवसर भी प्रदान करता है कि वह साक्षात्कारकर्ता से सम्बन्ध बनाए रखते हुए अपनी योग्यताओं एवं प्रतिभा (Ability) का परिचय दे।

पर्सनल इंटरव्यू

इस इंटरव्यू में साक्षात्कारकर्ता के पास प्रश्नों की एक लिस्ट होती है जिसके आधार पर वह उम्मीदवार से प्रश्न करते हैं, लेकिन जैसे-जैसे इंटरव्यू आगे बढ़ता है, साक्षात्कारकर्ता के मन में नए-नए प्रश्न भी उठते रहते हैं। यदि वे प्रश्न परिस्थिति के अनुकूल होते हैं, तो साक्षात्कारकर्ता उन प्रश्नों को भी पूछ सकता है। इस प्रकार के इंटरव्यू में साक्षात्कारकर्ता उम्मीदवार से बातचीत करते समय यह जानने का प्रयास करते है कि उम्मीदवार कम्पनी के लिए सही होगा या नहीं। व्यक्तिगत (Personal) प्रश्न व्यक्तिगत जीवन पर आधारित नहीं होते, बल्कि उम्मीदवार के व्यक्तिगत अनुभव (Personal experience) और व्यक्तिगत कार्य सम्पादन की विधि से सम्बन्धित होते हैं।

वीडियो कॉन्फ्रेन्स इंटरव्यू

(Video Conference Interview)

टेलीफोन इंटरव्यू तथा पर्सनल इंटरव्यू के बीच की एक लोकप्रिय विधि वीडियो कॉन्फ्रेन्स इंटरव्यू है, जो दूर स्थित लोगों के लिए लाभकारी है। इस प्रकार के इंटरव्यू से धन एवं समय की बचत होती है इसलिए यह इंटरव्यू बहुत सामान्य होता जा रहा है।

वीडियो कॉन्फ्रेन्स के द्वारा ऐसी बैठकें भी सम्भव होती हैं, जो अधिक दूरी और व्यस्त होने के कारण कभी सम्भव नहीं हो पाती। इसके माध्यम से दूर बैठे साक्षात्कारकर्ता को उम्मीदवार से आमने-सामने बातचीत करने का अवसर भी मिलता है।

वीडियो कॉन्फ्रेन्स द्वारा इंटरव्यू

वीडियो कॉन्फ्रेन्स इंटरव्यू के दौरान यदि उम्मीदवार आत्मविश्वास एवं बिना किसी भय के प्रश्नों के उत्तर दें, तो वह उसके लिए अत्यन्त लाभदायी होता है। यदि उम्मीदवार इस परिस्थिति से शीघ्र ही सम्बन्ध स्थापित कर ले, तो यह उसके बारे में साक्षात्कारकर्ता को एक अच्छा सन्देश देता है।

वीडियो-कॉन्फ्रेन्स इंटरव्यू से पूर्व तथा उसके दौरान निम्न बिन्दुओं को ध्यान में रखना आवश्यक है

- इंटरव्यू से पहले अपने आस-पास की सभी चीजों को व्यवस्थित करके रखें तथा वेबकैम के ठीक सामने इस प्रकार बैठें कि आप साक्षात्कारकर्ता को साफ-साफ दिखाई दें।
- इंटरव्यू से पहले कम्प्यूटर में आवाज की तीव्रता व उसके स्तर को ठीक से जाँच लें।
- ध्यान भटकाने वाली सभी चीजों; जैसे—चैटिंग, ई-मेल आदि को इंटरव्यू के दौरान प्रयोग में न लाएँ।
- डायरी व पेन्सिल को पास में रखें, जिससे आप जो भी चाहें शीघ्र नोट कर लें।
- इंटरव्यू के दौरान अपने मोबाइल और टेलीफोन को बन्द कर दें।
- इंटरव्यू के दौरान यदि आपके घर में अन्य सदस्य भी हैं, तो उन्हें बता दें कि आपका इंटरव्यू होने वाला है; अत: जब तक कोई आपातकाल (Emergency) की स्थिति न हो, तो कोई आपको बाधित न करे।
- संचार माध्यम का एक अन्य विकल्प; जैसे—मोबाइल फोन आदि का प्रबन्ध करके रखें।

लिखित इंटरव्यू
(Written Interview)

इस प्रकार के इंटरव्यू में साक्षात्कारकर्ता एक प्रश्न-पत्र उम्मीदवार को भेजता है तथा उसमें पूछे गए प्रश्नों के उत्तर लिखकर उसे वापस करने का निवेदन करता है। लिखित इंटरव्यू सामान्यतया अनुसन्धान कम्पनियों (Research Companies) अथवा एक्जिट पोल (Exit Poll) के संचार माध्यमों के द्वारा किए जाते हैं। इस प्रकार के इंटरव्यू का एकमात्र लाभ यह है कि इसमें किसी भी उम्मीदवार तक साक्षात्कारकर्ता की पहुँच बन जाती है। साथ ही, साक्षात्कारकर्ता अपनी सुविधानुसार प्रश्नों को तैयार कर सकता है।

लेकिन इस इंटरव्यू में लाभ के साथ कुछ हानियाँ भी हैं। इस प्रक्रिया में बहुत अधिक समय लगता है। साक्षात्कारकर्ता को कभी-कभी कई दिन अथवा सप्ताह तक भी प्रतीक्षा करनी पड़ती है, आमने-सामने न होने के कारण ऐसे इंटरव्यू साक्षात्कारकर्ता एवं उम्मीदवार के बीच सांस्कृतिक एवं भाषा सम्बन्धी बाधा उत्पन्न करते हैं।

चरणों/स्तरों पर आधारित इंटरव्यू

प्रथम स्तर अथवा स्क्रीनिंग
(First Stage of Screening)

प्रथम स्तर पर इंटरव्यू बहुत संक्षिप्त और शीघ्र होता है, जिसमें कम्पनी उम्मीदवारों के शैक्षिक एवं कार्यानुभव, प्रोफाइल से सम्बन्धित तथ्यों आदि की जाँच करती है। बड़ी संख्या में आए उम्मीदवारों की जाँच मध्य श्रेणी का एच. आर. मैनेजर करता है ताकि उच्च श्रेणी में शामिल किए जाने वाले उम्मीदवारों की क्षमता को पहचाना जा सके। अधिकांशतः इस चरण में उम्मीदवार की पृष्ठभूमि का निर्धारण किया जाता है तथा विभिन्न प्रकार के प्रश्न पूछे जाते हैं, जिससे कि उस पद के लिए आवेदक की योग्यता का निर्धारण किया जा सके।

इंटरव्यू का यह चरण बहुत महत्त्वपूर्ण भूमिका निभाता है, क्योंकि इसके कारण साक्षात्कारकर्ता को आधारभूत आवश्यकताओं (Basic requirements) की कमी वाले उम्मीदवारों का सामना नहीं करना पड़ता। यह इंटरव्यू का सस्ता, सुलभ एवं तीव्र तरीका है।

इसमें संक्षिप्त सूची (Shortlisting) द्वारा उन योग्य उम्मीदवारों पर ध्यान केन्द्रित करना होता है, जो इंटरव्यू के अगले चरण (Round) में उपस्थित होंगे।

आगामी इंटरव्यू
(Subsequent Interview)

अधिकांश संगठनों में इंटरव्यू एक बार (Single round) में ही समाप्त नहीं होता। वर्तमान में बहुआयामी इंटरव्यू (Multiple Interview) प्रचलित हैं तथा ये कई कारणों से किए जाते हैं। इंटरव्यू के दौरान जब कम्पनी के कुछ मुख्य व्यक्ति जो इंटरव्यू में उपस्थित नहीं हो पाए थे, ऐसी स्थिति में उनके द्वारा बाद में उम्मीदवार को पुनः इंटरव्यू के लिए बुलाया जा सकता है।

आगामी इंटरव्यू के लिए अधिकारी वर्ग द्वारा निम्नलिखित प्रक्रिया अपनाई जाती है

- स्क्रीनिंग की प्रक्रिया अधिकतर मध्य स्तर के एच. आर. अधिकारियों अथवा रिक्रूटमेण्ट एजेन्सियों द्वारा की जाती है, जबकि आगामी इंटरव्यू कम्पनी के उच्चवर्गीय (Senior) अधिकारियों द्वारा किया जाता है।
- कभी-कभी किसी उम्मीदवार के बारे में सभी अधिकारी सहमति नहीं बना पाते। ऐसी स्थिति में उम्मीदवार से दूसरी बार मिलने के लिए इंटरव्यू रखा जाता है, जिससे सर्वश्रेष्ठ उम्मीदवार का चयन किया जा सके।
- कभी-कभी किसी पद के लिए सर्वश्रेष्ठ उम्मीदवार को चयनित करने के लिए अलग-अलग अधिकारी उम्मीदवार की अलग-अलग योग्यताओं की जाँच करना चाहते हैं। कोई अधिकारी उम्मीदवार के तकनीकी ज्ञान और अनुभव को जाँचता है, तो कोई उसके व्यावहारिक ज्ञान को, जिससे कि वह संगठन में सम्मिलित हो सके। उनका मुख्य उद्देश्य यह जानने का प्रयत्न करना होता है कि उम्मीदवार अपनी टीम में कितना अच्छा योगदान दे सकता है, जिससे कि कम्पनी अपने लक्ष्य को प्राप्त कर सके।

उम्मीदवारों की संख्या पर आधारित इंटरव्यू

वन टू वन इंटरव्यू

(One to One Interview)

इस प्रकार के इंटरव्यू में एक समय पर केवल एक ही व्यक्ति का इंटरव्यू लिया जाता है। वन टू वन इंटरव्यू में उम्मीदवार की रुचियों, आकांक्षाओं और अनुभवों का मूल्यांकन किया जाता है ताकि उम्मीदवार को अच्छी तरह समझा जा सके।

यह इंटरव्यू का सबसे सामान्य प्रकार है। इस प्रकार के इंटरव्यू से आपस में विश्वास और सहयोग की भावना स्थापित करने में मदद मिलती है तथा साक्षात्कारकर्ता उम्मीदवार के विभिन्न पहलुओं (Aspects) पर प्रश्न पूछ सकता है, जिससे उसे उम्मीदवार से सम्बन्धित अधिक-से-अधिक जानकारी प्राप्त करने में आसानी होती है। इस इंटरव्यू के द्वारा उम्मीदवार का ठीक प्रकार से विश्लेषण किया जा सकता है; लेकिन यह इंटरव्यू की अधिक समय लेने वाली पद्धति है।

वन टू वन इंटरव्यू

पैनेल अथवा बोर्ड इंटरव्यू (Panel or Board Interview)

इस प्रकार के इंटरव्यू में दो से अधिक व्यक्ति एक उम्मीदवार का इंटरव्यू लेते हैं। यह एक सामान्य प्रकार का इंटरव्यू है। यह और इसका गठन चयन प्रक्रिया के अन्तिम चरण (Last stage of selection process) में अथवा उच्च पदों पर नियुक्ति (Appointment) हेतु किया जाता है। पैनल के सभी सदस्य भिन्न-भिन्न अनुभव, भाव और विचार (Thoughts and beliefs) इंटरव्यू प्रक्रिया के समय बताते हैं।

पैनेल अथवा बोर्ड इंटरव्यू

वर्तमान में जॉब मार्केट के रूप में पैनल इंटरव्यू तेजी से सामान्य होते जा रहे हैं। कम्पनियाँ नौकरी चाहने वाले को परखने और उनके द्वारा प्रतिभा दिखाने के लिए अधिक कठोर तरीकों की तलाश करती हैं। पैनल इंटरव्यू में प्रत्येक सदस्य उम्मीदवार से एक से दो मानक प्रश्न (Standard question) अवश्य करता है, इसलिए उम्मीदवार के लिए यह आवश्यक है कि वह सभी सदस्यों को ध्यान से सुने। यह साक्षात्कार उम्मीदवार को कठिन लगता है, परन्तु कम्पनियाँ इसके माध्यम से समय की बचत के साथ-साथ एक अच्छे उम्मीदवार की खोज करती हैं।

समूह इंटरव्यू
(Group Interview)

इस प्रकार का इंटरव्यू पैनल इंटरव्यू के एकदम विपरीत होता है। इसमें कई साक्षात्कारकर्ताओं द्वारा एक उम्मीदवार का इंटरव्यू नहीं लिया जाता, बल्कि एक साक्षात्कारकर्ता द्वारा कई उम्मीदवारों का इंटरव्यू लिया जाता है। समूह इंटरव्यू का उद्‌देश्य विभिन्न उम्मीदवारों में से एक अच्छे लीडर की पहचान करना होता है। इस प्रकार के इंटरव्यू प्रभावी नहीं होते तथा इनका प्रयोग किसी संगठन द्वारा बहुत ही कम किया जाता है।

समूह इंटरव्यू

अन्य पहलुओं पर आधारित इंटरव्यू

कैम्पस इंटरव्यू
(Campus Interview)

बहुत-सी कम्पनियाँ प्रतिवर्ष प्रतिष्ठित (Prestigious) कॉलेज से निकले प्रतिभावान छात्रों का कॉलेज के कैम्पस में ही इंटरव्यू लेकर उन्हें नियुक्त (Recruit) कर देती हैं, जिसे कैम्पस इंटरव्यू कहा जाता है।

कैम्पस इंटरव्यू से कम्पनियों को प्रतिभावान छात्रों में से सर्वश्रेष्ठ उम्मीदवार को चुनने का अवसर प्राप्त होता है। कॉलेज से निकलने के पश्चात् छात्र जॉब की दुनिया में बिल्कुल नए होते हैं, इसलिए उनके पास थोड़ा या अधिक कार्यानुभव होने का कोई प्रश्न ही नहीं उठता। जिन पदों के लिए ये इंटरव्यू लिया जाता है, वे साधारणत: सामान्य स्तर के होते हैं। उनमें वित्त (Finance), मार्केटिंग (Marketing), प्रबन्धन (Management), बिक्री (Sales), संचालन (Operations), सामाजिक सेवा (Social services), इंजीनियरिंग एवं तकनीक (Engineering and technology) सहित कार्यात्मक क्षेत्रों की एक लम्बी शृंखला (Broad range) शामिल होती हैं।

टेक्नीकल इंटरव्यू
(Technical Interview)

इस प्रकार का इंटरव्यू कुछ विशेष तकनीकी जॉब (Technical Jobs) के लिए किया जाता है। ऐसे इंटरव्यू में अधिक अनुभव वाले (Long Experienced) उम्मीदवारों को ही बुलाया जाता है तथा उम्मीदवार से तकनीकी प्रश्नों को ही विस्तार से पूछा जाता है। इसमें किसी भी संगठन (Organisation) का प्रमुख तकनीकी व्यक्ति उम्मीदवार का साक्षात्कार ले सकता है। इंटरव्यू के समय उम्मीदवार से ऐसे प्रश्न पूछे जाते हैं, जिससे उसकी विश्लेषणात्मक क्षमताओं (Analytical abilities) एवं तकनीक की विस्तृत जानकारी को परखा जा सके। चयनकर्ता यह भी जानना चाहता है कि तकनीकी क्षेत्र में हो रहे नए-नए परिवर्तनों के विषय में उम्मीदवार कितना जागरूक है और उसका ज्ञान कम्पनी के भविष्य के लिए कितना उपयोगी होगा, इसलिए केवल तकनीकी ज्ञान का ही पता लगाना साक्षात्कारकर्ता का एकमात्र उद्देश्य नहीं होता, बल्कि कम्पनी तथा साक्षात्कारकर्ता उम्मीदवार की समस्या का समाधान करने की क्षमता को भी देखने की कोशिश करता है।

सामान्य इंटरव्यू की संरचना
(General Interview Structure)

इंटरव्यू का स्वरूप अनौपचारिक रूप से होने वाले वार्तालाप से भिन्न होता है। अलग-अलग तरह के इंटरव्यू अलग-अलग प्रक्रियाओं का पालन करते हैं, जिनमें विभिन्न प्रकार के प्रश्न सभी उम्मीदवारों से पूछे जाते हैं। ये प्रश्न आवश्यकतानुसार, निजी क्षेत्र की नौकरी, सरकारी नौकरी, दाखिले हेतु आदि के सन्दर्भ में अलग-अलग हो सकते हैं। इस प्रकार के इंटरव्यू में व्यावहारिक पक्ष को प्राथमिकता दी जाती है। कम्पनी के उद्देश्यों एवं आवश्यकता को ध्यान में रखते हुए साक्षात्कारकर्ता इंटरव्यू का प्रारूप निश्चित करते हैं, जिससे कि उनकी आवश्यकताएँ उचित प्रकार से पूरी हो सकें।

हम यहाँ तीन मुख्य क्षेत्रों के इंटरव्यू के प्रारूपों का अध्ययन करेंगे

1. निजी क्षेत्र का इंटरव्यू (Private Sector Interview)
2. सार्वजनिक एवं सरकारी क्षेत्र का इंटरव्यू (Public or Government Sector)

3. प्रवेश के समय कॉलेजों में होने वाले इंटरव्यू (Admission Interview) जिससे इन कॉलेज/संस्थानों में प्रवेश मिल सके; जैसे तकनीकी संस्थान अथवा व्यावसायिक विद्यालय।

निजी क्षेत्रों का इंटरव्यू
(Private Sector Job Interview)

निजी क्षेत्र के इंटरव्यू का प्रथम उद्देश्य सर्वोत्तम आवेदक या उम्मीदवार का चुनाव करना है। इंटरव्यू चाहे तकनीकी पद (Technical post) के लिए हो या प्रबन्धन पद (Managerial post) के लिए, इसमें एक खास प्रारूप तैयार किया जाता है।

निजी क्षेत्र में इंटरव्यू निम्नलिखित तरीके से लिया जा सकता है

- इंटरव्यू किसी एक व्यक्ति या साक्षात्कारकर्ता समूह द्वारा एक मानक रूप के आधार पर लिया जा सकता है।
- साक्षात्कारकर्ता कुछ सामान्य प्रश्न भी पूछ सकते हैं, जिससे कि प्रारम्भिक स्तर पर एक अच्छा सम्बन्ध बन सके। इसे इंटरव्यू का प्रारम्भ भी कहा जा सकता है, जिसमें लीक से हटकर प्रश्न पूछे जाते हैं।

उदाहरण के लिए कुछ ऐसे ही प्रश्न नीचे दिए जा रहे हैं, जिन्हें साक्षात्कारकर्ता इंटरव्यू के दौरान पूछ सकता है

- क्या आपकी यात्रा अच्छी रही?
- मैं समझता हूँ कि आपको यहाँ का पता आसानी से मिल गया होगा।

इंटरव्यू का प्रारम्भ साक्षात्कारकर्ता एक मुक्त प्रश्न (Open question) पूछकर भी कर सकता है जैसे कि "क्या आप अपनी वर्तमान जिम्मेदारियों का विवरण मुझे देंगे" अथवा "क्या आप अपने वर्तमान पद को छोड़ने के विषय में हमें बताएँगे?" यदि उम्मीदवार के बायोडाटा में (Present post) उसकी पढ़ाई या जॉब के मध्य कुछ महीनों या वर्षों का अन्तर होता है, तो साक्षात्कारकर्ता यह पूछ सकता है कि "जब आप जॉब नहीं कर रहे थे, उस समय आप क्या कर रहे थे?" यह एक व्यक्ति से सम्बन्धित विशिष्ट प्रश्न है, जिसका उत्तर सभी आवेदकों के लिए भिन्न-भिन्न होगा।

जब साक्षात्कारकर्ता इंटरव्यू को समाप्त करता है तथा आवेदक को चयन-प्रक्रिया का पालन करने के लिए कहता है तो जाने से पहले आवेदक को साक्षात्कारकर्ता का धन्यवाद तथा अभिवादन करना चाहिए।

सार्वजनिक एवं सरकारी क्षेत्र का इंटरव्यू
(Public or Government Sector Interview)

सरकारी क्षेत्र में चयन के लिए एक निश्चित क्रम होता है, जिसके अनुसार इंटरव्यू की प्रक्रिया सम्पन्न होती है। सामान्यतया सरकारी क्षेत्र के इंटरव्यू में व्यक्तिगत छवि का आकलन किया जाता है तथा जिसके द्वारा आवेदक की परिस्थितियों से अनुकूलता बनाने की योग्यता, नेतृत्व योग्यता, सन्तुलित विचार एवं निर्णय शक्ति को भी आँका जाता है।

इस प्रकार के इंटरव्यू में प्रश्नों का चयन इस प्रकार किया जाता है, जिससे उम्मीदवार की मानसिक क्षमताओं (Mental abilities), सामान्य ज्ञान एवं जागरूकता तथा ज्ञान की गहराई (Depth of knowledge) को मापा जा सके। साथ ही आवेदक अपने ज्ञान का कितनी अच्छी तरह उपयोग करता है, इसे भी इंटरव्यू में जाँचा जाता है।

ऐसे कुछ प्रश्न इस प्रकार हैं

- जन्म-स्थान या जन्म वर्ष, अपना शहर अथवा राज्य के विषय में सम्भावित प्रश्न पूछे जा सकते हैं।
- आपकी डिग्री के मुख्य विषय तथा उस ज्ञान की वर्तमान परिस्थितियों में उपयोगिता सम्बन्धी प्रश्न पूछे जा सकते हैं।
- साक्षात्कारकर्ता आपकी रुचि तथा अन्य पाठ्यक्रम सहगामी गतिविधियों (Co-curricular activities) के विषय में प्रश्न पूछ सकता है।
- राष्ट्रीय एवं अन्तर्राष्ट्रीय घटनाओं (National and International events) से तथा समसामयिक मुद्दों (Current topics) से सम्बन्धित प्रश्न पूछे जा सकते हैं। इसके अतिरिक्त सामाजिक, सांस्कृतिक या आर्थिक समस्याओं से सम्बन्धित प्रश्न भी पूछे जा सकते हैं।

प्रवेश के लिए इंटरव्यू
(Admission Interviews)

स्कूल और कॉलेजों में प्रवेश के लिए भी इंटरव्यू होते हैं, जिनमें छात्र व्यावसायिक कोर्स (Professional Courses) में अपना प्रवेश भिन्न-भिन्न संगठनों एवं विश्वविद्यालयों में चाहते हैं। साक्षात्कारकर्ता प्रवेश हेतु छात्रों में कौशल, बौद्धिक एवं विश्लेषणात्मक क्षमता को जाँचते हैं। साथ ही, आवेदकों के नेतृत्व गुण, बोलने का तरीका एवं आत्मविश्वास को भी जाँचने का प्रयत्न करते हैं। *सामान्यतया निम्नलिखित चरणों का अनुसरण दाखिले के इंटरव्यू के दौरान किया जाता है*

- लिखित परीक्षा का आयोजन करना, जिससे योग्य उम्मीदवारों का चयन किया जा सके।
- केवल प्रतिभाशाली छात्रों को इंटरव्यू एवं समूह परिचर्चा (Group Discussion) के लिए आमन्त्रित किया जाता है।

एक उम्मीदवार का चयन उसकी लिखित परीक्षा, समूह परिचर्चा तथा अन्य व्यक्तिगत इंटरव्यू में किए गए प्रदर्शन के आधार पर किया जाता है। प्रत्येक संगठन का एक निश्चित मापदण्ड होता है, जिसके आधार पर उम्मीदवार का चयन किया जाता है।

इंटरव्यू में

क्या करें

बालों को अच्छी तरह से प्रोफेशनल स्टाइल में बनाएँ।
बालों को अच्छी तरह से तैयार किया गया है, जिससे ये चेहरे पर न आएँ।
मेकअप हल्का रखें।
साड़ी के रंग के साथ मैच करता हुआ ब्लाउज़ पहनें।
नाखून साफ व नेचुरल कलर के होने चाहिए।
आभूषणों का न्यूनतम उपयोग करना चाहिए।
एक-दूसरे से मैचिंग करता ब्लेजर एवं ट्राउज़र अच्छा प्रभाव डालता है।
उचित प्रकार से बाँधी गई साड़ी अच्छा प्रभाव डालती है।
कपड़ों के साथ मैच करते हुए लैदर के जूते, आरामदायक होने चाहिए, जिससे चलने में आसानी हो।

क्या पहनें (स्त्री)

टिप्स

- घर से निकलने से पहले स्वयं को शीशे में एक बार देख लें।
- अत्यधिक पाउडर अथवा पर्फ्यूम का प्रयोग न करें।
- अपने मोबाइल फ़ोन को साइलेंट कर लें।

इंटरव्यू में

क्या करें

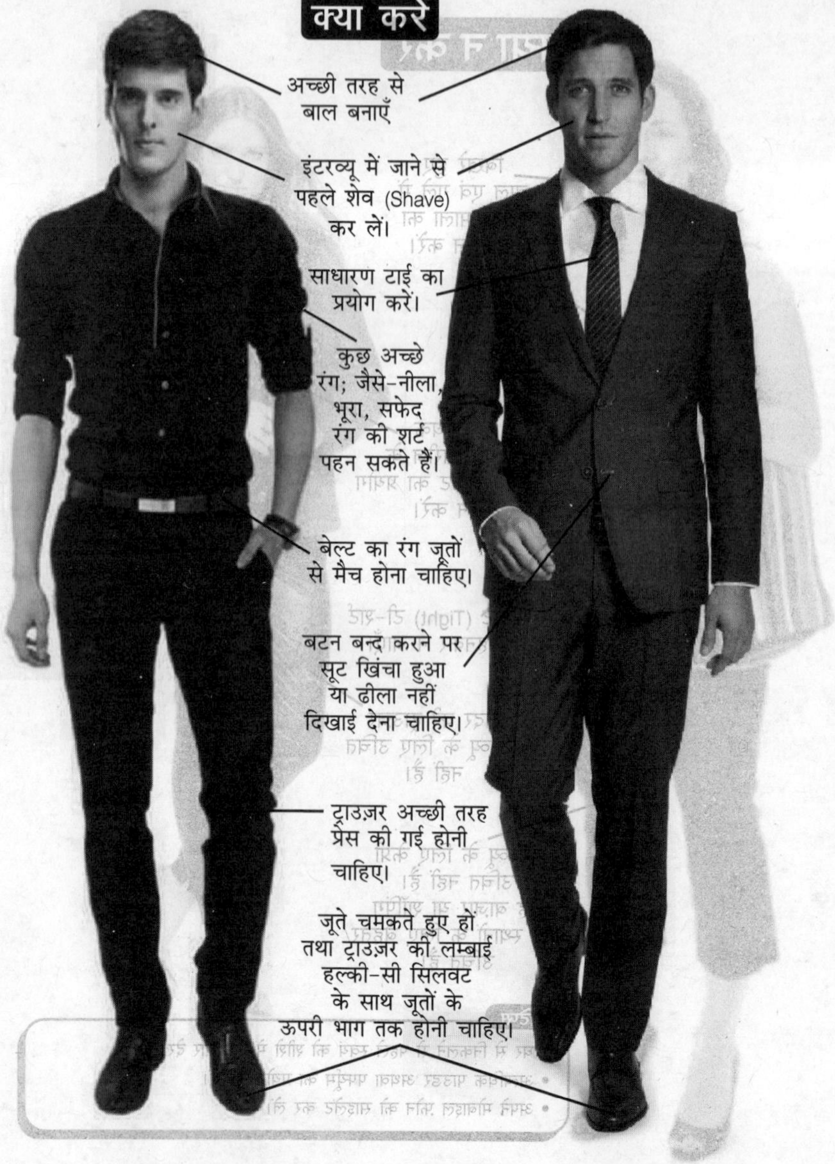
अच्छी तरह से बाल बनाएँ
इंटरव्यू में जाने से पहले शेव (Shave) कर लें।
साधारण टाई का प्रयोग करें।
कुछ अच्छे रंग; जैसे-नीला, भूरा, सफेद रंग की शर्ट पहन सकते हैं।
बेल्ट का रंग जूतों से मैच होना चाहिए।
बटन बन्द करने पर सूट खिंचा हुआ या ढीला नहीं दिखाई देना चाहिए।
ट्राउज़र अच्छी तरह प्रेस की गई होनी चाहिए।
जूते चमकते हुए हों तथा ट्राउज़र की लम्बाई हल्की-सी सिलवट के साथ जूतों के ऊपरी भाग तक होनी चाहिए।

क्या पहनें (पुरुष)

क्या न करें

टिप्स

- घर से निकलने से पहले स्वयं को शीशे में एक बार देख लें।
- अत्यधिक पाउडर अथवा पर्फ्यूम का प्रयोग न करें।
- अपने मोबाइल फ़ोन को साइलेंट कर लें।

इंटरव्यू के लिए आवश्यक गुण एवं व्यक्तित्व के लक्षण

- इंटरव्यू के लिए आवश्यक गुण
- इंटरव्यू से पूर्व तैयारी
- इंटरव्यू में उपस्थिति
- इंटरव्यू की प्रक्रिया
- इंटरव्यू के पश्चात् की क्रियाएँ

अपने करियर में सफलता प्राप्त करने के लिए व्यक्तित्व एक महत्त्वपूर्ण आधार है। अपने व्यक्तित्व में आधारभूत गुणों को सम्मिलित करके कोई भी उम्मीदवार साक्षात्कार में अच्छा प्रदर्शन कर सकता है।

इंटरव्यू के लिए आवश्यक गुण

व्यक्तित्व वह गुण है, जिससे मनुष्य के विचार (Thought), व्यवहार (Behaviour), अभिप्रेरणा (Motivation) और भावनाएँ (Emotions) प्रभावित होते हैं। व्यक्तित्व में केवल शारीरिक गुण ही नहीं, बल्कि मानसिक गुण भी शामिल होते हैं। 'व्यक्तित्व' शब्द को भिन्न-भिन्न प्रकार से परिभाषित किया जाता है, लेकिन मनोवैज्ञानिक आधार पर दो प्रमुख अर्थ सामने आते हैं।

पहला व्यक्तित्व ही वह सब कुछ है, जो आपको अन्य व्यक्तियों से अलग बनाता है तथा **दूसरा** यह कि जिस सामाजिक-सांस्कृतिक परिवेश में हम रहते हैं, वे वातावरणीय गुण (Environmental factors) हमारे व्यक्तित्व के निर्माण में एक महत्त्वपूर्ण भूमिका निभाते हैं।

ध्यान रहे कि अपने विषय का ज्ञान एवं सामान्य अध्ययन की जाँच इंटरव्यू का केवल एक पहलू है, उम्मीदवार स्वयं को कैसे प्रस्तुत करता है, उसकी बातचीत करने का तरीका आदि सभी समान रूप से महत्त्वपूर्ण हैं।

इंटरव्यू के समय उम्मीदवार की वेशभूषा (Dressing sense), व्यवहार कुशलता (Mannerism), बातचीत करने का तरीका (Way of communication), मानसिक सजगता (Mental alertness), विचारों एवं सोच में एकरूपता (Consistency of thoughts and ideas), सकारात्मक दृष्टिकोण (Positive attitude), आत्मविश्वास (Self Confidence), अपने ज्ञान का उपयोग एवं नेतृत्व के गुण (Leadership quality) आदि सभी गुणों को परखा जाता है। इंटरव्यू के लिए आवश्यक गुणों को नीचे अच्छी प्रकार से समझाया गया है।

वेशभूषा

(Dressing Sense)

साक्षात्कारकर्ता एक व्यक्ति को न केवल ज्ञान और विचारों के स्तर पर जाँचता है, बल्कि वह उसके सम्पूर्ण व्यक्तित्व को परखता है। वह कैसा दिखाई देता है अथवा कैसे कपड़े पहनता है, इन सभी का प्रभाव साक्षात्कारकर्ता पर पड़ता है। कभी-कभी साक्षात्कारकर्ता इंटरव्यू के दौरान आपसे वस्त्रों से सम्बन्धित प्रश्न भी पूछ सकते हैं।

उदाहरण

(उम्मीदवार की वेशभूषा से सम्बन्धित प्रश्न)

चेयरमैन आप कैसे हैं मि. पीटर? आप बहुत अच्छे दिखाई दे रहे हैं, विशेषकर आपकी शर्ट का रंग बहुत अच्छा है।

उम्मीदवार धन्यवाद सर!

(आपका उत्तर बिना घबराए उसी समय दिया जाना चाहिए।)

चेयरमैन आपकी टाई नई लगती है। क्या आपने इसे इस इंटरव्यू के लिए खरीदा है?

उम्मीदवार नहीं सर! यह छः महीने पुरानी है। मैं इसे कभी-कभी ही पहनता हूँ। यह मुझे मेरे बड़े भाई ने उपहार में दी थी।

चेयरमैन मि. पीटर। आपकी शर्ट का रंग आपकी पैण्ट के रंग से बिल्कुल मैच कर रहा है। आपने कपड़ों का चुनाव बहुत ही अच्छी तरह से किया है।

उम्मीदवार धन्यवाद सर! मैं कपड़ों के रंग आदि को चुनने में हमेशा सजग रहता हूँ। मैं कोशिश करता हूँ कि मैं बिल्कुल सही व पूरी तरह से मैच करते हुए कपड़े ही पहनूँ। मैं आपके द्वारा की गई प्रशंसा के लिए आभारी हूँ।

नोट *(मि. पीटर ने बिना किसी झिझक के पूरे इंटरव्यू में औसत से ऊपर प्रदर्शन किया, क्योंकि वह किसी भी प्रकार की घबराहट और झिझक के बिना तुरन्त जवाब देने में सक्षम था।)*

व्यवहार कुशलता

(Mannerism)

इंटरव्यू कई संवादों (Dialogues) और मौखिक प्रतिक्रियाओं (Verbal responses) से निर्मित होता है, जिनके द्वारा विचारों का आदान-प्रदान होता है। यह सत्य है कि मनुष्य की भाषाई कुशलता एक ऐसा आईना है, जिसमें उसके सम्पूर्ण व्यक्तित्व की झलक मिल जाती है। प्रत्येक व्यक्ति को यह ध्यान में रखना चाहिए कि वह स्पष्ट और बिना झिझक के अपने विचारों को प्रस्तुत करे, जिससे कि साक्षात्कारकर्ता पर अनुकूल प्रभाव पड़े, इंटरव्यू के दौरान विनम्रता व शिष्टाचार का प्रदर्शन करना चाहिए; जैसे-साक्षात्कारकर्ता का अभिवादन एवं धन्यवाद करना, अपने मोबाइल को बन्द रखना आदि। इंटरव्यू में गलत तरीके से बैठना, आँखें इधर-उधर घुमाना, बहुत तीव्र या बहुत धीमी गति से बोलने आदि सभी चीजों से बचना चाहिए।

उदाहरण

(ये सवाल यह दर्शाते हैं कि किस प्रकार उम्मीदवार अपने आत्मविश्वास के स्तर से इंटरव्यू में पूछे गए प्रश्नों का आसानी से सामना करता है।)

चेयरमैन गुड मॉर्निंग, मिस सुजाता!

उम्मीदवार गुड मॉर्निंग, सर!

चेयरमैन आप इंटरव्यू में देर से पहुँची? या नहीं?

उम्मीदवार (मुस्कुराते हुए नम्रतापूर्वक बोलती हैं) नहीं सर! मैं तो बिल्कुल समय पर आई हूँ। जैसे ही मेरा नाम लिया गया मैं सीधे इस कमरे में आ गई। (विनम्रता एवं आत्मविश्वास से उत्तर दिया।)

चेयरमैन कृपया अपना स्थान ग्रहण करें।

उम्मीदवार (उम्मीदवारों के लिए रखी एक कुर्सी पर वह बिना आवाज किए बैठ जाती हैं) आपका बहुत-बहुत धन्यवाद सर!

चेयरमैन आपकी डिग्रियों को देखने से पता चलता है कि आपने मेरठ विश्वविद्यालय से स्नातक (Graduation) की डिग्री ली है। यह विश्वविद्यालय ज्ञान प्रदान करने के लिए प्रसिद्ध नहीं है। यहाँ का वातावरण भी अशान्त है। आपका क्या विचार है?

उम्मीदवार (सुजाता मध्यम स्वर में बोलती हैं; साथ ही चेयरमैन के साथ आँखों से सम्पर्क बनाए रखती हैं) मुझे माफ़ करें सर! मेरा मत आपसे भिन्न है। मैंने इस विश्वविद्यालय में तीन वर्षों तक अध्ययन किया है। इस दौरान मैंने कई गतिविधियों; जैसे-सेमिनार, सिम्पोजियम तथा अनेक प्रतियोगिताओं में भी भाग लिया जिससे मुझे स्नातक के ज्ञान के अतिरिक्त बहुत कुछ सीखने को मिला। मैं अपने विश्वविद्यालय के लेक्चरर की बहुत आभारी हूँ, जो हमेशा मेरे लिए आदर्श रहे। मैं इस विश्वविद्यालय का एक हिस्सा होने पर गर्व करती हूँ और मुझे यहाँ का वातावरण बाधित व अशान्त करने वाला नहीं लगा।

नोट *(वह अपने विश्वविद्यालय की बड़ी सफाई से प्रशंसा करती हैं तथा बता देती हैं कि उसने पाठ्यक्रम सहगामी क्रियाओं (Extra curricular) में भाग लिया है। इससे यह प्रमाणित होता है कि विश्वविद्यालय का वातावरण सुखद (Cordial) व अनुकूल (Congenial) है।)*

बातचीत करने का तरीका

(Way of Communication)

अच्छी तरह से बातचीत करना संगठन के लक्ष्यों (Organisational goals) को प्राप्त करने की मुख्य शर्त है। साक्षात्कारकर्ता यह उम्मीद करता है कि उम्मीदवार ठीक तरह से बातचीत करने के कौशल में निपुण हो। यह कौशल केवल स्पष्ट बोलने तक सीमित नहीं है, इसमें दूसरे व्यक्ति को अच्छी तरह सुनना एवं अपनी बात को कहने से पहले उसको समझना भी शामिल है। इंटरव्यू के दौरान उम्मीदवार का अच्छे वार्तालाप के आधार पर भी चयन होता है। साक्षात्कारकर्ता कम्पनी में ऐसे कर्मचारी चाहते हैं, जो अन्य कर्मचारियों से सम्बन्ध बनाने में समर्थ हों तथा मौखिक एवं गैर-मौखिक रूप से संवाद करने की क्षमता रख सकें।

उदाहरण

(बातचीत करने के तरीके का उदाहरण)

चेयरमैन गुड मॉर्निंग, मि. विवेक!

उम्मीदवार गुड मॉर्निंग, सर!

चेयरमैन मि. विवेक हम यह जानना चाहते हैं कि आप अन्य कर्मचारियों के साथ कितनी अच्छी तरह काम कर सकते हैं।

उम्मीदवार सर, मैं एक अच्छा श्रोता (Good listener) एवं वक्ता (Communicator) हूँ, जो कि विक्रय प्रतिनिधि (Sales representative) के लिए बहुत जरूरी है। ग्राहक अपनी शिकायत लिखवाने के लिए तथा अपनी चिन्ताएँ बताने के लिए अक्सर फोन करते हैं। मैं उनकी शिकायतें ध्यान से सुनता हूँ तथा उनके प्रति सहानुभूति दिखाता हूँ। इससे ग्राहक आभार व्यक्त करते हैं। उसके बाद मैं उनकी समस्याओं का हल उन्हें बताता हूँ।

नोट *(उम्मीदवार ने कितनी अच्छी तरह साक्षात्कारकर्ता को बता दिया कि उसमें बातचीत करने की योग्यता है, जिससे वह ग्राहकों की समस्याओं का समाधान कर देता है।)*

मानसिक सजगता

(Mental Alertness)

अपनी बुद्धि का उचित प्रयोग करना व्यक्तित्व का महत्त्वपूर्ण गुण है, जिससे मनुष्य के व्यक्तित्व को एक अच्छा आकार प्राप्त होता है। कम-से-कम समय में हल करने के लिए दिए गए प्रश्नों को उम्मीदवार कितनी अच्छी तरह समझ पाता है, यह उसके बुद्धि के प्रयोग को दर्शाता है। साक्षात्कारकर्ताओं का मण्डल (Interview Board) उम्मीदवार की बुद्धि का आकलन कई तरह से करते हैं; जैसे-उम्मीदवार से अस्पष्ट (Confusing) ऐसे प्रश्न पूछकर, उम्मीदवार को उत्तर देते समय बाधित (Interrupt) करके या एक के बाद एक प्रश्नों को

पूछकर, जिससे कि उम्मीदवार को उत्तर देने का अवसर या समय ही न मिले। इन सभी परिस्थितियों के लिए यह आवश्यक है कि उम्मीदवार अपना ध्यान केन्द्रित करें। साथ ही, उसे अपने आस-पास की वस्तुओं को अच्छी तरह देख लेना चाहिए तथा प्रश्नों को ठीक से समझकर स्वाभाविक रूप से उत्तर देना चाहिए।

उदाहरण

(प्रस्तुत उदाहरण उम्मीदवार की मानसिक सजगता को प्रस्तुत करता है।)

उम्मीदवार सर, क्या मैं अन्दर आ सकता हूँ?

चेयरमैन हाँ, आ जाइए मि. नय्यर।

उम्मीदवार धन्यवाद, सभी को गुड मॉर्निंग।

चेयरमैन इस मॉर्निंग में ऐसा क्या गुड है मि. नय्यर?

अन्य साक्षात्कारकर्ता आप इस जगह पर कैसे आए तथा आप रिसेप्शन पर कितने बजे पहुँचे?

उम्मीदवार (बिना घबराए, मुस्कुराकर मि. नय्यर कहते हैं) सर मैं पहले प्रथम प्रश्न का उत्तर देना चाहूँगा। सर, यह समय अभिवादन (Welcome) का है और जहाँ तक इस मॉर्निंग के शुभ होने का प्रश्न है, तो मैं कहना चाहूँगा कि कमरे का वातावरण मुझे काफी प्रभावित कर रहा है। अब मैं दूसरे प्रश्न का उत्तर देता हूँ।

(मि. नय्यर ने अपना ध्यान प्रश्नों पर अच्छे से केन्द्रित किया, जिससे, वह दूसरा प्रश्न भूला नहीं है, जबकि पहले प्रश्न का उत्तर देते हुए दूसरा प्रश्न भूल जाने की बहुत सम्भावना रहती है।)

सर, मैं बस द्वारा यहाँ पहुँचा और मैं रिसेप्शन पर 8 बजकर 42 मिनट पर आ गया था।

चेयरमैन आप कैसे जानते हैं कि **उस** समय 8 बजकर 42 मिनट ही हुए थे?

उम्मीदवार सर, यह मेरी आदत है कि मैं जहाँ कहीं भी जाता हूँ, घड़ी देखता हूँ। यद्यपि इंटरव्यू का समय 9 बजे था और मैं अपने दिए गए समय (Prescribed time) से 10-15 मिनट पहले पहुँचना चाहता था। इसलिए सर मैंने अपनी घड़ी देखी थी।

चेयरमैन ठीक है। मेरा विचार है कि दिए गए समय से पूर्व किसी जगह पहुँचना अच्छी आदत है।

नोट *(चेयरमैन तथा अन्य साक्षात्कारकर्ता के प्रश्न के द्वारा बाधा उत्पन्न करना उम्मीदवार को विचलित करना था, लेकिन उम्मीदवार का संयम से उत्तर देना प्रशंसनीय था। वह किसी भी प्रकार से घबराया एवं क्रोधित नहीं हुआ।)*

विचारों एवं सोच में एकरूपता

(Consistency of Thoughts and Ideas)

एकरूपता (Consistency) का सम्बन्ध मानसिक सजगता (Alertness of mind), विचारों में परिपक्वता (Maturity) तथा भावनाओं (Sentiments) या अन्य कारणों से विचलित न होने से है। कभी-कभी इंटरव्यू लम्बी और उबाऊ प्रक्रिया से चलता होता है। विचारों एवं चिन्तन की एकरूपता ऐसी परिस्थितियों में अत्यधिक महत्त्वपूर्ण भूमिका निभाती है। साक्षात्कारकर्ता मण्डल उम्मीदवार की एकरूपता जाँचने के लिए एक ही प्रश्न को इंटरव्यू के प्रारम्भ में तथा अन्त में अलग-अलग रूप से पूछते हैं। ऐसे में उम्मीदवार को अपना उत्तर बिल्कुल भी नहीं बदलना चाहिए, चाहे स्वयं साक्षात्कारकर्ता प्रेरित ही क्यों न करें, क्योंकि ऐसा करना विचारों और सोच में परिपक्वता की कमी को दर्शाता है।

उदाहरण

(प्रस्तुत उदाहरण विचारों की एकरूपता को दर्शाता है।)

उम्मीदवार सर, क्या मैं अन्दर आ सकता हूँ?

चेयरमैन हाँ मि. विजय दूबे, आप कृपया अन्दर आ जाएँ।

उम्मीदवार (आत्मविश्वास के साथ साक्षात्कारकर्ता मण्डल की मेज तक आता है तथा मुस्कुराते हुए बोर्ड के सभी सदस्यों का अभिवादन करता है) गुड मॉर्निंग, सर।

चेयरमैन गुड मॉर्निंग मि. विजय दूबे। कृपया यहाँ बैठ जाएँ।

उम्मीदवार धन्यवाद सर।

चेयरमैन मि. दूबे, मैंने आपके शैक्षिक रिकॉर्ड देखे हैं, जिसमें आपको हाईस्कूल से ही अर्थशास्त्र और सामाजिक विज्ञान में अच्छे अंक मिलते रहे हैं। आपका पसन्दीदा विषय कौन-सा है?

उम्मीदवार जी हाँ सर, मेरा पसन्दीदा विषय अर्थशास्त्र है।

चेयरमैन आपको क्या लगता है मि. दूबे कि हमारे देश की वर्तमान आर्थिक दशा का कारण काला धन है?

उम्मीदवार जी हाँ सर, हमारे देश की दयनीय आर्थिक दशा का कारण काला धन ही है।

चेयरमैन प्रधानमन्त्री मोदी द्वारा काले धन को नियन्त्रित करने के प्रयास के लिए उठाए गए कदम को आप कितना सही या गलत मानते हैं? क्या आपको नहीं लगता कि उन्होंने जनसाधारण का अधिक शोषण किया है?

उम्मीदवार नहीं सर, जनसाधारण के पास अधिक धन नहीं होता इसलिए समस्या उन बड़े-बड़े राजनीतिज्ञों एवं अधिकारियों के लिए है, जो बड़ी-बड़ी रकम घूस लेकर कमाते हैं। साथ ही उस धन पर लगने वाला कर भी नहीं चुकाते।

नोट *(उपरोक्त विषय पर उम्मीदवार ने अपने विचार समान रूप से एक ही रखे, उसे बदला नहीं। उम्मीदवार ने उत्तर देते हुए विनम्रता का भाव रखा यह प्रशंसनीय है।)*

सकारात्मक दृष्टिकोण
(Positive Attitude)

उम्मीदवार जैसे ही इंटरव्यू के स्थान पर प्रवेश करता है वास्तव में, उसका इंटरव्यू उसी समय से प्रारम्भ हो जाता है। समय पर आना, रिसेप्शन पर रिसेप्शनिष्ट से बात करने का तरीका, सबसे जरूरी इंटरव्यू कक्ष में प्रवेश करते समय साक्षात्कारकर्ताओं को गुड मॉर्निंग कहना या अभिनन्दन करना, सभी जाँच के अधीन होते हैं। उम्मीदवार को प्रारम्भ से ही अच्छा व्यवहार करना चाहिए। इंटरव्यू की प्रक्रिया के दौरान उम्मीदवार को आत्मविश्वास से भरा हुआ, उत्तर देने के लिए तैयार रहना चाहिए। साथ ही, उसे सभी के साथ सकारात्मक व्यवहार अपनाना चाहिए। उम्मीदवार का उत्तर देते समय मुस्कुराते रहना तनाव मुक्त स्थिति (Relaxed attitude) को दर्शाता है। उम्मीदवार को अपनी पिछली नौकरी की आलोचना या शिकायत नहीं करनी चाहिए। उम्मीदवार को सदैव उस विषय में बात करनी चाहिए जो आप कर सकते हैं, बजाय इसके कि आप क्या नहीं कर सकते। उम्मीदवार को यह दिखाने और बताने का प्रयास करना चाहिए कि आप मुश्किलों और बाधाओं के बीच भी चुनौती स्वीकार कर सकते हैं।

उदाहरण

(प्रस्तुत उदाहरण उम्मीदवार के सकारात्मक दृष्टिकोण को प्रदर्शित करता है।)

चेयरमैन मि. दिनेश कृपया यहाँ बैठ जाइए।

उम्मीदवार धन्यवाद सर। (एक कुर्सी लेकर बिना आवाज किए आराम से बैठ जाता है, लेकिन वह सावधान है।)

चेयरमैन मि. दिनेश, मैं आपको इस वरिष्ठ प्रबन्धक के पद पर क्यों चयनित करूँ?

उम्मीदवार (नौकरी के प्रति सकारात्मक दृष्टिकोण दिखाते हुए) आपकी बातों से मैं यह समझता हूँ कि आपको ऐसे कर्मचारी की तलाश है, जो कार्यालय का प्रबन्धन प्रभावी ढंग से कर सके, जो कर्मचारियों से बातचीत कर पाए तथा मुख्य कार्यालय से सम्पर्क बनाए रख सके। मुझे प्रबन्धन के इन सभी कार्यों का अनुभव है। प्रबन्धन कार्यों के अतिरिक्त, मैं कम्पनी के लिए वस्तुओं की खरीदारी करना जैसे कार्यों को भी देखता रहा हूँ, साथ ही मैं उनसे तालमेल भी बनाता रहा हूँ। मुझे आशा ही नहीं, बल्कि पूरा विश्वास है कि मेरे ये अनुभव मुझे इस कार्य को करने में मदद करेंगे।

नोट *(उम्मीदवार का सकारात्मक दृष्टिकोण उसकी बातों से साफ दिखाई देता है। नौकरी करते समय आने वाली चुनौतियों का सामना करने के लिए तथा अपने अनुभवों के आधार पर उनका समाधान ढूँढने के लिए वह सहर्ष तैयार है।*

उदाहरण

(उम्मीदवार के नकारात्मक दृष्टिकोण को प्रदर्शित करने वाला उदाहरण)

चेयरमैन मि. दिनेश, कृपया बैठ जाइए।

उम्मीदवार धन्यवाद सर! (इधर-उधर देखता है कि वह कहाँ बैठे। ठीक तरह से बैठने में वह अत्यधिक समय लगाता है।)

चेयरमैन अमृतसर से दिल्ली तक आपकी यात्रा कैसी रही? उम्मीद है कि यह स्थान आपने आसानी से ढूँढ लिया होगा।

उम्मीदवार नहीं सर, अमृतसर से दिल्ली तक की मेरी यात्रा बड़ी ही दु:खदायी रही। चूँकि मेरी सीट आरक्षित नहीं थी, इसलिए मैं बस से आया, जिसमें बहुत अधिक समय लगा। साथ ही यह जगह मेरे लिए नई थी, इसलिए मुझे रुक-रुककर इस स्थान के विषय में बहुत लोगों से पूछना पड़ा।

नोट *(इस वार्तालाप से उम्मीदवार का नकारात्मक दृष्टिकोण दिखाई देता है, क्योंकि उसने सीट आरक्षित करने में स्वयं देर की थी तथा उसने इंटरव्यू के स्थान का पता पहले से लगाने तथा दिशा-निर्देश लेने का कोई प्रयास नहीं किया था। इससे यह भी प्रदर्शित होता है कि वह सम्भवत: इंटरव्यू में आना ही नहीं चाहता था या फिर उसमें इंटरव्यू के प्रति रुचि नहीं थी।)*

आत्मविश्वास
(Self Confidence)

आत्मविश्वास का अर्थ-स्वयं की योग्यता में विश्वास रखने से है। 'मैं यह काम कर सकता हूँ', स्वयं पर ऐसा विश्वास रखना, आत्मविश्वास कहलाता है। यह सन्तुलित व्यक्तित्व (Balanced personality) का एक प्रमुख लक्षण है। आत्मविश्वास व्यक्ति के व्यक्तिगत एवं व्यावसायिक जीवन में बहुत महत्त्वपूर्ण भूमिका निभाता है। अपने डर एवं सन्देह (Fear and doubt) को जीतकर व्यक्ति अपने आत्मविश्वास का विकास कर सकता है। डर से केवल झिझक और मानसिक दबाव उत्पन्न होते हैं और मनुष्य ऐसी परिस्थिति में तार्किक चिन्तन करने की क्षमता खो देता है। इसलिए प्रत्येक उम्मीदवार के लिए यह आवश्यक है कि वह साहसी बने तथा आत्मविश्वास को बनाए रखे। सफलता प्राप्त करने की यही एक सीढ़ी है। सकारात्मक चिन्तन आत्मविश्वास जगाने के लिए महत्त्वपूर्ण है। मजबूत इच्छाशक्ति आत्मविश्वास जगाने का दूसरा प्रमुख साधन है। इसे प्राप्त करने के लिए वास्तविक उद्देश्य (Realistic goal) का तथा अपने मजबूत और कमजोर पक्ष का ज्ञान होना अनिवार्य है।

उदाहरण

(उम्मीदवार के आत्मविश्वास को दर्शाने वाला उदाहरण)

उम्मीदवार क्या मैं अन्दर आ जाऊँ, सर?

चेयरमैन जी हाँ मि. देवेश वर्मा, अन्दर आ जाइए और अपना स्थान ग्रहण कीजिए।

उम्मीदवार धन्यवाद सर! (बैठ जाता है एवं तनाव मुक्त दिखाई देता है।)

चेयरमैन मि. देवेश, हम लोग यह बताना भूल गए थे कि जॉब की दी गई जिम्मेदारियों में एक और भी जिम्मेदारी है, जो कि बहुत महत्त्वपूर्ण है, परन्तु इसे जॉब के कार्यों की सूची में शामिल नहीं किया गया था।

उम्मीदवार (तनाव मुक्त चित्त एवं उत्साहयुक्त) कोई समस्या नहीं है सर। मैं नए-नए कर्त्तव्यों को चुनौती के रूप में स्वीकार करता हूँ और मुझे चुनौतियाँ बहुत पसन्द हैं।

चेयरमैन ठीक है मि. देवेश, इस इंटरव्यू में सफल होने के बारे में आपके क्या विचार हैं?

उम्मीदवार सर, मैं इसमें अवश्य सफल होऊँगा। मैंने इसके लिए कठिन परिश्रम किया है। (उम्मीदवार का आत्मविश्वास देखें।)

अन्य सदस्य मान लो, यदि हम आपको अस्वीकार कर दें, तो क्या आप दूसरी बार प्रयत्न करेंगे?

उम्मीदवार मैडम, सर्वप्रथम मैं जानता हूँ कि कोई मेरी योग्यता को अस्वीकार नहीं कर सकता, लेकिन यदि ऐसा हुआ तो मैं बार-बार प्रयत्न करूँगा।

नोट *(उम्मीदवार के उत्तर से उसका दृढ़ निश्चय एवं आत्मविश्वास झलकता है। अतिरिक्त कार्य भार के बारे में सूचित किए जाने पर भी वह निरुत्साहित अथवा क्रोधित नहीं होता। वह अपनी सफलता के बारे में पूर्णतया निश्चिन्त है। फिर भी असफल होने की स्थिति में वह अनेक बार प्रयत्न करने को तत्पर है। इन सबसे पता चलता है कि उम्मीदवार साहसी, अपनी क्षमताओं पर विश्वास रखने वाला एवं नई चुनौतियों का सामना करने को तत्पर रहने वाला व्यक्ति है।)*

अपने ज्ञान और विषय का उपयोग

(Application of Knowledge and Subject)

अपने शैक्षिक ज्ञान एवं योग्यता का उपयोग उम्मीदवार दिन-प्रतिदिन के कार्यों में कैसे करता है; यह उसके व्यक्तित्व का मुख्य लक्षण (Trait) है, जिसकी जाँच इंटरव्यू में की जाती है। उम्मीदवार को अपने विषय का अच्छा ज्ञान व सामान्य ज्ञान अवश्य होना चाहिए। उम्मीदवार को अपने कौशल का नौकरी की प्रकृति व कर्त्तव्यों के लचीलेपन (Flexibility) के साथ अनुकूलन करना सीखना चाहिए।

साक्षात्कारकर्ता यह देखना चाहता है कि आप कैसे सोचते हैं तथा आप अपने ज्ञान का उपयोग अपरिचित समस्याओं (Unfamiliar problems) को सुलझाने में किस प्रकार करते हैं? यदि उम्मीदवार यह समझ जाए कि कौशल और उससे सम्बन्धित ज्ञान का विशेष महत्त्व है तथा अभ्यास के द्वारा उसे विकसित किया जा सकता है तब करियर के अवसरों की पूरी एक नई दुनिया खुल सकती है। यदि किसी उम्मीदवार को बहुत अधिक जानकारी है और

वह उस जानकारी व अपने ज्ञान का उपयोग साक्षात्कारकर्ता के प्रश्नों का उत्तर देने में करता है, तो वह अवश्य सफल होगा। अपने ज्ञान का विस्तार करने के लिए समाचार-पत्र, पत्रिका एवं लेख आदि का अध्ययन करते रहना आवश्यक है।

उदाहरण

(उम्मीदवार के ज्ञान को दर्शाने वाला उदाहरण)

चेयरमैन हैलो, मि. विवेक, कृपया आप अपना स्थान ग्रहण करें।

उम्मीदवार गुड मॉर्निंग सर, धन्यवाद।

चेयरमैन मैंने आपका आवेदन-पत्र देखा। आपके आवेदन-पत्र से पता चलता है कि आप पंजाब के निवासी हैं और आपके जीवन का अधिकांश समय देश के इसी भाग में बीता है। अन्य राज्यों की तुलना में पंजाब ने आतंकवाद के बावजूद अधिक समृद्धि पाई है। आपके अनुसार इसका क्या कारण है?

उम्मीदवार सर, पंजाब एक कृषि प्रधान राज्य है। यहाँ के किसान बहुत मेहनती होते हैं और कृषि में तकनीक का प्रयोग करते हैं। वहाँ की मिट्टी और वातावरण भी अनुकूल है। इन सभी कारणों से पंजाब में समृद्धि आई है।

चेयरमैन मि. विवेक, यहाँ मैं आपसे भिन्न मत रखता हूँ। आप लुधियाना को ही ले लें; वहाँ बहुत सारे उद्योग हैं।

उम्मीदवार सर, निश्चय ही उद्योग-धंधे भी पंजाब की समृद्धि में महत्त्वपूर्ण भूमिका निभाते हैं, लेकिन पंजाब की 80% आबादी गाँवों में निवास करती है तथा कृषि के व्यवसाय से जुड़ी है। हम लोग किसान जाति का योगदान पंजाब की उन्नति में नजरअन्दाज नहीं कर सकते।

नोट *(इस इंटरव्यू में उम्मीदवार अपने विषय की पर्याप्त जानकारी रखता है और इस परिचर्चा में अपने राज्य से सम्बन्धित विषयों पर संक्षिप्त एवं स्पष्ट, परन्तु विनम्रता के साथ राय व्यक्त करता है।)*

नेतृत्व के गुणों का उचित प्रयोग

(Leadership Attributes)

एक अच्छे नेता (Leader) में योग्यता (Talent) होती है, जिससे कि वह एक योग्य प्रबन्धक (Efficient manager) बन सके। वह अच्छे कर्मचारियों के गुणों को उदाहरणस्वरूप प्रस्तुत करता है एवं अन्य कर्मचारियों को उन गुणों को अपनाने की प्रेरणा देता है। नेतृत्व (Leadership) व्यक्तित्व का एक प्रमुख लक्षण है, जो एक कम्पनी अथवा संगठन के लिए बहुत जरूरी है। एक अच्छे नेता को अपने समूह के सभी कर्मचारियों की आवश्यकताओं एवं जरूरतों (Interests and needs) का सामंजस्य कम्पनी के उद्देश्य एवं आशाओं के साथ करना होता है।

उसे अपनी प्रामाणिक बातों एवं कार्यों से कर्मचारियों में विश्वास पैदा करना होता है। कर्मचारी वर्ग ऐसे नेता का अनुसरण (Follow) खुशी-खुशी करते हैं। अच्छा संवाद कौशल

(Good communication skill); निर्णय शक्ति (Decisiveness), अपनी योग्यताओं में विश्वास (Confidence in own abilities), सकारात्मक रुचि (Positive attitude), टीम भावना (Team spirit) एवं विनम्रता (Politeness) किसी टीम के नेता के आवश्यक गुण हैं।

उदाहरण

(उम्मीदवार के नेतृत्व गुणों को दर्शाने वाला उदाहरण)

उम्मीदवार गुड मॉर्निंग सर!

चेयरमैन गुड मॉर्निंग, मि. दत्त, कृपया बैठ जाइए।

उम्मीदवार धन्यवाद सर! (सीट पर दक्षतापूर्वक बैठ जाता है।)

चेयरमैन मि. दत्त आपने वरिष्ठ प्रबन्धक पद के लिए आवेदन किया है। आपको क्यों लगता है कि आप एक अच्छे प्रबन्धक बन सकते हैं?

उम्मीदवार सर, मैं समझता हूँ कि एक अच्छा प्रबन्धक अपनी टीम को प्रेरित करने तथा अपनी टीम के ऊर्जावान व्यक्तियों को आगे लाकर नेतृत्व करने की क्षमता रखता है। मुझे विश्वास है कि मैं एक अच्छा प्रबन्धक बन सकता हूँ, क्योंकि मैं सामने आकर नेतृत्व करने में सक्षम हूँ तथा मैं सुनने की कला (Good listener) में भी निपुण हूँ। मैं अपने समूह को प्रेरित करने में सक्षम हूँ तथा दी गई समय सीमा-से पूर्व ही परियोजना को पूरा करने में सफल रहा हूँ।

चेयरमैन क्या आप विस्तार से बताएँगे कि अपने समूह के जटिल स्वभाव वाले व्यक्तियों को आप कैसे सँभालते हैं?

उम्मीदवार सर, मेरी टीम समूह में एक जटिल स्वभाव वाली महिला थी। यद्यपि वह काम करने में अच्छी थी, लेकिन वह यह दिखाना चाहती थी कि उसका प्रदर्शन सबसे अच्छा है। उन सभी सूचनाओं को, जिसे उसे सभी लोगों तक पहुँचाना होता था, सभी सूचनाएँ वह अपने आप तक सीमित रखती थी। इस कारण टीम के गतिशील रहने तथा काम करने में बहुत-सी समस्याएँ उत्पन्न होने लगीं।

चेयरमैन आपने इस समस्या का समाधान कैसे किया?

उम्मीदवार मैंने उससे बात की तथा यह जानने का प्रयत्न किया कि वह टीम के साथ काम क्यों नहीं करती। मैंने उसे बताया कि उसके इस रवैये के कारण हम लोग किस तरह की समस्याओं का सामना कर रहे हैं। दो बैठकों के बाद वह समस्या को समझ गई और उसने सहयोग देना प्रारम्भ कर दिया तथा दूसरों के साथ सूचनाओं को साझा करना आरम्भ कर दिया। मैंने समूह के अन्य सदस्यों से भी बात की तथा उन्हें अकेले काम करने के स्थान पर साथ काम करने के महत्त्व को समझाया।

नोट *(यहाँ पर उम्मीदवार समस्या को सही परिप्रेक्ष्य में देख पाने में सक्षम है। जो असहयोगी रवैया अपनाता है, उस व्यक्ति के व्यवहार में परिवर्तन ला सकता है, जिससे टीम के हितों की रक्षा हो सके। उसकी नेतृत्व शक्ति में उसे स्वयं तो विश्वास है ही; समूह के अन्य सदस्यों को भी पूर्ण विश्वास है।)*

इंटरव्यू से पूर्व की तैयारी

जब किसी कम्पनी या संस्था में नियुक्ति हेतु उम्मीदवार को इंटरव्यू के लिए बुलाया जाता है उसी दिन से उम्मीदवार को वास्तविक इंटरव्यू के लिए तैयारी करनी आरम्भ कर देनी चाहिए। इंटरव्यू के लिए पहले से की गई तैयारी आपके आत्मविश्वास के स्तर को बढ़ा देगी, जिससे इंटरव्यू के दौरान प्रत्येक अनुकूल-प्रतिकूल परिस्थिति का सामना आप भली-प्रकार करके सफलता प्राप्त कर पाएँगे। इंटरव्यू की तैयारी करते समय निम्न चरणों को ध्यान में रखा जाना आवश्यक है।

कम्पनी के विषय में जानकारी रखना
(Research the Company)

उम्मीदवार जिस कम्पनी में इंटरव्यू के लिए जा रहा है उसे उस कम्पनी के विषय में उचित जानकारी का होना आवश्यक है। हाल ही में किए गए एक सर्वेक्षण से यह पता चलता है कि साक्षात्कारकर्ताओं की उम्मीदवारों के प्रति सबसे बड़ी शिकायत यह होती है कि वे कम्पनी या संगठन के विषय में पर्याप्त जानकारी नहीं रखते। जब तक उम्मीदवार कम्पनी और उसके उत्पाद, समस्याओं, प्रतिद्वन्द्वी (Competitors), सुविधाओं, अवसर आदि के विषय में जानकारी प्राप्त न कर लें तब तक उसे कभी भी इंटरव्यू के लिए उस कम्पनी या संगठन में नहीं जाना चाहिए। साक्षात्कारकर्ता उन उम्मीदवारों में रुचि दिखाते हैं, जो उनसे कम्पनी के विषय में प्रश्न पूछते हैं। जब उम्मीदवार इंटरव्यू की तैयारी कर रहा होता है तब उसे कम्पनी के विषय में सभी उत्पाद एवं सेवाओं (About products and services) सम्बन्धी जानकारी उसकी वेबसाइट से ज्ञात कर लेनी चाहिए।

कुछ ऐसी जानकारियाँ जिन्हें इंटरव्यू के लिए जाने से पूर्व उम्मीदवार को प्राप्त कर लेना चाहिए, वे हैं

- कम्पनी द्वारा निर्मित किए गए प्रमुख उत्पादों एवं सेवाओं के विषय में।
- कम्पनी के प्रबन्धन एवं इतिहास के विषय में।
- कम्पनी किस जगह पर स्थित है?

- कम्पनी की प्रतिस्पर्द्धी (Competitor) कम्पनियाँ कौन-कौन-सी हैं?
- कम्पनी के ग्राहक, प्रतियोगियों एवं अन्य कर्मचारियों की राय जानें।
- यदि संचार माध्यमों में उस कम्पनी के विषय में कुछ छपा या प्रसारित हुआ है, तो उसका भी ज्ञान होना चाहिए।

उम्मीदवार को नौकरी प्रोफाइल की आवश्यकता का पूरा ज्ञान होना चाहिए। यदि कोई व्यक्ति किसी कार्यकारी अधिकारी के पद के लिए आवेदन कर रहा है तो उसे उस कम्पनी, पद के सम्बन्ध में, सीइओ आदि के विषय में पूरी जानकारी प्राप्त कर लेनी चाहिए।

अपने डॉक्यूमेण्ट्स को तैयार रखें

(Keep Ready all the Documents)

अपने बायोडेटा को इंटरव्यू से एक दिन पहले ध्यान से पढ़ लें तथा बायोडेटा की एक कॉपी अपने पास रखें। इससे उम्मीदवार को शैक्षिक योग्यता एवं कार्यानुभव आदि से सम्बन्धित सभी प्रश्नों के उत्तर देने में आसानी होगी। इंटरव्यू से एक दिन पूर्व अपनी फाइल तैयार कर लेनी चाहिए, जिसमें आपकी सभी मार्कशीट (अंक पत्र), प्रमाणपत्र आदि सभी डॉक्यूमेण्ट्स क्रम से लगाए गए होने चाहिए, क्योंकि सत्यापन के लिए डॉक्यूमेण्ट्स को कभी भी माँगा जा सकता है। फाइल में कॉल लैटर सबसे ऊपर रखें एवं इंटरव्यू के लिए निकलने से पहले एक बार स्थान एवं समय ध्यान से देख लें।

आत्मविश्वास बढ़ाएँ

(Confidence Boost Up)

सफलता तभी प्राप्त होती है जब तैयारी करने के उचित अवसर प्राप्त होते हैं। जीवन के प्रत्येक क्षेत्र में तैयारी की आवश्यकता होती है। इंटरव्यू का सामना करना किसी व्यक्ति को कठिन कार्य लग सकता है, लेकिन यह इतना कठिन नहीं होता जितना लोग समझते हैं। इंटरव्यू में सफल प्रदर्शन हेतु सही तैयारी, थोड़ा-सा अभ्यास एवं समुचित अभिरुचि तथा अत्यधिक आत्मविश्वास का होना आवश्यक है। आत्मविश्वास में वृद्धि विभिन्न तरीकों से की जा सकती है, जो निम्नलिखित हैं

व्यवहार कौशल में सुधार

(Improve your Rapport Building Skills)

अच्छे व्यवहार से किसी व्यक्ति या व्यक्ति समूह के साथ विचारों का आदान-प्रदान करने में सहायता मिलती है। साक्षात्कारकर्ता के लिए यह तत्त्व भी आवश्यक होता है, क्योंकि इसके बिना विश्वसनीयता का अभाव हो जाता है जो कि सही अर्थों में विचारों के आदान-प्रदान में बाधक होता है। इसके बिना साक्षात्कारकर्ता उपयुक्त सूचनाओं को एकत्रित भी नहीं कर सकता। हमें याद रखना चाहिए इंटरव्यू के प्रथम कुछ पल साक्षात्कारकर्ताओं को प्रभावित करने के लिए महत्त्वपूर्ण होते हैं। एक अच्छी मुस्कान व्यक्ति को लोगों से सम्बन्ध स्थापित करने में सहायक होती है। व्यवहार के साथ-साथ बातचीत करने का तरीका, सम्बन्ध बनाने तथा विश्वसनीयता बढ़ाने में मदद करता है।

सकारात्मक कथन बोलें

(Learn to Speak Positive Statements)

उम्मीदवार को यह बात सदैव ध्यान में रखनी चाहिए कि सकारात्मक व्यवहार (Positive statements) लम्बे समय तक प्रभाव स्थापित करने में सहायक होता है। साक्षात्कारकर्ता अथवा कम्पनी ऐसे लोगों को चाहते हैं जो बुद्धिमान (Knowledgeable) होने के साथ-साथ मिलनसार (Friendly) हों। उम्मीदवार को अपनी इच्छा से अपनी योग्यताओं की उचित जानकारी तथा अन्य सूचनाएँ प्रदान करनी चाहिए।

जो व्यक्ति सकारात्मक दृष्टिकोण अपनाते हुए जिम्मेदारियों को स्वीकार करता है, वही सफल व्यक्ति कहलाता है। अत: उम्मीदवार को यह दर्शाना चाहिए कि वह कम्पनी के विषय में अच्छी जानकारी रखता है एवं एक टीम में काम करना भी पसन्द करता है। एक उम्मीदवार को स्वयं के द्वारा कहे गए वाक्य को सकारात्मक कथन बनाने व उसे विस्तार में समझाने के लिए तैयार रहना चाहिए ताकि यदि साक्षात्कारकर्ता कुछ भी पूछे तो वह उस प्रश्न का उचित उत्तर दे पाए। कभी भी अपनी पूर्व नौकरी या बॉस की किसी भी प्रकार से आलोचना न करें।

कठिन एवं असंगत प्रश्नों के उत्तर सहजता से देना सीखें

(Learn to Handle Difficult and Odd Questions)

इंटरव्यू के दौरान किसी-न-किसी स्तर पर साक्षात्कारकर्ता एक अस्पष्ट (Confusing) प्रश्न पूछता है। ऐसे प्रश्न उम्मीदवार की मानसिक सजगता (Mental alertness), विचारों एवं व्यवहार की एकरूपता (Consistency in thinking and behaviour) को जाँचने के लिए किए जाते हैं। उम्मीदवार को ऐसे कठिन असंगत व आधारहीन प्रश्नों के उत्तर समझदारीपूर्वक देने का अभ्यास करना चाहिए। उम्मीदवार को कभी-भी केवल 'हाँ' या 'ना' में उत्तर नहीं देना चाहिए। यदि साक्षात्कारकर्ता आपसे आपकी वर्तमान नौकरी छोड़ने का कारण पूछे तो इसका उत्तर देने के लिए आपको पहले से ही तैयार रहना चाहिए। अस्पष्ट प्रश्नों को साक्षात्कारकर्ता यह जानने के लिए भी कर सकता है कि नौकरी की इच्छा रखने वाला व्यक्ति किसी समस्या पर कैसे विचार करता है। ऐसे प्रश्नों का उत्तर देना एक कौशल (Skill) है, जिसकी तैयारी उम्मीदवार को पहले से कर लेनी चाहिए। उम्मीदवार को बिना घबराए उत्तर देना चाहिए।

चिन्तामुक्त रहने का प्रयास करें

(Try to Overcome your Anxiety)

जैसे ही उम्मीदवार को इंटरव्यू के लिए बुलाया जाता है, घबराहट व चिन्ता के लक्षण उसके चेहरे पर दिखाई देने लगते हैं। किसी भी जॉब के लिए घबराहट एवं चिन्ता के भाव का आना स्वाभाविक है, परन्तु इंटरव्यू के पूर्व की यह चिन्ता उम्मीदवार के प्रदर्शन को भी प्रभावित कर सकती है; जैसे—बिना समझे कुछ भी कहना, हकलाकर बोलना, पसीने आ जाना, हाथ-पैर काँपना आदि। प्रत्येक उम्मीदवार को चिन्ता और घबराहट के इन लक्षणों को नियन्त्रण में करने के लिए पहले से ही तैयारी कर लेनी चाहिए।

यदि किसी की तैयारी पूरी है, तो वह चिन्ता व घबराहट के इन लक्षणों पर आसानी से नियन्त्रण रख सकता है। उम्मीदवार की इस घबराहट व चिन्ता को आत्मविश्वास के द्वारा सकारात्मक ऊर्जा में बदला जा सकता है। चिन्ताओं पर नियन्त्रण रखने के कई उपाय हैं; जैसे-लम्बी व गहरी साँस लेना, विश्वास न खोना आदि।

साक्षात्कार के लिए आवश्यक आधारभूत कौशल

शारीरिक भाषा या हाव-भाव

(Body language)

हमारे शरीर के हाव-भाव मौन भाषा बोलते हैं, जिससे उम्मीदवार के बारे में बहुत कुछ पता लगाया जा सकता है। साक्षात्कारकर्ता उम्मीदवार के पहले प्रभाव (First impression) से उसके विषय में अपनी राय बना लेता है। वास्तव में, इंटरव्यू किसी उम्मीदवार का मनोविश्लेषण (Psychoanalysis) करता है जिसके द्वारा उसकी परिपक्वता (Maturity), भावात्मक स्थिरता (Emotional Stability), आत्मविश्वास, एकरूपता, विचारों का सामर्थ्य, अनुकूलनशीलता, कर्त्तव्यनिष्ठा, न्यायनिष्ठा तथा टीम में कार्य करने की प्रवृत्ति आदि को जाँचा या परखा जाता है। अभ्यास के द्वारा शरीर के हाव-भाव को नियन्त्रित किया जा सकता है।

उम्मीदवार की कुछ शारीरिक मुद्राएँ जो साक्षात्कारकर्ता पर सकारात्मक प्रभाव डालती हैं, वे निम्न हैं

1. कुर्सी पर पीठ सीधी करके बैठें तथा सीधे बैठते हुए तनाव मुक्त मुद्रा या अवस्था (Posture) में रहें।
2. अपनी बात कहते हुए हाथ की मुद्राओं (Hand posture) से एक सामान्य आकृति दें, पर इसका प्रयोग अधिक समय तक न करें।
3. धन्यवाद व्यक्त करते हुए या प्रशंसा (Appreciated) के दौरान अपने चेहरे पर मुस्कान बनाए रखें।
4. आत्मविश्वास से बोलें।
5. जब साक्षात्कारकर्ता बोल रहा हो, तब अपना सिर धीरे-धीरे से हिलाते रहें (Nodding of Head) जिससे साक्षात्कारकर्ता को लगे की आप उसकी बात ध्यान से सुन रहे हैं।
6. आत्मविश्वास से चलें तथा दृढ़तापूर्वक व धैर्य से खड़े रहें।
7. यदि विषय गम्भीर (Serious) हो, तो चेहरे पर सौम्य व शान्त भाव (Sober expression) बनाए रखें।

कुछ शारीरिक मुद्राएँ व हाव-भाव जो नकारात्मक प्रभाव डालते हैं, जिनसे बचना चाहिए, वे निम्न हैं

1. नीचे की ओर देखना व आँखों के सम्पर्क से बचना।
2. बुदबुदाना (Mumble) अर्थात् आपस में धीरे-धीरे बात करने (Inaudible) से बचें।
3. हाथों को बिना वजह हिलाने व नाखुनों को चबाने से बचें।

4. अन्य व्यक्ति की उपस्थिति पर ध्यान न दें।
5. कन्धे झुकाकर न चलें यह नकारात्मक प्रभाव डालता है।
6. कुर्सी पर बैठे हुए, विचार-विमर्श करते हुए या प्रश्न का उत्तर देते हुए पैरों को न हिलाएँ।
7. आश्चर्य का भाव दर्शाने के लिए भौंहों (Eye brows) को न उठाएँ।
8. हाथ बन्द या क्रॉस (Crossed) करके बैठना।

आवाज का सही व स्पष्ट उच्चारण

(Speech Ariculation)

इंटरव्यू की तैयारी करते समय यह बात अवश्य ध्यान में रखनी चाहिए कि आवाज का सही उच्चारण इंटरव्यू में सफलता पाने का एक महत्त्वपूर्ण कारक है, परन्तु इसका अर्थ यह नहीं है कि आप फुसफुसाकर या इतनी धीमी आवाज में बातचीत करें कि साक्षात्कारकर्ता आपसे उस बात को दोहराने के लिए कहें। उम्मीदवार को सन्तुलित गति से बोलने का अभ्यास करना चाहिए। याद रहे कि इंटरव्यू के दौरान आपको स्पष्ट व तर्कसंगत (logical) तरीके से बोलना है। साथ ही, चेहरे के भाव का भी ध्यान रखना चाहिए। चेहरे पर अव्यवस्थित भाव नहीं आने देने चाहिए। अभ्यास के द्वारा शब्द भण्डार में वृद्धि करनी चाहिए तथा सही उच्चारण के लिए प्रयत्नशील रहना चाहिए। ये सब मुख्य बातें हैं जो साक्षात्कारकर्ता उम्मीदवार में देखना चाहता है।

स्वयं के विवरण में ईमानदारी एवं सत्यनिष्ठा दिखाएँ

(Honesty and Integrity in Self-Description)

स्वयं का वर्णन करने पें अपनी उपलब्धियों (Achievements), शैक्षिक योग्यता (Qualification) एवं कार्यानुभव (Work experience) आदि को बताने में ईमानदारी व सत्यनिष्ठा का परिचय देना चाहिए। अपनी योग्यताओं एवं कार्यानुभव के विषय में झूठ बोलना भविष्य के लिए हानिकारक हो सकता है। अत: उम्मीदवार को अपना विवरण देने में ईमानदारी का परिचय देना चाहिए। अपने अनुभव और कौशल को बताते समय भी उम्मीदवार को ईमानदार होना चाहिए। अपनी भूतकाल की असफलता को बताते समय अपनी गलती को सही-सही बताना चाहिए। ऐसे समय में यह बताना नहीं भूलना चाहिए कि आपने उन गलतियों से क्या सीखा।

अपनी कुशलताओं में वृद्धि करें

(Skill Enhancement)

यहाँ उम्मीदवारों की कुछ प्रमुख कुशलताओं के बारे में बताया गया है, जिनमें वृद्धि होने पर उम्मीदवार को अवश्य ही इंटरव्यू में सफलता मिलेगी और साक्षात्कारकर्ता पर अच्छा प्रभाव पड़ेगा।

सुनने व बातचीत करने की कला

(Listening and Communication Skill)

भविष्य के प्रति जागरूक उम्मीदवार को सुनने तथा बातचीत करने के कौशल को अभ्यास द्वारा सुधारने का प्रयास करना चाहिए। यहाँ ध्यान देने की बात यह है कि सुनना एक अच्छी आदत है। हमें ध्यान से दूसरों की बात सुननी चाहिए, क्योंकि इसके बिना किसी भी प्रश्न का सही उत्तर नहीं दे सकते। थोड़े-से अभ्यास और तैयारी के माध्यम से किसी भी इंटरव्यू को सफल बनाने के लम्बे रास्ते को तय किया जा सकता है। अच्छे संचार में विषय-वस्तु व संचार को सम्प्रेषित करने की प्रणाली दोनों ही सम्मिलित होती हैं। साक्षात्कारकर्ता इंटरव्यू में इस कौशल के द्वारा उम्मीदवार को परखने का प्रयास करता है कि वह किस प्रकार कार्यस्थल में खुशी का माहौल बनाए रखने तथा कार्यस्थल को आगे बढ़ाए रखने का प्रयास कर पाता है। इसलिए नियोजक अक्सर यह प्रश्न पूछता है कि "आप एक क्रोधित व्यक्ति से कैसे निपटेंगे"? इसलिए आवेदक को उत्तर देने के लिए सदैव तैयार रहना चाहिए।

दूसरों के साथ सहयोग अथवा टीम भावना

(Cooperation with Others or Team Spirit)

साक्षात्कारकर्ता उम्मीदवार से यह प्रश्न पूछता है कि वह टीम में काम करना चाहता है कि अकेले। उम्मीदवार को ऐसे प्रश्न का उत्तर देने के लिए तैयार रहना चाहिए—काम करते समय आप अकेला रहना पसन्द करते हैं या टीम में मिलकर रहना? उम्मीदवार को कूटनीति पूर्ण (Diplomatic) उत्तर देने चाहिए कि आप दोनों ही स्थितियों में सामान्य (Comfortable) रहेंगे। चाहे तो वे किसी टीम में उसे रखें या फिर अकेला रखें। इन प्रश्नों के उत्तर द्वारा आपको यह बताने का प्रयास करना चाहिए कि आप अकेले काम करने में भी सक्षम (Competent) हैं तथा टीम में सहयोग करके एक अच्छे व सहयोगी कार्यात्मक टीम का निर्माण भी कर सकते हैं।

प्रभावी योजना कौशल

(Effective Planning Skills)

किसी भी ऐसी जॉब की कल्पना नहीं की जा सकती, जिसमें योजना कौशल (Planning Skills) शामिल न हों। मनुष्यों द्वारा भूतकाल में जो कार्य किए जाते थे, टेक्नोलॉजी ने उन कार्य के तरीकों में परिवर्तन किया है। आज अधिकांश कार्य योजना एवं संगठन से सम्बन्धित मनुष्य ही करते हैं। इसके अतिरिक्त मनुष्य को श्रेष्ठ योजनाकार बनाने वाले अन्य कौशल भी हैं। उम्मीदवार को उन कौशलों पर ध्यान देना चाहिए तथा योजना से सम्बन्धित प्रश्नों के उत्तर देते समय उसका उल्लेख भी करना चाहिए। आँकड़ों और परिस्थितियों का विश्लेषण एवं व्याख्या (Analysing and interpreting data and situation) समस्या को समझकर उसके कारण का पता लगाना, उद्देश्य निर्धारित करना, कार्य की दिशा का निर्धारण करना, बातचीत करना, दूसरों को सुनना, ये प्रभावी योजना कौशल के लिए अनिवार्य तत्त्व हैं।

दबाव और तनाव के समय काम करने की योग्यता
(Ability to Work Under Stress)

सभी प्रकार की जॉब में दबाव होता है चाहे वह लक्ष्य की प्राप्ति हो, दी गई डेडलाइन में अपना कार्यपूर्ण करना हो या कोई अन्य कार्य हो। कुछ कार्य में दबाव कम होता है, लेकिन अधिक दबाव आपके प्रदर्शन को प्रभावित कर सकता है, साथ ही आपके शारीरिक एवं भावनात्मक स्वास्थ्य पर भी प्रभाव पड़ सकता है।

दबाव बनाने से सम्बन्धित प्रश्नों के द्वारा साक्षात्कारकर्ता यह देखना चाहता है कि उम्मीदवार ऐसे प्रश्नों का सामना किस प्रकार करता है? इसलिए यह आवश्यक है कि उम्मीदवार ऐसे प्रश्नों को भी स्वीकार करे जो इससे सम्बन्धित हैं और साथ में कुछ ऐसे उदाहरण तैयार रखें जिससे पता चले कि वह दबाव में भी काम करने में पूरी तरह सक्षम है। उम्मीदवार को कार्य की प्राथमिकता के अनुसार रखना चाहिए, कार्य तालिका में सन्तुलन बनाना चाहिए और सबसे प्रमुख सकारात्मक सम्बन्ध बनाने की पहल करनी चाहिए।

कठिन परिस्थितियों का सामना करने की योग्यता
(Ability to Handle Difficult Situation)

उम्मीदवार को प्रत्येक कठिन परिस्थिति का सामना करना आना चाहिए। लगभग प्रत्येक जॉब में साक्षात्कारकर्ता अपने प्रश्नों के माध्यम से उम्मीदवार का मूल्यांकन करने का प्रयास करता है कि जिस पद के लिए उम्मीदवार द्वारा आवेदन किया गया है, वह उस पद के लिए उपयुक्त है अथवा नहीं। साक्षात्कारकर्ता उम्मीदवार से किसी चुनौती भरी परिस्थिति के बारे में जानना चाहता है, जिसका अनुभव उसे अपनी पिछली जॉब में हुआ हो। ऐसे प्रश्न उम्मीदवार की निर्णय शक्ति तथा समाधान या हल ढूँढने की शक्ति का परिचय देते हैं। इनसे उम्मीदवार की समस्या के समाधान की योग्यता (Problem solving ability) तथा विश्लेषणात्मक कौशल (Analytical skills) का भी मूल्यांकन करना होता है। उम्मीदवार को कठिन प्रश्नों के उत्तर देने व उन परिस्थितियों से निपटने के लिए सदैव तत्पर रहना चाहिए।

उम्मीदवार को उदाहरण के माध्यम से यह बताने का प्रयास करना चाहिए कि उसने किस प्रकार अपनी योग्यता का प्रयोग समस्या को हल करने में किया तथा उसके द्वारा किए गए प्रयासों का अन्तिम परिणाम क्या हुआ।

सम्भावित प्रश्नों की तैयारी
(Probable Questions Preparation)

इंटरव्यू के दौरान पूछे जाने वाले प्रश्नों द्वारा साक्षात्कारकर्ता उम्मीदवार के ज्ञान (Knowledge), व्यक्तित्व के गुण एवं व्यवहार कुशलता (Personality traits and behaviours), सामान्य ज्ञान का स्तर आदि (Level of general awareness) सभी की जाँच करता है। इसलिए उम्मीदवार के लिए यह आवश्यक है कि वह पहले ही इस प्रकार के प्रश्नों की तैयारी रखे।

इंटरव्यू के दिन

इंटरव्यू का दिन निश्चित रूप से घटनाक्रम का दिन होता है। जहाँ एक ओर उम्मीदवार इंटरव्यू के लिए जॉब सम्बन्धी प्रश्नों के उत्तर तैयार करता है, वहीं कुछ आधारभूत व्यवहार कौशल (Basic elements) को भी इंटरव्यू के दिन ध्यान में रखना आवश्यक होता है। हम इन आधारभूत व्यवहार को तीन चरणों में बाँट सकते हैं—इंटरव्यू से पहले, इंटरव्यू के दिन-क्या करें व क्या न करें तथा इंटरव्यू के पश्चात्।

इंटरव्यू से पहले दिन

(Day Before Interview)

- जॉब प्रोफाइल के अनुसार कपड़ों का चयन पहले ही कर लेना चाहिए। कपड़े साफ व भली-भाँति प्रेस किए गए होने चाहिए।
- सभी डॉक्यूमेण्ट्स की अच्छी प्रकार से जाँच कर लेनी चाहिए तथा उम्मीदवार को अपने सभी सर्टिफिकेट, मार्कशीट तथा अन्य आवश्यक डॉक्यूमेण्ट्स की एक फाइल साथ में ले जाने के लिए तैयार कर लेनी चाहिए।
- इंटरव्यू के लिए भेजे गए कॉल लैटर को अपनी फाइल में सबसे ऊपर रखें।
- एक बार यह देख लें कि जिस कम्पनी में आप इंटरव्यू के लिए जा रहे हैं, उससे सम्बन्धित आवश्यक जानकारी आपके पास हो।
- इंटरव्यू से पहले रात को समाचार सुनना न भूलें, क्योंकि देश में घटित हो रही नवीनतम घटनाओं के विषय में पता होना चाहिए।

इंटरव्यू के दिन

(On the Day of the Interview)

इंटरव्यू के दिन अरुचिकर परिस्थिति तथा अनावश्यक घबराहट से बचें तथा इंटरव्यू केन्द्र पर जाने के लिए अपने सभी आवश्यक डॉक्यूमेण्ट्स को साथ ले जाने के लिए समय पर तैयार रहें।

इंटरव्यू के दिन निम्न बातों का ध्यान रखें

समय पर पहुँचे
(Reaching on Time)

इंटरव्यू के लिए निश्चित स्थान पर निश्चित किए गए समय पर पहुँचना बहुत महत्त्वपूर्ण होता है। कुछ लोग इंटरव्यू स्थल पर समय से बहुत पहले पहुँच जाते हैं तथा कुछ लोग बहुत देर से पहुँचते हैं। दोनों ही स्थितियाँ उचित नहीं हैं। कुछ लोग निश्चित किए गए समय से बहुत पहले आकर कर्मचारी वर्ग (Staff) के कार्यों में बाधा उत्पन्न करते हैं। यह साक्षात्कारकर्ता और कर्मचारी वर्ग को क्रोधित (Irritating) एवं रुष्ट (Annoying) कर सकता है।

उम्मीदवार को निश्चित किए गए समय से 15 मिनट पहले इंटरव्यू के लिए पहुँचने का प्रयास करना चाहिए, जिससे कि इंटरव्यू के पूर्व की यदि कोई औपचारिकताएँ (Formality) हों तो उन्हें पूरा किया जा सके। इससे उम्मीदवार के समय प्रबन्ध (Time management) का भी परिचय मिलता है। इंटरव्यू की प्रतीक्षा करते हुए वहाँ उपस्थित अन्य उम्मीदवारों के साथ अच्छे तरीके से बातचीत करें तथा उम्मीदवारों को दी जाने वाले सामग्री से कम्पनी के विषय में अधिक-से-अधिक जानकारी प्राप्त करें।

इंटरव्यू कॉल के लिए प्रतीक्षा करें
(Waiting for the Interview Call)

जब एक उम्मीदवार निश्चित समय पर इंटरव्यू स्थल पर पहुँच जाता है, तो उसे शान्ति से बैठना चाहिए और अपनी बारी के आने की धैर्यपूर्वक प्रतीक्षा करनी चाहिए।

इंटरव्यू कक्ष में क्या करें
(Inside the Interview Room)

व्यवहार कुशलता (Behavioural actions) की कुछ ऐसी क्रियाएँ हैं, जिनका महत्त्व कभी भी कम नहीं आँका जा सकता विशेष रूप से तब जब उम्मीदवार इंटरव्यूकर्ता के कमरे में होता है। इसके लिए निम्न बिन्दुओं पर ध्यान देना अति आवश्यक है, क्योंकि ये बातें छोटी होते हुए भी दूरगामी प्रभाव डालती हैं।

1. **विनम्र भाव प्रदर्शित करें** (Be Courteous) उम्मीदवार को साक्षात्कारकर्ता पर प्रभाव छोड़ने के लिए इंटरव्यू के प्रथम कुछ क्षणों में अत्यधिक विनम्र व्यवहार करना चाहिए। उम्मीदवार को अपनी व्यवहार कुशलता का पक्ष इंटरव्यू के दौरान प्रदर्शित करते रहना चाहिए। अपने चेहरे पर एक हल्की मुस्कान बनाए रखनी चाहिए तथा कुछ बातें साक्षात्कारकर्ता से विनम्रता से कहें जैसे- ''गुड मॉर्निंग, इस पद का उम्मीदवार बनने का अवसर प्रदान करने के लिए आपका धन्यवाद।''
2. **अपने स्थान पर बैठने की अनुमति माँगें** (Take Your Seat) इंटरव्यू के कमरे में यदि साक्षात्कारकर्ता पहले से बैठे हों, तो उम्मीदवार को तब तक प्रतीक्षा करनी चाहिए, जब तक कोई बैठने के लिए न कहे। यदि कुछ क्षणों के अन्दर ऐसी कोई प्रतिक्रिया नहीं होती है तो स्वयं बैठने की अनुमति माँगें-''क्षमा करें यदि आप बुरा नहीं मानेंगे तो क्या

मैं बैठ जाऊँ?'' तत्पश्चात् यदि साक्षात्कारकर्ता द्वारा अनुमति मिलती है, तो शान्तिपूर्वक अपना स्थान ग्रहण करें। यदि साक्षात्कारकर्ता खड़े हैं, तो निर्देश के अनुसार जहाँ और जब वे कहें, बैठ जाएँ। बैठते समय बिल्कुल सीधे बैठें और जितना हो सके वास्तविक (Natural) रहें।

3. **अच्छी तरह से हाथ मिलाएँ** (Firm Handshake) उम्मीदवार को यदि मौका मिले तो प्रत्येक साक्षात्कारकर्ता के साथ अच्छी तरह से हाथ मिलाएँ, ध्यान रखें कि किसी का हाथ जोर से न दबाएँ। अंगुलियों के छोर से हाथ मिलाना आपके ध्यान केन्द्रित न होने को दर्शाता है। अत्यधिक जोर से हाथ मिलाना आपके आक्रामक रवैये को दर्शाता है। हाथ मिलाने की अच्छी विधि वह है, जिसमें सुदृढ़ता हो। साक्षात्कारकर्ता एवं उम्मीदवार के मध्य आँखों का सम्पर्क होना चाहिए तथा हाथों की ऊपर एवं नीचे की तरफ गति होनी चाहिए।

4. **शान्त रहें** (Maintain Calmness) साक्षात्कार के दौरान शान्त व सन्तुलन बनाए रखना बहुत आवश्यक है। एक उम्मीदवार को आत्मविश्वास और शान्त स्वभाव का दिखने का प्रयास करना चाहिए इससे यह पता चलता है कि वह साक्षात्कार के परिणाम के बारे में चिन्तित व तनावयुक्त नहीं है। शान्त रहने के लिए गहरी साँस लें, क्योंकि यह तनाव को नियन्त्रित कर सकता है। सकारात्मक होकर सवालों के जवाब देना उम्मीदवार की इच्छा-शक्ति को बताता है।

5. **आवाज पर नियन्त्रण रखें** (Control on Voice) स्पष्ट और नियन्त्रित आवाज में उत्तर देने से उम्मीदवार के आत्मविश्वास का पता चलता है। उम्मीदवार को अलग-अलग आवाज और स्वर में उत्तर देने से बचना चाहिए। आवाज के बार-बार ऊँचा और नीचा होने से साक्षात्कारकर्ता को यह लगता है कि उम्मीदवार का मन स्थिर नहीं है तथा वह जिम्मेदारी का कार्य ठीक तरह से सँभालने में सक्षम नहीं है। जितना सम्भव हो अपनी स्वाभाविक आवाज में ही उत्तर दें।

6. **तीव्र व बुद्धिमानी से उत्तर दें** (Quick and Smart While Answering) साक्षात्कारकर्ता उम्मीदवार से कई प्रश्न पूछता है। उम्मीदवार को उत्तर देते समय हमेशा यह याद रखना चाहिए कि उसका उत्तर सटीक हो तथा उचित समय पर दिया गया हो। यदि आप किसी प्रश्न का उत्तर तुरन्त नहीं दे पाते, तो ऐसी स्थिति में आप साक्षात्कारकर्ता से अनुमति लेकर थोड़ी देर सोच लें, परन्तु अधिक समय बिल्कुल न लें। यदि आप उत्तर नहीं दे पा रहे तो आप साक्षात्कारकर्ता से अनुरोध करें कि वह उस प्रश्न को थोड़ी देर बाद पूछ लें, परन्तु इस तरह का अनुरोध थोड़ा कठिन कार्य है; साक्षात्कारकर्ता इसके लिए आपको हटा (Eliminate) भी सकता है, लेकिन यह उत्तर न दे पाने से अच्छा विकल्प है।

7. **सकारात्मक व्यवहार** (Positive Attitude) उम्मीदवार को सकारात्मक व्यवहार प्रदर्शित करने के लिए अतिरिक्त परिश्रम करना पड़ता है, उसे कोई नकारात्मक वाइब्स (Vibes) नहीं देने चाहिए। साक्षात्कारकर्ता से उसी सन्दर्भ में बात करें, जो कार्य आप कर सकते हैं, न कि उस सन्दर्भ में जो आप नहीं कर सकते। यदि आप साक्षात्कारकर्ता के सामने स्वयं में विश्वास और दृढ़ता प्रदर्शित करेंगे साथ ही यह भी प्रदर्शित करेंगे कि चाहे समस्या कैसी भी हो, आप उसका हल ढूँढने में सक्षम हैं, तो आप

साक्षात्कारकर्ता पर एक अच्छा एवं सकारात्मक प्रभाव डालने में सफल होंगे। आपके सकारात्मक व्यवहार एवं आत्मविश्वास के कारण आपको कम्पनी की सम्पत्ति भी समझा जा सकता है।

8. **चेहरे के भावों पर नियन्त्रण रखना** (Control Over Facial Expression) चेहरे के हाव-भाव शक्तिशाली संचारक (Powerful Communicators) हैं। इंटरव्यू के दौरान चेहरे के भावों को नियन्त्रित करना अति आवश्यक है विशेष रूप से तब, जब इंटरव्यू आपके अनुकूल न चल रहा हो। अपने चेहरे पर आ रहे भावों को नियन्त्रित करना बहुत कठिन है। इन भावों से हमारी आन्तरिक भावनाओं (Deepest feelings) का भी पता चलता है, जिन्हें साधारणतया हम किसी को बताना नहीं चाहते।
9. **आत्मविश्वास और महत्त्वाकांक्षा प्रदर्शित करें** (Present Yourself as Confident and Ambitions) आत्मविश्वास और महत्त्वाकांक्षा की कमी साक्षात्कारकर्ता पर गलत प्रभाव डालती है। आत्मविश्वास और महत्त्वाकांक्षा करियर और सफलता के दो महत्त्वपूर्ण पहलू हैं। योग्यता न होने के बावजूद भी यदि आप में आत्मविश्वास है व आप महत्त्वाकांक्षी हैं, तो आप उन्नति कर सकते हैं। यह तथ्य निश्चित रूप से सही है कि साक्षात्कारकर्ता आत्मविश्वासी व महत्त्वाकांक्षी उम्मीदवार को ही पसन्द करते हैं।
10. **आँखों से उचित सम्पर्क स्थापित करें** (Proper eye contact) इंटरव्यू के दौरान आँखों का समुचित सम्पर्क बनाए रखना आवश्यक है। ऐसा करना यह दर्शाता है कि उम्मीदवार अच्छा श्रोता है। उम्मीदवार को प्रयत्न करना चाहिए कि वह साक्षात्कारकर्ता की आँखों में विनम्रतापूर्वक विश्वास के साथ देखे, ऐसा वह पूरे इंटरव्यू में करे, लेकिन यह ध्यान रहे कि आक्रामक तरीके से घूरना और सिर को बार-बार हिलाना उचित नहीं है। साक्षात्कारकर्ता मण्डल में से किसी एक के द्वारा प्रश्न पूछे जाने पर उसे देखकर ही उत्तर देना उचित होगा, लेकिन साथ ही उम्मीदवार को अन्य सदस्यों को भी कभी-कभी देख लेना चाहिए।
11. **एक अच्छे श्रोता बनें** (Be a Good Listener) सामान्यतया इंटरव्यू के दौरान उम्मीदवार सबसे पहले साक्षात्कारकर्ता के प्रश्नों का ठीक उत्तर देने पर ही केन्द्रित रहते हैं, किन्तु साक्षात्कारकर्ता की बातों को सुनना प्रश्नों के उत्तर देने से कम महत्त्वपूर्ण नहीं है। जब तक उम्मीदवार ठीक तरह से प्रश्नों को नहीं सुनता तब तक वह सही उत्तर नहीं दे सकता। अच्छी तरह से सुनने से, उम्मीदवार एवं साक्षात्कारकर्ता के बीच सही तालमेल बना रहता है।
12. **उत्तर ईमानदारी से लेकिन सोच समझकर दें** (Answer the Questions Honestly and Thoughtfully) उम्मीदवार को कभी भी अपनी योग्यता, उपलब्धियों, रुचियों और कौशल के बारे में झूठ नहीं बोलना चाहिए। ऐसा करने से उसे भविष्य में परेशानी हो सकती है। यदि आपके पास आवश्यक कार्यानुभव (Work experience) न हो तब भी आप झूठ न बोलें। आपके काम करने का तरीका जिसे आपने पिछली नौकरी में प्रयोग किया हो या आपका सकारात्मक रवैया और योग्यता साक्षात्कारकर्ता को यह संकेत दे देते हैं कि आप अपने भावी (Past) जीवन में कितने सफल रहे होंगे। अपनी पिछली जॉब के विषय में बताते समय ईमानदार रहें तथा उस संगठन या स्टाफ के बारे में अपनी व्यक्तिगत राय (Personal Comments) न दें।

13. **जॉब हेतु व्यग्रता न दिखाएँ** (Avoid Sounding Desperate about Job) इंटरव्यू के दौरान कुछ उम्मीदवार अक्सर यह ध्यान नहीं रखते कि वे क्या कह रहे हैं अथवा उनके शारीरिक हाव-भाव क्या प्रदर्शित कर रहे हैं। कभी-कभी आपके उत्तर से ऐसा प्रतीत हो सकता है कि आप इस जॉब को पाने के लिए व्यग्रता दिखा रहे हैं। इसलिए उत्तर देते समय सावधान रहें, व्यग्रता न दिखाएँ। कभी भी असभ्य व्यवहार (Impolite behaviour) एवं बेचैनी (Impatience) का भाव दिखाएँ।

इंटरव्यू कक्ष में क्या न करें
(Don'ts Inside the Interview Room)

उम्मीदवार को इंटरव्यू कक्ष में क्या करना चाहिए इससे अधिक आवश्यक यह जानना हो जाता है कि वह इंटरव्यू कक्ष में क्या न करें। इस भाग में कुछ ऐसे विषयों को लिया जाएगा, जिनको इंटरव्यू कक्ष में बिल्कुल नहीं करना चाहिए।

1. **कक्ष में प्रवेश हेतु अनुमति लेना न भूलें** (Don't Forget to Take Permission to Come Inside) यह सामान्य शिष्टाचार का भाव है कि इंटरव्यू कक्ष में प्रवेश करने के लिए अनुमति लेनी चाहिए। उम्मीदवार को इंटरव्यू कक्ष में प्रवेश करने से पहले साक्षात्कारकर्ता से अनुमति लेना नहीं भूलना चाहिए।
2. **अपने बैठने का तरीका न बदलें** (Don't Change Sitting Posture) इंटरव्यू के दौरान उम्मीदवार द्वारा ली गई बैठने की मुद्रा को बदलते नहीं रहना चाहिए। आप बैठने की कोई भी विधि, जो आपके अनुकूल है, अपना सकते हैं लेकिन ध्यान रहे आपका ध्यान गम्भीरता प्रदर्शित करे। 'सीधे बैठना' बैठने की मुद्रा का उत्कृष्ट उदाहरण है। उम्मीदवार को यह ध्यान रखना चाहिए की वह साक्षात्कारकर्ता के डेस्क पर झुक कर न बैठें।
3. **उत्तर देते समय वाद-विवाद उत्पन्न न करें** (Don't Start any Debate While Answering) उम्मीदवार को प्रश्नों का उत्तर देते हुए नियन्त्रित एवं संयमित रहना चाहिए। किसी प्रकार का तत्त्वहीन वाद-विवाद प्रारम्भ न हो, इसके लिए प्रेरित करने वाले उत्तर देने का प्रयास करना चाहिए तथा सचेत रहना चाहिए।
4. **एक से अधिक प्रश्न पूछे जानें पर उन्हें नजरअंदाज ना करें** (Don't Ingnore Cross Questions) कभी-कभी यह भी सम्भव है कि साक्षात्कारकर्ता मण्डल के दो-तीन सदस्य एक के बाद एक प्रश्न उम्मीदवार से पूछ लें। ऐसे में आप घबराएँ नहीं और सभी के उत्तर एक-एक करके देने का प्रयास करें। विनम्रता से कहें कि आप सभी प्रश्नों के उत्तर एक साथ नहीं, बल्कि एक-एक करके देंगे।
5. **अपने पिछले बॉस की आलोचना न करें** (Don't Criticise Previous Employer or Boss) अपने पूर्व बॉस या साथियों के विषय में नकारात्मक बातें न कहें। अधिकतर साक्षात्कारकर्ता उस उम्मीदवार का नाम सूची में से काट देते हैं, जो उम्मीदवार अपने पूर्व बॉस की आलोचना करता है। आपकी शिकायत कितनी ही तर्कसंगत क्यों न हो, किन्तु आपकी बातों से यदि आपके पूर्व बॉस के प्रति अनादर का भाव झलकता है, तो आपको जॉब मिलने के अवसर कम होते जाते हैं।

6. **सैलरी** (वेतन सम्बन्धी) **के विषय में प्रश्न न पूछें** (Don't Ask Question About Salary) किसी के लिए भी सैलरी के विषय में जानना अति महत्त्वपूर्ण विषय हो सकता है, लेकिन उसके विषय में प्रश्न पूछते रहने से साक्षात्कारकर्ता आपसे नाराज हो सकता है। प्रथम इंटरव्यू में उम्मीदवार को सैलरी, छुट्टियों, नियमों या अन्य सुविधाओं के बारे में नहीं पूछना चाहिए। यदि आपसे इंटरव्यू के प्रारम्भिक दौर में सैलरी के विषय में पूछा जाए, तो आप यह कहकर टाल दें कि आप कर्त्तव्यों एवं जिम्मेदारियों के विषय में जानने के बाद ही इसका उत्तर देंगे।

6. **जब तक साक्षात्कारकर्ता द्वारा विषय न बदला जाए स्वयं विषय बदलने का प्रयास न करें** (Don't try to change the topic untill it is changed by the interviewer) साक्षात्कार के दौरान कई बार उम्मीदवार को जिस विषय का ज्ञान नहीं होता, उसे वह बदलने का प्रयास करता है। उम्मीदवार को कभी भी यह गलती नहीं करनी चाहिए। यदि कोई विषय को बदलने की कोशिश करता है तो वह उम्मीदवार के नॉन प्रोफेशनल व नासमझी के कार्य (Unintelligent action) को दर्शाता है।

8. **राजनीतिक विवादों में न पड़ें** (Don't Indulge in Political Controvercy) उम्मीदवार को यह ध्यान रखना चाहिए कि वह राजनीतिक विवादों में उलझकर अपनी अपरिपक्वता (Immaturity) का परिचय न दे। उसे सांस्कृतिक, धार्मिक एवं राजनीतिक विषयों से बचकर अपना एक सन्तुलित व्यक्तित्व प्रदर्शित करना चाहिए। किसी जाति या धर्म से जोड़कर उम्मीदवार को साक्षात्कारकर्ता की सहानुभूति पाने का प्रयास नहीं करना चाहिए।

9. **साक्षात्कारकर्ता द्वारा आपकी प्रशंसा किए जाने पर उनका धन्यवाद अवश्य करें** (Don't miss the opportunity to Thank the Interviewer on Praising You) साक्षात्कारकर्ता कभी-कभी उम्मीदवार के कपड़ों के लिए या अन्य गतिविधियों (Achievements) के लिए उसकी प्रशंसा करता है, तो उम्मीदवार को इसे सकारात्मक तरीके से लेना चाहिए तथा साक्षात्कारकर्ता को धन्यवाद करना चाहिए।

इंटरव्यू के पश्चात्

(After the Interview)

1. **कुर्सी तभी छोड़ें जब आपको कहा जाए** (Leave the Chair only when Interviewer Asks) इंटरव्यू के खत्म होने पर उम्मीदवार को इंटरव्यू कक्ष या कुर्सी छोड़ने की जल्दी नहीं करनी चाहिए। साक्षात्कारकर्ता के कहने पर ही कक्ष को छोड़ें। इंटरव्यू के समय धैर्य रखना आवश्यक है।

2. **स्थान छोड़ने की जल्दी न करें** (Don't be in Hurry to Leave) कुछ उम्मीदवार इतने घबराए हुए होते हैं कि उन्हें लगता है इंटरव्यू समाप्त होते ही वह उस स्थान को जितनी जल्दी सम्भव हो छोड़ दें, किन्तु उम्मीदवार को ऐसा नहीं करना चाहिए।

आपको कक्ष तभी छोड़ना चाहिए, जब आपको कक्ष छोड़ने के लिए कहा जाए। कक्ष छोड़ने की अपनी उत्सुकता (Eagerness) को कभी भी न दिखाएँ, क्योंकि यह गलत संकेत दे सकता है।

3. **यदि हाथ मिलाने का अवसर मिले तो चूके नहीं** (Grab the Opportunity of Hand Shake, if Given) इंटरव्यू के पश्चात् उम्मीदवार को उत्साहित होकर हाथ मिलाने का प्रयत्न नहीं करना चाहिए, लेकिन यदि यह अवसर स्वयं साक्षात्कारकर्ता प्रदान करे, तो उसे खोना भी नहीं चाहिए। आपके हाथ मिलाने के तरीके पर निर्भर करता है कि साक्षात्कारकर्ता का निर्णय उम्मीदवार के पक्ष में जाता है या उसके विरुद्ध।
4. **कक्ष छोड़ने से पहले कुर्सी व्यवस्थित कर दें** (While Leaving Put the Chair Properly) कक्ष छोड़ते समय शोर न करें। जब उम्मीदवार जाने के लिए कुर्सी छोड़ता है, तो उसे याद रखना चाहिए कि वह कुर्सी को सुव्यवस्थित तरीके से उसी स्थान पर रखे। आपका आचरण (Manners) प्रत्येक कदम पर जाँचा जाता है। इसके पश्चात् साक्षात्कारकर्ता उम्मीदवार को जाने के लिए निर्देश देता है। जब वह जाने के लिए दरवाजे की ओर बढ़ना शुरू करता है, तब उसे पीछे मुड़कर नहीं देखना चाहिए, क्योंकि उम्मीदवार को उसके जाने के तरीके से भी आँका जाता है।
5. **कक्ष के बाहर जाने से पूर्व सभी का धन्यवाद करें** (Thank All Interviewers Inside the Room) इंटरव्यू कक्ष में एक से अधिक साक्षात्कारकर्ता हो सकते हैं। उम्मीदवार को कक्ष छोड़ने से पहले प्रत्येक साक्षात्कारकर्ता का धन्यवाद करना चाहिए। कक्ष छोड़ने से पूर्व उम्मीदवार को वहाँ सकारात्मक प्रभाव (Positive impression) छोड़ना चाहिए। एक छोटा-सा वाक्य; जैसे—"आप लोगों से मिलकर प्रसन्नता हुई तथा संगठन के बारे में जानकारी मिलना एक अच्छा अनुभव रहा", उम्मीदवार के विषय में सकारात्मक प्रभाव छोड़ता है।

इंटरव्यू की प्रक्रिया

इंटरव्यू की प्रक्रिया के दौरान उम्मीदवार के व्यवहार एवं ज्ञान की जाँच करने के लिए तथा दी गई जॉब के लिए उसकी उपयुक्तता का निर्धारण करने के लिए कुछ क्रमवार कदम उठाए जाते हैं। इंटरव्यू में विभिन्न चरणों के द्वारा परिणाम पर पहुँचा जाता है।

पहला स्टेप : इंटरव्यू की शुरुआत
↓
दूसरा स्टेप : उम्मीदवार की शैक्षिक योग्यता से सम्बन्धित प्रश्न पूछना
↓
तीसरा स्टेप : उम्मीदवार के गुणों पर आधारित प्रश्न पूछना
↓
चौथा स्टेप : इंटरव्यू के समापन की ओर बढ़ना
↓
पाँचवाँ स्टेप : परिणाम पर पहुँचना

इंटरव्यू की प्रक्रिया

पहला स्टेप : इंटरव्यू की शुरुआत
(Initiating the Interview)

इस स्तर पर उम्मीदवार से अनौपचारिक रूप से प्रश्न पूछकर तथा उम्मीदवार को उत्साहित (Encouraging) करने वाले प्रश्न पूछकर इंटरव्यू का प्रारम्भ किया जाता है, जिससे उसे सभी कुछ सामान्य व सहज (Ease) लगे। *इंटरव्यू प्रारम्भ करने की प्रमुख विधियाँ निम्नलिखित हैं*

(i) उम्मीदवार की पारिवारिक पृष्ठभूमि व बायोडाटा के आधार पर शुरुआत
(Initiation Based on Candidate's Biodata, Family Background)

उम्मीदवार के इंटरव्यू कक्ष में आने से पूर्व साक्षात्कारकर्ता मण्डल के पास उम्मीदवार का बायोडाटा, प्रमाण-पत्र, डिग्री, उसकी शैक्षिक एवं अन्य योग्यताएँ, कौशल तथा पारिवारिक पृष्ठभूमि, अभिरुचि आदि से सम्बन्धित सभी डॉक्यूमेण्ट्स उपलब्ध होते हैं।

पहले स्टेप में साक्षात्कारकर्ता उम्मीदवार के साथ मित्रतापूर्ण व्यवहार करते हैं तथा उम्मीदवार का नाम लेकर उसका स्वागत करते हैं, जिससे उसके आत्मविश्वास में वृद्धि होती है। इससे वह किसी भी चुनौती का सामना करने के लिए तैयार हो जाता है; जैसे

"आइए मि. भारद्वाज"

या "मिसेज गीतिका, आपका स्वागत है।"

या "मि. राणाडे, कृपया अन्दर आइए और अपना स्थान ग्रहण कीजिए।"

इस प्रकार इंटरव्यू का प्रारम्भ करने से वातावरण रोचक (Cordial) बनता है तथा इंटरव्यू के आगे के स्टेप (चरण) सरलतापूर्वक पूरे किए जा सकते हैं। उम्मीदवार को विश्वास दिलाने के लिए कुछ साधारण प्रश्न पूछे जाते हैं। ऐसे प्रश्नों से साक्षात्कारकर्ता एवं उम्मीदवार के बीच मधुर सम्बन्ध बन जाते हैं। इससे उम्मीदवार को सभी कुछ सामान्य लगता है, जिससे वह बिना किसी भय अथवा दबाव के आसानी से प्रश्नों के उत्तर दे सकता है।

प्रत्येक उम्मीदवार को अपने नाम या उपनाम पर ध्यान देना चाहिए, क्योंकि प्रत्येक नाम का कुछ-न-कुछ अर्थ होता है। अत: उम्मीदवार को अपने नाम के महत्त्व और उसके साहित्यिक अर्थ (Literary meaning) के बारे में पता होना चाहिए।

उदाहरण

(बायोडाटा के आधार पर एक प्रारम्भिक इंटरव्यू को प्रदर्शित करता उदाहरण)

चेयरमैन तो आप मि. गौरव नाथ हैं। यह बहुत अच्छा नाम है।

गौरव धन्यवाद सर!

चेयरमैन क्या आप बता सकते हैं कि आपके नाम का क्या अर्थ है?

गौरव सर, इसका अर्थ गर्व या सम्मान है।

चेयरमैन ठीक है गौरव, अच्छी बात है।

इंटरव्यू को प्रारम्भ करने के लिए प्राय: पूछे गए अन्य प्रश्न उम्मीदवार की शैक्षिक पृष्ठभूमि या कॉलेज/विश्वविद्यालय से सम्बन्धित हो सकते हैं। उम्मीदवार के बायोडाटा से सम्बन्धित कुछ अन्य प्रश्नों के उदाहरण निम्न हैं

"तो मि. समीर, आपने स्नातकोत्तर शिक्षा (Master) पुणे विश्वविद्यालय से की है, परन्तु आपने स्नातक की शिक्षा (Graduation) मुम्बई विश्वविद्यालय से की है। आपके अनुसार दोनों विश्वविद्यालयों में से किसका शैक्षिक स्तर ऊँचा है तथा कौन अधिक अवसर प्रदान करता है?"

अथवा

"मिसेज सुमन, आपने अंग्रेज़ी साहित्य में सर्वाधिक अंक प्राप्त किए हैं। क्या यह आपका सबसे अधिक प्रिय विषय है?"

अथवा

"मि. सिंह, आप मेरठ विश्वविद्यालय से हैं। सामान्यतया गलत कारणों से यह विश्वविद्यालय हमेशा चर्चा (Lime light) में रहता है। क्या यह सही है?"

इस तरह के प्राथमिक प्रश्नों (Preliminary Questions) द्वारा साक्षात्कारकर्ता उम्मीदवार के लिए एक आरामदायक माहौल बनाता है। इन प्रश्नों से आगे पूछे जाने वाले प्रश्नों की भूमिका भी बनती है। उम्मीदवार को ऐसे प्रश्नों के उत्तर सावधानीपूर्वक देने चाहिए।

(ii) उम्मीदवार की रुचि एवं शौक के आधार पर शुरुआत (Initiation Based on Candidate's Interests and Hobbies)

मुख्य क्षेत्र (Main field) से सम्बन्धित प्रश्न पूछने से पहले साक्षात्कारकर्ता उम्मीदवार को सहज महसूस कराने के लिए उसकी रुचि तथा शौक से सम्बन्धित प्रश्न पूछ सकता है।

उदाहरण के लिए, "मिसेज ज्योति, आपने अध्ययन (Reading) को अपना शौक बताया है। मुझे यह बताएँ कि आपने हाल ही में कौन-सी नवीनतम (Latest) पुस्तक पढ़ी है तथा उसमें कौन-सी चीज़ आपको अच्छी लगी?"

उम्मीदवार को यह याद रखना चाहिए कि साक्षात्कारकर्ता उसे किसी भी प्रकार से अपने प्रश्नों में फँसाना नहीं चाहता, बल्कि वह उम्मीदवार की बोलने की कला, शब्दों का चयन तथा उसकी रुचि के विषय में वास्तविकता को जानना चाहता है। साथ ही साक्षात्कारकर्ता इससे उम्मीदवार में अपनी रुचि को लेकर अचानक होने वाले सकारात्मक एवं नकारात्मक परिवर्तनों को भी जाँच सकता है।

प्रत्येक व्यक्ति के समय बिताने के लिए कुछ शौक एवं रुचि होती हैं। अपने शौक से सम्बन्धित प्रश्नों के उत्तर देते समय उम्मीदवार को ईमानदार (Honest) एवं स्पष्टवादी (Straight forward) होना चाहिए तथा अधिक प्रभाव जमाने के लिए किसी विचित्र या अस्वाभाविक शौक का उल्लेख नहीं करना चाहिए। बहुत से उम्मीदवार साक्षात्कारकर्ता को प्रभावित करने के लिए अपने शौक के बारे में झूठ बोलते हैं। यह उचित व्यवहार नहीं है, क्योंकि इससे किसी भी समय उसे अपने झूठ के पकड़े जाने का खतरा बना रहता है।

सामान्यत: उम्मीदवारों द्वारा बताए जाने वाले कुछ शौक हैं- अखबार, उपन्यास या पुस्तकें पढ़ना, संगीत सुनना, खाना पकाना, बागवानी, फिल्में देखना आदि। उम्मीदवार को स्पष्टवादी होना चाहिए तथा शौक सम्बन्धी प्रश्नों के उत्तर इंटरव्यू से पूर्व ही सोच लेने चाहिए।

उदाहरण

(रुचि और शौक के आधार पर प्रारम्भिक इंटरव्यू को प्रदर्शित करता उदाहरण)

चेयरमैन मिस. बजाज, आपने अपने बायोडाटा में लिखा है कि आपको अपने देश के विभिन्न स्थानों पर जाने तथा घूमने का शौक है।

अंकिता सर, भारत आश्चर्यजनक स्थानों (Marvellous place) से परिपूर्ण है। जब भी मैं घूमने की योजना बनाती हूँ, तो मैं उनमें से ऐसी जगह जाने की सोचती हूँ जिसे मैंने अब तक नहीं देखा है। हमारी संस्कृति में बहुत कुछ देखने, सीखने एवं उसे ग्रहण करने के लिए है। विभिन्न स्थानों से भिन्न-भिन्न संस्कृतियों की झलक मिलती है और मैं उसमें मुग्ध हो जाती हूँ।

चेयरमैन इस इंटरव्यू में उपस्थित होने से पूर्व आपने कौन-से स्थान का भ्रमण किया?

अंकिता सर, मेरी पिछली यात्रा धर्मकोट की हुई थी। यह हिमाचल प्रदेश के काँगड़ा ज़िले में है। यह धर्मशाला से 11 किमी तथा मैकलॉडगंज से 2 किमी दूर पहाड़ियों में स्थित है। काँगड़ा की घाटियों का दृश्य यहाँ से साफ़ दिखाई देता है। धौलाधार की श्रेणियाँ यहाँ से आसानी से देखी जा सकती हैं। यह ट्रेकिंग करने के लिए उपयुक्त जगह है।

चेयरमैन अंकिता, नए-नए स्थानों की यात्रा करने में पैसे भी खर्च होते हैं। आप यात्रा करने के लिए इतने धन का प्रबन्ध कैसे करती हैं?

अंकिता सर, मैं फिल्में देखने तथा बार-बार बाहर का खाने में धन खर्च नहीं करती। मैं धन की बचत करती हूँ, जिससे मैं अपनी यात्रा पर खर्च कर सकूँ।

चेयरमैन बिल्कुल ठीक, मिस अंकिता, बहुत अच्छा।

सामान्य जागरूकता के प्रश्नों के आधार पर शुरुआत

(Initiation Based on General Awareness)

सामान्य जागरूकता एक विस्तृत एवं असीमित क्षेत्र है, इसलिए इसमें पूछे जाने वाले प्रश्न कठिन होते हैं। सामयिक (Current) राष्ट्रीय अथवा अन्तर्राष्ट्रीय मुद्दों से, देश की राजनीतिक परिस्थिति से, राष्ट्रों के बीच विवाद (Controversies among nations) से तथा उसके सिद्धान्तों के टकराव (Confrontation of ideologies) से सम्बन्धित प्रश्न पूछे जा सकते हैं।

उम्मीदवार को इंटरव्यू के लिए सामान्य ज्ञान की पुस्तकें, समाचार-पत्र, पत्रिकाएँ और सोशल मीडिया पर चर्चित विभिन्न लेखों के अध्ययन की तैयारी करके आना चाहिए। उम्मीदवार साक्षात्कारकर्ता को प्रारम्भिक स्तर पर कितना ही प्रभावित कर ले लेकिन उसकी असली परीक्षा यहीं से शुरू होती है।

इस चरण में पूछे जाने वाले प्रश्न सामान्यतया उम्मीदवार की जागरूकता की जाँच करते हैं तथा आगे के प्रश्न आपके उत्तर देने की क्षमता, उसकी तीव्रता एवं विभिन्न विषयों पर आपके दृष्टिकोण की जाँच करते हैं। कभी-कभी साक्षात्कारकर्ता किसी प्रमुख राजनीतिक घटना पर

आपकी राय जानना चाहता है या फिर देश से सम्बन्धित किसी सामयिक समस्या का समाधान पूछता है। उम्मीदवार को विश्वास एवं दृढ़ता से अपने विचार व्यक्त करने चाहिए। कुछ प्रश्न आपके सामान्य ज्ञान को जाँचने के लिए भी पूछे जा सकते हैं; जैसे कि

- क्या आप जानते हैं कि भारत में सामयिक ज्वलन्त मुद्दा (Current burning issue) क्या है?
- अपने देश में भ्रष्टाचार मिटाने के लिए आप क्या कदम उठाएँगे?

ऐसे प्रश्न केवल आपकी सामयिक मामलों (Current affairs) में रुचि को जाँचने के लिए पूछे जाते हैं। आपको ऐसे प्रश्नों के लिए तैयार रहना चाहिए।

विचित्र प्रश्न पूछकर शुरुआत (Initiation Through Odd Questions)

कभी-कभी साक्षात्कारकर्ता विचित्र प्रश्न पूछता है, जिससे कि आप थोड़ा सोच में पड़ जाते हैं तब साक्षात्कारकर्ता यह जाँच करता है कि आप इस परिस्थिति से कैसे निपटेंगे? कुछ ऐसे ही प्रश्न निम्नलिखित हैं

- आप इस स्थान पर कैसे पहुँचे?
- आप इस फ्लोर पर कैसे पहुँचे—सीढ़ियों से या लिफ्ट से?

ऐसे प्रश्नों के उत्तर देने के लिए आपको सतर्क रहना होगा तथा प्रश्न के विस्तार पर ध्यान दें, जिससे आप आकस्मिक जवाब (Spontaneous response) के लिए तैयार रहें।

प्रथम प्रश्न से सम्बन्धित उदाहरण

यदि आप कहते हैं कि आप यहाँ तक टैक्सी या ऑटो-रिक्शा से पहुँचे, तो वे उस टैक्सी या ऑटो-रिक्शा का नम्बर पूछ सकते हैं आदि।

दूसरा स्टेप : उम्मीदवार की शैक्षिक योग्यता के आधार पर प्रश्न पूछना (Asking Questions on the basis of Candidate's Educational Ability)

यह इंटरव्यू का कठिन और प्रामाणिक भाग है। आपका उत्तर आपके ज्ञान एवं शैक्षिक योग्यता, जिसका वर्णन आपके बायोडाटा में किया गया है, उसी के अनुरूप होना चाहिए। आपके उत्तर का स्पष्टीकरण (Basics) उदाहरण सहित होना चाहिए; जैसे–अर्थशास्त्र के एक छात्र से पूछा जा सकता है—''क्या आप अर्थशास्त्र के विषय में बता सकते हैं?'' संक्षिप्त परिचय के बाद वार्तालाप बदल जाती है एवं पूछे जाने वाले प्रश्न संकुचित (Narrower) एवं केन्द्रित (Focussed) हो जाते हैं। यदि इंटरव्यू किसी जॉब के लिए है, तो साक्षात्कारकर्ता पद के लिए उम्मीदवार की उपयुक्तता (Suitability), उसके शैक्षिक विषय तथा कार्यानुभव के बारे में प्रश्न पूछकर निश्चित करता है की वह उस पद के लिए उचित है या नहीं।

अनुसन्धान केन्द्र में प्रवेश हेतु या किसी सरकारी अथवा प्राइवेट संस्था द्वारा संचालित अन्य इंटरव्यू में पूछे गए प्रश्न उम्मीदवार के शैक्षिक ज्ञान और उस दिन की परिस्थिति के अनुरूप होते हैं। उम्मीदवार का मुख्य विषय वह हो सकता है, जिसमें उसने मास्टर डिग्री शिक्षा ली है अथवा जिसमें उसने विशेषज्ञता (Specialisation) प्राप्त की हो।

ऐसे प्रश्नों के उत्तर देने के लिए उम्मीदवार को उस विषय के बीच पारस्परिक सम्बन्ध, उसके व्यावहारिक उपयोग (Practical applicability) तथा जिस नौकरी के लिए वह इंटरव्यू दे रहा है, उसकी उपयोगिता आदि की जानकारी होनी चाहिए।

उदाहरण

(उम्मीदवार के शैक्षिक स्तर को प्रदर्शित करता उदाहरण)

चेयरमैन आपका अंग्रेज़ी साहित्य का ज्ञान प्रशासनिक कार्यों (Administrative work) में किस प्रकार सहायक हो सकता है?

अनुज सायल सर, साहित्य समय विशेष की संस्कृति को दर्शाता है और यह हमारी भावनाओं एवं जीवन की व्याख्या करता है। यह हमें अन्य मनुष्यों से जुड़ना सिखाता है।

चेयरमैन आप केवल साहित्य का अर्थ बता रहे हैं। क्या आप बता सकते हैं कि प्रशासनिक कार्यों में यह किस तरह उपयोगी है?

अनुज सायल सर, साहित्य हमें मानव मस्तिष्क एवं उसकी भावनाओं को समझने की शक्ति प्रदान करता है। एक अच्छा प्रशासक होने के लिए उम्मीदवार को अपने साथ काम करने वाले तथा प्रतिदिन मिलने वाले लोगों को समझना चाहिए। एक उच्च शिक्षा प्राप्त व्यक्ति किसी भी समस्या से स्वयं को आसानी से जोड़ कर रख लेता है।

तीसरा स्टेप : उम्मीदवार के गुणों पर आधारित प्रश्न पूछना

(Asking Qustions on the basis of Candidate' Qualities)

उम्मीदवार के व्यक्तित्व के लक्षण एवं गुण किसी जॉब के लिए उसकी उपयोगिता सिद्ध करने में महत्त्वपूर्ण भूमिका निभाते हैं। उम्मीदवार के शैक्षिक कौशल को जाँचने (Testing) के बाद आगे के प्रश्न उम्मीदवार के सामर्थ्य (Potential) और योग्यताओं (Abilities) के विषय में पूछे जाते हैं। साक्षात्कारकर्ता ऐसे व्यक्ति का चुनाव करना चाहता है, जो टीम में रहकर काम कर पाए तथा अपने सहकर्मियों (Co-workers), ग्राहकों (Customers) आदि से प्रभावी ढंग से बात कर सके। जहाँ तक सम्भव हो, उम्मीदवार को अपने कार्य में विशिष्टता लानी चाहिए। अच्छे पारम्परिक कौशल वाले व्यक्ति में आमतौर पर आशावादी (Optimistic), शान्त (Calm), आत्मविश्वास (Confident), आदि गुण होते हैं। उम्मीदवार के व्यवहार के कुछ विशेष गुण अनुकूलनीय (Adaptable), स्पष्ट, जवाबदेह, ध्यान केन्द्रित (Focussed), विश्वास, उत्साही, आत्म निर्देशित (Self-directed), प्रभावी नेटवर्कर आदि होने चाहिए।

यदि कोई उम्मीदवार नौकरी में बदलाव चाह रहा है या विशेष रूप से करियर में बदलाव की तलाश कर रहा है, तो उसमें अपने कौशल, ज्ञान व अनुभव का दूसरी जगह प्रयोग करने की योग्यता होनी चाहिए।

आपके व्यवहार व व्यक्तित्व के कौशलों का पता लगाने वाले कुछ प्रश्न हैं

- अपने कार्य सम्बन्धी उस वातावरण का विवरण दें, जिसमें आप सबसे अधिक सफल रहे हों।
- अपने प्रबन्धन (Philosophy of management) के तीन सिद्धान्त बताएँ, जिससे पता चले कि आप किसे महत्त्व देते हैं तथा एक व्यक्ति के रूप में संगठन की संस्कृति एवं वातावरण में आप क्या योगदान कर सकते हैं?

चौथा स्टेप : इंटरव्यू के समापन की ओर बढ़ना (Summing Up)

इंटरव्यू प्रक्रिया का यह अन्तिम चरण है। उम्मीदवार के विचार, जो उसने पहले व्यक्त किए हैं, उस पर उसे दृढ़ रहना चाहिए। इसका पूरा-पूरा अवसर होता है कि साक्षात्कारकर्ता ने जो प्रश्न प्रारम्भ में पूछा था, वही प्रश्न अलग तरीके से बाद में भी पूछ ले। यदि उम्मीदवार अपने विचारों पर अटल (Consistent) नहीं है, तो उसके चयन को रद्द (Rejected) भी किया जा सकता है। इंटरव्यू के समापन होने से पूर्व चेयरमैन अपने दल के सदस्यों को प्रश्न पूछने को आमन्त्रित कर सकता है। अत: उम्मीदवार को समापन के समय चुस्त (Energetic) व आत्मविश्वासी दिखना चाहिए, भले ही इंटरव्यू के अन्त में उम्मीदवार थक क्यों न गया हो।

उम्मीदवार को तब भी अपनी जगह पर बैठे रहना चाहिए जब इंटरव्यू बोर्ड का कोई भी सदस्य प्रश्न न पूछ रहा हो। उम्मीदवार को तभी कक्ष को छोड़ना चाहिए जब अध्यक्ष स्वयं स्पष्ट रूप से जाने के लिए कहे। कक्ष से जाते समय शिष्टतापूर्ण व्यवहार बनाए रखना चाहिए तथा जाने से पहले अध्यक्ष के साथ-साथ टीम के सभी सदस्यों को धन्यवाद करना चाहिए तथा बिना आवाज किए धीरे से खड़े होकर कमरे से बाहर निकल जाना चाहिए। इंटरव्यू के कमरे से बाहर जाते समय कमरे का दरवाज़ा बन्द करना न भूलें।

उदाहरण

(उदाहरण इंटरव्यू के समापन की ओर बढ़ने से सम्बन्धित उदाहरण)

चेयरमैन मिस. गुंजन सैनी, क्या आपको हमसे कोई प्रश्न पूछना है?

गुंजन जी नहीं सर, धन्यवाद!

चेयरमैन (अपनी टीम के सदस्य को सम्बोधित करते हुए कहते हैं) क्या आप मिस सैनी से कुछ और पूछना चाहेंगे?

सदस्य जी नहीं, [हमारे विचार से] इतना काफी है। (उम्मीदवार बैठा ही रहता है। वह ऐसा कुछ भी प्रदर्शित नहीं करता, जिससे लगे कि वह जल्दी में है अथवा दबाव में है।)

चेयरमैन तो ठीक है, मिस सैनी! इतना ही पर्याप्त है। अब आप जा सकती हैं।

गुंजन (अपने डॉक्यूमेण्ट्स और फाइल लेती है और खड़ी हो जाती है।) धन्यवाद सर!

अधिकांश उम्मीदवार इंटरव्यू की तैयारी करते समय प्रश्नों के उत्तर देने पर ही अपना ध्यान केन्द्रित करते हैं, लेकिन हमें याद रखना चाहिए कि इंटरव्यू हमें स्वयं को परखने का अवसर देता है कि हम किसी काम के लिए उपयुक्त हैं अथवा नहीं।

जब यह अवसर स्वयं ही प्राप्त हो, तो उम्मीदवार को संगठन या कम्पनी तथा जॉब प्रोफाइल के बारे में जानकारी प्राप्त कर लेनी चाहिए। इससे साक्षात्कारकर्ता को संकेत मिलेगा कि उम्मीदवार जॉब के प्रति तथा कम्पनी की वर्तमान स्थिति के प्रति जागरूक है।

कुछ प्रश्न, जिन्हें उम्मीदवार इंटरव्यू के दौरान पूछ सकता है वे निम्न हैं

- इस जॉब में कर्मचारी की कम्पनी के प्रति क्या जिम्मेदारियाँ (Responsibilities) हैं तथा कम्पनी कर्मचारी से क्या-क्या आशाएँ (Expectations) रखती है?
- क्या आप कम्पनी की प्रबन्धन शैली (Management style) को बता सकते हैं?
- क्या यह संगठन किसी ऐसे प्रशिक्षण (Training) अथवा शिक्षण (Education) का आयोजन भी करता है, जिससे कर्मचारी को अपने क्षेत्र के विषय में नई-नई जानकारी प्राप्त होती रहें?
- कर्मचारी को एक स्थान से दूसरे स्थान पर स्थानान्तरित (Transfers) करने की कम्पनी की नीति क्या है?
- कर्मचारी के प्रारम्भिक कार्य (Assignments) क्या होंगे?
- करियर की उन्नति के लिए कम्पनी में क्या-क्या अवसर उपलब्ध हैं?
- जो व्यक्ति कम्पनी में सर्वाधिक सफल हैं, उनके गुण व कौशल क्या हैं?

पाँचवाँ स्टेप : परिणाम पर पहुँचना

(Arriving at a Conclusion)

इंटरव्यू का प्रत्येक चरण महत्त्वपूर्ण होता है और प्रत्येक चीज का ध्यान रखना आवश्यक है। उम्मीदवार के लिए यह आवश्यक है कि वह इंटरव्यू का समापन नौकरी के प्रति अपनी रुचि दिखाकर करें। इंटरव्यू का समापन अकसर उम्मीदवार से यह कहकर किया जाता है कि आने के लिए धन्यवाद, मैं आपकी फाइल पढ़ रहा हूँ, हम लोग कुछ समय बाद आपसे सम्पर्क करेंगे।

इस स्तर पर साक्षात्कारकर्ता बोर्ड व्यक्तित्व के इन लक्षणों पर अंक (Marks) देता है

- समग्र प्रदर्शन (Overall Performances)
- आत्मविश्वास (Self Confidence)
- समग्र व्यवहार (Overall Behaviour)
- शैक्षिक स्तर (Academic Level)
- बातचीत करने का कौशल (Communication Skills)

प्रत्येक सदस्य अपनी प्रतिक्रिया देता है तथा इंटरव्यू में उम्मीदवार का रिजल्ट सम्बन्धित अधिकारी को सौंप देता है।

इंटरव्यू के पश्चात् की क्रियाएँ

इंटरव्यू समाप्त होने के बाद कठोर परिश्रम व सभी कठिन प्रश्नों के उत्तर देने के बाद उसे साक्षात्कारकर्ता से सकारात्मक उत्तर (Positive Answer) नहीं मिलता तो और भी कुछ स्टेप (Steps) हैं जिनका उम्मीदवार को अनुसरण (Followed) करना चाहिए।

सम्पर्क जानकारी लेना

(Collect All Contact Information)

इंटरव्यू का स्थान छोड़ने से पहले उम्मीदवार को आगे की कार्यवाई के लिए आधारभूत काम करने चाहिए। उम्मीदवार चेयरमैन व अन्य सदस्यों के बिजनेस कार्ड के विषय में पूछ सकता है तथा जिन्होंने उसका इंटरव्यू लिया है उनके नाम और सम्पर्क जानकारी लिख सकता है।

स्व-मूल्यांकन करना

(Conduct a Self-Evaluation)

इंटरव्यू समाप्त होने के पश्चात् स्वयं का मूल्यांकन अवश्य करना चाहिए कि आपका प्रदर्शन कहाँ पर अच्छा हुआ तथा कहाँ गलती को सुधारने की आवश्यकता है। वह प्रश्न याद करें, जिसका उत्तर देने में आपको कठिनाई हुई हो अथवा आप बिल्कुल ही उत्तर न दे पाए हों। अगली बार ऐसी किसी कठिनाई का सामना न करना पड़े, इसके लिए बहुत अच्छी तरह से तैयारी कर लें। इस तरह का स्व-मूल्यांकन भविष्य में उम्मीदवार के प्रदर्शन में सहयोगी सिद्ध होगा। इसके माध्यम से आप अपनी कमियों को दूर कर सकते हैं।

सन्दर्भों तक पहुँचना

(Reach out of References)

इंटरव्यू के दौरान जिनका नाम आपने रेफरेन्स में दिया है, इंटरव्यू के तुरन्त बाद उनसे सम्पर्क कीजिए, क्योंकि यदि आपने इंटरव्यू में अच्छा प्रदर्शन किया है, तो साक्षात्कारकर्ता उनसे अवश्य सम्पर्क करके आपके गुणों, योग्यताओं, कौशल आदि के बारे में पूछेंगे। समय पर सन्दर्भों अथवा जानने वालों को सावधान कर देना आपके लिए उपयोगी एवं लाभकारी होगा।

एच. आर. विभाग के साथ फौलो-अप

(Follow-up with HR Department)

उम्मीदवारों को एच.आर. विभाग के साथ फौलो-अप रखना चाहिए, चाहे उसका चयन हुआ हो अथवा नहीं। इंटरव्यू के बाद अगर एक सप्ताह तक यदि कोई जवाब नहीं आता तो उम्मीदवार को एक कॉल करके अवश्य जानकारी प्राप्त करनी चाहिए। उम्मीदवार को इंटरव्यू के अन्तिम परिणाम की चिन्ता किए बिना कम्पनी के साथ सम्पर्क में रहना चाहिए। इस फौलो-अप से यह पता चलता है कि उम्मीदवार की इस जॉब में रुचि है और यह निर्धारित भी हो सकता है कि वह उम्मीदवार इस पद (Post) के लिए सबसे योग्य है। इस फौलो-अप से इंटरव्यू का अन्तिम निर्णय तो नहीं बदला जा सकता पर अपने समान योग्य उम्मीदवारों से वह आगे रह सकता है।

धन्यवाद पत्र लिखना

(Writing Thank You Letter)

साक्षात्कारकर्ता को धन्यवाद करते हुए एक पत्र (Thank You Letter) लिखना इंटरव्यू प्रक्रिया का एक मुख्य कदम है। जॉब के लिए आवेदन करने वाले बहुत से उम्मीदवार धन्यवाद ज्ञापन के पत्र को लिखना भूल जाते हैं या उसे वह समय की बर्बादी मानते हैं। लेकिन हमें याद रखना चाहिए कि ऐसे पत्र भेजना न केवल व्यापार शिष्टाचार (business etiquette) के अन्तर्गत आते हैं, बल्कि उम्मीदवार को उस पद के अन्य उम्मीदवारों से अलग भी करते हैं। धन्यवाद ज्ञापन भेजने का एक लाभ यह भी है कि इसके द्वारा साक्षात्कारकर्ता को उम्मीदवार के गुण स्मरण हो जाते हैं, जिन्हें वह अधिक दिन हो जाने के कारण भूल चुका होता है। उम्मीदवार को साक्षात्कारकर्ता का नाम भूलना नहीं चाहिए तथा पत्र उसके नाम तथा उपनाम से उसी को सम्बोधित करके भेजना चाहिए।

धन्यवाद पत्र का सैम्पल
(Sample of Thank You Letter)

मन्दीप मल्होत्रा
जयश्री धन सोसाइटी
अँधेरी पश्चिम
मुम्बई (महाराष्ट्र)
10 जुलाई, 2016

मि. बी.एल. नायडू
चीफ मैनेजर (मानव संसाधन)
बिजनेस न्यूज दिल्ली
नई दिल्ली।
आदरणीय मि. नायडू।
आपका बहुत-बहुत धन्यवाद कि कल आपने समय निकालकर मेरा इंटरव्यू लिया।

आपसे मिलना एक सुखद अनुभव था। वास्तव में मैंने कम्पनी तथा 'कम्पनी में मेरी क्या भूमिका होगी' इस विषय पर काफी कुछ जानकारी प्राप्त की। हमारे वार्तालाप के बाद मुझे पूर्ण विश्वास है कि मेरा कौशल और अनुभव कम्पनी की आवश्यकताओं के बिल्कुल अनुरूप है। मुझे अत्यन्त खुशी होगी यदि आप मुझसे पुनः बात करें, क्योंकि आप अवश्य ही चयन की आगे की प्रक्रिया में निरन्तर आगे बढ़ रहे होंगे। पुनः धन्यवाद! आशा है कि निकट भविष्य में आपसे फिर बात होगी। यदि आपको मुझसे कोई अतिरिक्त जानकारी चाहिए तो कृपा कर मुझे बताएँ।

सादर अभिवादन।
मन्दीप मल्होत्रा

जॉब स्वीकारने के पश्चात् कम्पनी को पत्र लिखना

यदि किसी उम्मीदवार को चयनित करने के बाद उसे संगठन में शामिल होने के लिए आमन्त्रित किया जाता है, तो उम्मीदवार को अपने सम्भावित साक्षात्कारकर्ता को पद स्वीकार करने का पत्र अवश्य लिखना चाहिए। यह पत्र चयन सम्बन्धी सूचना देने वाले फोन अथवा पत्र के तुरन्त बाद लिखना चाहिए।

स्वीकार पत्र का सैम्पल
(Sample of Job Acceptence Letter)

मुख्य प्रबन्धक (मानव संसाधन)
27, मेटक्लिफ हाउस,
नई दिल्ली।

18 जून, 20XX

आदरणीय महोदय।

आपके संगठन में वरिष्ठ प्रबन्धक के रूप में चयनित होने की सूचना मुझे कम्पनी के HR डिपार्टमेण्ट से मिली, जिसे सुनकर मुझे अति प्रसन्नता हुई। आपकी इच्छानुसार मैं कम्पनी को जल्दी-से-जल्दी ज्वॉइन कर लूँगी तथा मिस नीति नय्यर को 20 जून, सोमवार को सुबह 9 बजे बताए गए डिपार्टमेण्ट में रिपोर्ट करूँगी।

मुझे यह सुअवसर देने के लिए आपका एक बार पुन: धन्यवाद।

सादर अभिवादन।
आपकी भवदीया
रूपाली अग्रवाल

अन्य स्थानों पर जॉब की तलाश जारी रखें

कभी-कभी उपयुक्त जॉब मिलना बड़ा कठिन हो जाता है। कई बार अस्वीकार किए जाने से उम्मीदवार निराश हो जाता है। जॉब के लिए अस्वीकार किए जाने के बाद उम्मीदवार को कुछ बिन्दुओं को ध्यान में रखना आवश्यक होता है। जॉब के लिए दिए गए इंटरव्यू से आप अपनी व्यावसायिक क्षमता को न आँकें। उम्मीदवार को किसी एक ही जॉब पर अपनी सारी उम्मीदें नहीं लगा देनी चाहिए। सदैव एक से अधिक तरह की जॉब पर ध्यान रखें। यदि उम्मीदवार को अनेक जगहों पर अस्वीकार किया गया हो, तो उसे साक्षात्कारकर्ता की प्रतिक्रिया माँगनी चाहिए। ऐसी प्रतिक्रियाएँ अवश्य ही उसके आत्मविश्वास में वृद्धि करेंगी।

हमेशा प्रयत्न करें कि आप अपने मजबूत पक्ष पर पूरा ध्यान देंगे। अस्वीकार किए जाने के पश्चात् भी चेहरे पर मुस्कान बनाए रखें।

इंटरव्यू सम्बन्धी कुछ मिथ्स (भ्रान्तियाँ)

इंटरव्यू में स्वयं को सिद्ध करना होता है।

इंटरव्यू उम्मीदवार को अपने सम्भावित साक्षात्कारकर्ता से मिलने तथा बात करने का अवसर प्रदान करता है, जिससे उम्मीदवार प्रश्न पूछकर जानकारी प्राप्त कर पाए।

सर्वोत्तम को ही जॉब मिलेगी।

इंटरव्यू के उपरान्त सर्वोत्तम उम्मीदवार को ही जॉब मिले, यह आवश्यक नहीं। वास्तव में जॉब उसे ही मिलती है, जो आत्मविश्वास के साथ सकारात्मक सोच रखते हुए अच्छा प्रदर्शन करता है।

इंटरव्यू में उम्मीदवार को श्रेष्ठतम उत्तर देना होता है।

यह एक अनावश्यक भ्रान्ति है कि जिसका उत्तर सर्वोत्तम होगा, वही इंटरव्यू में सफल होगा। वास्तविकता यह है कि जो प्रश्न को भली-प्रकार समझकर अच्छे तरीके से जवाब देगा, सफलता उसे ही मिलेगी।

साक्षात्कारकर्ता को पता है वह क्या कर रहा है?

कभी-कभी साक्षात्कारकर्ता उस विषय या क्षेत्र का नहीं होता, जिसके लिए इंटरव्यू हो रहा है। इसलिए वह उचित प्रश्न नहीं पूछता। हमें चाहिए कि हम उसके प्रश्नों का उत्तर इस प्रकार दें, जिससे उसे वह जानकारी प्राप्त हो जाए, जिसे वह जानना चाहता है।

कभी न कहें—मैं नहीं जानता हूँ।

इंटरव्यू के दौरान दिखावा करने से अधिक बुरा और कुछ नहीं है। यदि आपको किसी प्रश्न के उत्तर का ज्ञान नहीं है, तो स्पष्ट रूप से उसे स्वीकार करें; गलत उत्तर देने का प्रयत्न न करें।

इंटरव्यू में रूप-रंग का बहुत महत्त्व है।

उम्मीदवार का ज्ञान, कौशल, अनुभव एवं व्यवहार उसके रूप रंग से अधिक महत्त्व रखता है। प्रभावी वस्त्र पहनना और अच्छा लगना महत्त्वपूर्ण है, लेकिन यह अकेला ही साक्षात्कारकर्ता को प्रभावित नहीं कर सकता।

साक्षात्कारकर्ता आपकी कमियों की तलाश में रहते हैं।

इंटरव्यू का गठन यह जाँचने के लिए होता है कि उम्मीदवार संगठन में अपने कौशल, ज्ञान और अनुभव से समायोजन कर पाएगा या नहीं। उम्मीदवार की कमियाँ या त्रुटियाँ ढूँढना उनका उद्देश्य कदापि नहीं होता।

गवर्नमेण्ट, प्राइवेट जॉब्स एवं स्कूल एडमिशन के लिए सैम्पल इंटरव्यू

सैम्पल इंटरव्यू में उम्मीदवार के लिए वास्तविक इंटरव्यू के दौरान पूछे जाने वाले सम्भावित प्रश्न सम्मिलित होते हैं। यहाँ हमने कुछ ऐसे ही इंटरव्यू सैम्पल को तैयार किया है, जिसमें विशेष रूप से गवर्नमेण्ट, प्राइवेट जॉब्स एवं एडमिशन के दौरान पूछे जाने वाले प्रश्न संकलित हैं।

1. संघ लोक सेवा परीक्षा (IAS) के लिए सैम्पल इंटरव्यू

दीपांकर सब्बरवाल एक प्रतिभाशाली अभ्यर्थी है, जो पंजाब से है। दीपांकर ने मेरठ के मेडिकल कॉलेज से एम.बी.बी.एस. किया है। दीपांकर ने अवसर के अनुकूल हल्के रंग के कपड़े पहने हैं। वह अपने बैठने के स्थान को देखता है तथा इंटरव्यू के लिए निर्धारित किए गए समय की पुष्टि करता है। इसके पश्चात् वह प्रतीक्षा-कक्ष की ओर प्रस्थान करता है, जहाँ इंटरव्यू से पूर्व अपनी बारी आने तक वह वहाँ बैठकर अध्ययन कर सके। जब दीपांकर के नाम की घोषणा इंटरव्यू के लिए की जाती है तब वह अत्यन्त शालीनता और आत्मविश्वास के साथ इंटरव्यू-कक्ष की ओर बढ़ता है। कक्ष में प्रवेश करने से पूर्व वह आज्ञा लेने के लिए धीरे से दरवाज़ा खटखटाता है।

दीपांकर क्या मैं अन्दर आ सकता हूँ, सर!

अध्यक्ष हाँ मि. दीपांकर कृपया अन्दर आइए और अपनी सीट पर बैठ जाइए।

दीपांकर (कक्ष में प्रवेश करता है और कहता है) बहुत-बहुत धन्यवाद सर और आप सभी को गुड मॉर्निंग।

नोट *(वह उम्मीदवार के लिए रखी हुई कुर्सी पर सही ढंग से बैठ जाता है तथा बोर्ड सदस्य के अगले कथन की प्रतीक्षा करता है।)*

अध्यक्ष मि. दीपांकर आपके बायोडाटा के अनुसार आपने एम.बी.बी.एस. किया है। डॉक्टर की इस डिग्री के साथ आप एक अच्छे प्रशासक (Administrator) बन सकते हैं, इस विषय में आपके क्या विचार हैं?

दीपांकर सर, मेडिकल कॉलेज में पढ़ाई के दौरान, हमें ऐसे अनेक अवसर प्राप्त हुए जिसमें हमने मरीजों से नज़दीकी सम्पर्क स्थापित किया। उनकी समस्याओं को सुना, देखा तथा उनके व्यवहार का विश्लेषण किया। हमने उन क्षेत्रों पर भी ध्यान केन्द्रित किया, जो अच्छी स्वास्थ्य परिस्थितियाँ प्रदान करने के लिए आवश्यक होते हैं। डॉक्टर के प्रशिक्षण के दौरान मैंने महसूस किया कि किसी स्थान की स्वच्छता तथा स्वास्थ्य सम्बन्धी परिस्थितियाँ ही समाज की वास्तविक अवस्था को प्रदर्शित करती हैं। किसी गन्दे शहर की अपेक्षा एक स्वच्छ तथा अच्छी स्वास्थ्य सम्बन्धी परिस्थितियों वाला शहर सबसे अधिक प्रभावित करता है।

अत: मैं अपने अनुभव और ज्ञान को प्रशासनिक शक्ति के साथ मिलाकर, अच्छी स्वास्थ्य सम्बन्धी परिस्थितियाँ प्रदान करने में महत्त्वपूर्ण योगदान दे सकता हूँ।

दूसरा सदस्य आपको एक सफल चिकित्सक बनने के लिए प्रशिक्षित किया गया है। आप किस प्रकार एक जिला कलेक्टर या प्रादेशिक अधिकारी की भाँति एक प्रशासक के रूप में सफल होने की उम्मीद कर सकते हैं?

दीपांकर जिस प्रकार एम.बी.बी.एस. की डिग्री पूरी करने के लिए एक चिकित्सक के रूप में अर्हता प्राप्त करने के पश्चात् एक वर्ष के लिए इण्टर्नशिप प्रशिक्षण से गुजरना पड़ता है। ठीक उसी प्रकार आई.ए.एस. अधिकारियों को ऐसी प्रक्रिया से गुजरना पड़ता है। लाल बहादुर शास्त्री राष्ट्रीय प्रशासन अकादमी में प्रशिक्षण का मुख्य उद्देश्य सर्विस के पहले दस वर्ष के लिए भारतीय प्रशासनिक सेवा के अधिकारियों को समर्थ बनाना है, जिसके दौरान वे भी जिला मजिस्ट्रेट (DM) के रूप में कार्य करने की उम्मीद करते हैं। पन्द्रह सप्ताह की अवधि वाला प्रथम फाउण्डेशन कोर्स सरकार की संरचना के साथ-साथ राजनीति, सामाजिक, आर्थिक और प्रशासनिक वातावरण की समझ भी प्रदान करता है।

फाउण्डेशन कोर्स भी विभिन्न लोक सेवाओं के बीच अधिक-से-अधिक समन्वय स्थापित करने के लिए बढ़ावा देता है। इसके अन्तर्गत 26 सप्ताह तक भारतीय प्रशासनिक सेवा के व्यावसायिक कोर्स (फेज/चरण-1) में शासन, नैतिकता और नेतृत्व, लोक प्रशासन और प्रबन्धन, विधि, राज्य और स्थानीय सार्वजनिक वित्त, मानव और सामाजिक विकास, जिला और नियामक प्रशासन के शामिल किए विषयों का अनुकरण किया जाता है। अत: जिस प्रकार चिकित्सकों को एम.बी.बी.एस. के दौरान आवश्यक सैद्धान्तिक प्रशिक्षण दिया जाता है, ठीक उसी प्रकार प्रशासनिक सेवा अधिकारियों को भी ऐसा ही प्रशिक्षण दिया जाता है। इसके पश्चात् प्रशासनिक सेवा के प्रशिक्षार्थी कार्यक्षेत्र में अपना कार्य करते हैं, जिस प्रकार हम चिकित्सक अपनी इण्टर्नशिप पूरी करते हैं। इसके बाद अधिकारी कार्य प्रणाली के दूसरे चरण के लिए वापस लाल बहादुर शास्त्री राष्ट्रीय प्रशासन अकादमी जाते हैं, जिसके अगले चरण में लोक प्रशासन प्रबन्धन, विधि, अर्थशास्त्र, कम्प्यूटर और भाषा सम्बन्धी पाठ्यक्रम समाहित होते हैं।

इसका अर्थ यह है कि अभ्यर्थी किसी भी क्षेत्र से सम्बन्धित क्यों न हो, वह एक सफल आई.ए.एस. अधिकारी बन सकता है, क्योंकि उसे एक वर्ष के लिए सम्बन्धित क्षेत्र में व्यावहारिक अनुभव प्राप्त हो रहा है। इसके अतिरिक्त उसे सभी सम्बन्धित विषयों में पर्याप्त प्रारम्भिक शिक्षा (ग्राउण्डिग) दी गई है। अत: मुझे विश्वास है कि मैं भी एक प्रशासक के रूप में सफल हो सकता हूँ।

पहला सदस्य चिकित्सा क्षेत्र की होम्योपैथिक और एलोपैथिक पद्धति में क्या अन्तर है?

दीपांकर चिकित्सा क्षेत्र की एलोपैथिक पद्धति पश्चिमी प्रणाली है। 'एलो' शब्द की व्युत्पत्ति ग्रीक शब्द 'एलोस' से हुई है जिसका अर्थ है—अन्य। इस प्रकार एलोपैथी अन्य दवाइयों से रोग का उपचार करता है अर्थात् दी गई दवाई रोग

के लक्षणों से विपरीत प्रभाव रखती है। इस प्रकार हम कह सकते हैं कि एलोपैथी 'विपरीत से विपरीत का इलाज' के सिद्धान्त पर आधारित है।

दूसरी ओर होम्योपैथिक, चिकित्सा की वह पद्धति है, जो चिकित्सा के 'समरूपता के सिद्धान्त' पर आधारित है, जिसके अनुसार औषधियाँ उन रोगों से मिलते-जुलते रोग दूर कर सकती हैं, जिन्हें वे उत्पन्न कर सकती हैं। 'होम्यो' शब्द की व्युत्पत्ति ग्रीक शब्द 'होमोस' से हुई है जिसका अर्थ है, 'समान' तथा पेथोस का अर्थ है 'रुग्ण अवस्था'।

पहला सदस्य मि. दीपांकर पूरक (Complementary) और वैकल्पिक (Alternate) चिकित्सा या थैरेपी क्या है? संसार में बहुत से व्यक्ति विभिन्न रोगों के उपचार के लिए इन दवाओं का उपयोग क्यों कर रहे हैं?

दीपांकर सर, पूरक चिकित्सा नैदानिक व चिकित्सीय विषयों का एक समूह (Group of Diagnostic and Therapeutic Disciplines) है, जिसे पारम्परिक दवाओं के साथ प्रयोग किया जाता है। वैकल्पिक चिकित्सा का सम्बन्ध चिकित्सीय उत्पाद से है, जो मानक देखभाल (Standard care) का भाग नहीं है तथा इसे मानक चिकित्सा देखभाल (Standard medical care) के स्थान पर प्रयोग में लाया जा रहा है। वैकल्पिक पद्धति में सम्मिलित हैं—होम्योपैथी, एक्यूपंक्चर, पारम्परिक चिकित्सा, एरोमाथैरेपी, ध्यान, योग आदि। संयुक्त राज्य अमेरिका में न्यू गवर्नमेण्ट रिपोर्ट से पता चला है कि अमेरिका के लोग अपने स्वास्थ्य की देखभाल के लिए वैकल्पिक चिकित्साओं पर डॉलर का एक बड़ा भाग खर्च करते हैं, क्योंकि वे इस पर बहुत अधिक विश्वास रखते हैं। लेकिन लोगों को किसी भी समस्या के लिए पूरक या वैकल्पिक चिकित्सा का प्रयोग करने से पहले अपने डॉक्टर से परामर्श अवश्य लेना चाहिए।

दूसरा सदस्य मि. दीपांकर, आप पंजाब से हैं। आपके गृह राज्य पंजाब में अर्थव्यवस्था की क्या स्थिति है?

दीपांकर सर, पंजाब कृषि सम्बन्धी अर्थव्यवस्था का राज्य है, क्योंकि यह गेहूँ, चावल, फल, गन्ना तथा विभिन्न प्रकार की सब्जियों की उपज के लिए आदर्श स्थान है। पंजाब राज्य को 'भारत का अन्न का टोकरा' या 'भारत का अन्न-भण्डार' कहा जाता है। सम्पूर्ण भारत में कुल गेहूँ का 19.5% तथा चावल का 11% इस राज्य में उगाया जाता है। भारत में 51% क्षेत्र, कृषि क्षेत्र के अन्तर्गत आता है, जिसमें से कृषि क्षेत्र का 85% भाग अकेले पंजाब राज्य से ही है। 20वीं सदी के बाद से विनिर्माण के क्षेत्र में विस्तार हो रहा है। उद्योग में कर्मचारियों की भारी संख्या के साथ रेशम, कपड़ा, लकड़ी उद्योग के साथ-साथ खाद्य प्रसंस्करण, चमड़े का सामान, रबर, प्लास्टिक शामिल हैं। भारत में पंजाब 70% अच्छे गुणवत्ता वाले कपास का उत्पादन करने वाला राज्य है। पंजाब की अर्थव्यवस्था को बढ़ावा देने वाले कुछ अन्य क्षेत्र डेयरी उद्योग, चीनी एवं परिवहन, बैंकिंग व वित्त हैं।

तीसरा सदस्य मि. दीपांकर 'मेडिकल टूरिज्म' (चिकित्सा पर्यटन) से क्या तात्पर्य है?

दीपांकर सर, मेडिकल टूरिज्म शब्द से तात्पर्य एक देश के लोगों द्वारा चिकित्सा उपचार प्राप्त करने के उद्देश्य के लिए किसी दूसरे देश में की गई यात्रा करने से है।

अध्यक्ष विदेशियों के लिए भारत में चिकित्सा उपचार के क्या लाभ हैं?

दीपांकर विदेशियों के लिए भारत में चिकित्सीय उपचार के कुछ लाभ हैं कम मूल्य, नवीनतम चिकित्सा, प्रौद्योगिकियों की उपलब्धता, अन्तर्राष्ट्रीय गुणवत्ता मानकों में वृद्धि आदि का होना है। अधिकतम अनुमानित आँकड़ों के द्वारा यह पाया गया है कि भारत में उपचार लागत संयुक्त राज्य अमेरिका एवं यूनाइटेड किंगडम की तुलना में लगभग 1/10 भाग है।

अध्यक्ष लखनऊ के चिकित्सीय अनुसन्धान संस्थान, सेण्ट्रल इंस्टीट्यूट ऑफ मेडिकल एण्ड ऐरोमैटिक प्लाण्ट्स (CSIR-Central Institute of Medical and Aromatic Plants) ने 'तुलसी' के पौधे पर कुछ पत्र प्रकाशित किए। यह रिपोर्ट महत्त्वपूर्ण क्यों है?

दीपांकर सी. एस. आई. आर. द्वारा प्रकाशित रिपोर्ट में चमत्कारिक पौधे तुलसी के पूर्ण जिनोम के अनुक्रमण के बारे में क्रमवार वर्णन किया गया है। पूर्ण जिनोम अनुक्रमण की उपलब्धता तुलसी के पौधे के विभिन्न चिकित्सीय प्रयोग की उपयोगिता के पारम्परिक दावों को वैज्ञानिक वैधता प्रदान करेगी।

पहला सदस्य व्यक्ति के जीवन की गुणवत्ता में सुधार लाने में योग का क्या योगदान है?

दीपांकर मनुष्य एक शारीरिक, मानसिक एवं आध्यात्मिक प्राणी है तथा योग इन तीनों के सन्तुलित विकास में सहायक है। शारीरिक स्तर पर, योग से सम्बन्धित विभिन्न मुद्राओं एवं आसनों का उद्देश्य शरीर को स्वस्थ बनाना है। मानसिक तकनीक में श्वास लेने सम्बन्धी प्राणायाम तथा ध्यान आदि का उद्देश्य मस्तिष्क को अनुशासित करना है। योग का वास्तविक उद्देश्य आत्मज्ञान प्राप्त करना है। भगवद्गीता में भी कहा गया है—"एक व्यक्ति को योग तब प्राप्त होता है जब वह अपने मन को पूर्ण रूप से अनुशासित कर लेता है, सभी इच्छाओं से मुक्ति पा लेता है तथा स्वयं में लीन हो जाता है।" इस प्रकार योग व्यक्ति के जीवन में सुधार लाने के लिए आवश्यक है।

अध्यक्ष क्या आप आई. ए. एस. और आई. पी. एस. में अखिल भारतीय न्यायिक सेवा के निर्माण के पक्ष में हैं?

दीपांकर सर, अखिल भारतीय न्यायिक सेवा होने का विचार अब से दो दशकों से चल रहा है। विधि आयोग संविधान के 42वें संशोधन में भारतीय न्यायिक सेवा के निर्माण के अतिरिक्त जिला न्यायाधीश और उससे ऊपर की सभी रैंक के सभी न्यायिक अधिकारियों को सम्मिलित करता है।

हालाँकि यह अनुरोध अब तक राज्य के रूप में लागू नहीं किया गया है। सामान्य रूप में ऐसा करने के लिए विरोध किया जा रहा है। उन्हें लगता है कि इस तरह की सेवा के निर्माण के लिए राज्य की स्वायत्त कटौती होगी। यहाँ तक कि राज्य के उच्च न्यायालय अखिल भारतीय न्यायिक सेवा के निर्माण का विरोध कर रहे हैं, क्योंकि यह राज्य में उनके अधीन अधीनस्थ अदालतों पर अपनी पकड़ खोनी पड़ेगी। लेकिन मुझे लगता है कि योग्यता के आधार पर कैडर होने के राष्ट्रीय एकीकरण के उद्देश्य के लिए अखिल भारतीय न्यायिक सेवा तुरन्त अस्तित्व में आनी चाहिए। वास्तव में हमें भी अखिल भारतीय शैक्षिक सेवा करनी चाहिए। सच कहूँ तो मैं भी योग्यता और प्रदर्शन, किसी भी आधार पर राष्ट्रीय एकीकरण को बढ़ावा देने के पक्ष में हूँ।

तीसरा सदस्य भारत को धर्मनिरपेक्ष राज्य (Secular State) कहने से क्या तात्पर्य है?

दीपांकर भारत को धर्मनिरपेक्ष राज्य कहने का अर्थ है कि भारत एक ऐसा देश है, जिसके संविधान के तहत किसी भी धर्म को संरक्षण प्रदान नहीं किया गया है अर्थात् भारत का कोई भी नागरिक/व्यक्ति किसी भी धर्म को मान सकता है या उसमें अपनी आस्था रख सकता है। यहाँ विभिन्न धर्मों एवं सम्प्रदाओं के लोग; जैसे–हिन्दू, मुस्लिम, सिख, ईसाई आदि रहते हैं तथा सभी का समान रूप से आदर किया जाता है, जो इन्हें सहिष्णु बनाता है। यहाँ सभी धर्म के लोगों को समान महत्त्व दिया जाता है तथा किसी भी एक धर्म को दूसरे पर थोपा नहीं जाता अन्यथा यह उसके मौलिक अधिकारों का हनन माना जाता है।

दूसरा सदस्य यह कहा जाता है कि 'धर्मनिरपेक्ष' शब्द एक भ्रामक शब्द है, जिसके विविध अर्थ हैं। क्या इससे भ्रम की स्थिति उत्पन्न नहीं हुई है और क्या स्वार्थी पार्टियों ने इसका उपयोग अपने हित के लिए नहीं किया है?

दीपांकर 'धर्मनिरपेक्ष' शब्द के विभिन्न अर्थ हैं। इस कारण यह राजनीतिक विज्ञान के शिक्षकों एवं कानून के मध्य भ्रम की स्थिति का कारण बना हुआ है, परन्तु सर्वोच्च न्यायालय की आधिकारिक उद्घोषणाओं के द्वारा असमंजस की इस स्थिति को दूर कर दिया गया है। ये घोषणाएँ हैं

- भारत में धर्मनिरपेक्ष का अर्थ यह नहीं है कि राज्य सभी धर्मों के प्रतिकूल हो, किन्तु राज्य को विभिन्न धर्मों के मध्य तटस्थ रूप में होना चाहिए। राज्य को किसी धर्म अथवा सम्प्रदाय विशेष का पक्षपात नहीं करना चाहिए।
- प्रत्येक व्यक्ति अपने धर्म का पालन करने के लिए स्वतन्त्र है तथा यह नहीं कहा जा सकता है कि यदि एक व्यक्ति हिन्दू भक्त या मुस्लिम भक्त है, तो वह धर्मनिरपेक्ष नहीं रहता।
- यदि धर्म को राजनीतिक दलों के समर्थन द्वारा राजनीतिक उद्देश्य के लिए प्रयोग किया गया तो यह राज्य की तटस्थता का उल्लंघन करना होगा। इस अर्थ में धर्मनिरपेक्षता को संविधान का बुनियादी रूप माना जाता है।

तीसरा सदस्य मि. दीपांकर, क्या आपको नहीं लगता कि भारत और पाकिस्तान के बीच तनावपूर्ण सम्बन्ध पश्चिम एशिया और दक्षिण पूर्व एशिया के इस्लामी देशों के साथ सौहार्दपूर्ण सम्बन्धों की स्थापना के बाद सही हो जाएँगे?

दीपांकर भारत संसार के सबसे ज्यादा मुस्लिम आबादी वाले देशों में से एक है। यदि भारतीय मुसलमान शान्ति, समृद्धि और सन्तोष से रहते हैं, तो संसार के सभी मुसलमान पाकिस्तान द्वारा किए जा रहे प्रचार को अनदेखा करेंगे। इतने लम्बे समय तक भारत अपने धर्मनिरपेक्ष आदर्शों के साथ रहा है। यह संसार के सभी राष्ट्रों के साथ धार्मिकता से युक्त सौहार्दपूर्ण सम्बन्ध बनाए रखने में सक्षम हो जाएगा।

चौथा सदस्य GST क्या है? यह भारतीय अर्थव्यवस्था को किस प्रकार विस्तार प्रदान करेगा?

दीपांकर वस्तु एवं सेवा कर (जीएसटी) मूलत: एक वैट है। स्वतन्त्रता के पश्चात् भारत में यह अप्रत्यक्ष कर प्रणाली में सबसे बड़ा कर सुधार है। इसके तहत केन्द्र व राज्य वस्तुओं एवं सेवाओं पर समान दरों पर कर का आरोपण किया गया है। इसके अतिरिक्त इसमें कुछ अपवादों (पेट्रोल, पेय योग्य एल्कोहल) को छोड़कर अधिकांश अप्रत्यक्ष करों का; यथा-केन्द्रीय उत्पाद शुल्क, सीमा शुल्क, लक्जरी टैक्स, मनोरंजन कर इत्यादि को समाहित कर लिया गया है। जिसके परिणामस्वरूप सम्पूर्ण भारतीय अर्थव्यवस्था एकीकृत बाजार के रूप में परिवर्तित हो जाएगा, जिससे भारत में निवेश, रोजगार, कर आधार में वृद्धि व भारतीय उत्पाद को वैश्विक स्तर पर प्रतिस्पर्धा करने में सहयोग कर यह भारतीय अर्थव्यवस्था को चहुँमुखी विस्तार प्रदान करेगा।

अध्यक्ष मि. दीपांकर GST के सन्दर्भ में दोहरे नियन्त्रण से क्या अभिप्राय है?

दीपांकर सर, दोहरे नियन्त्रण का अर्थ है कि GST संग्रह केन्द्र व राज्य दोनों के नियन्त्रण के रूप में होगा। दोहरे नियन्त्रण का तात्पर्य होगा कि एक व्यापारी को केन्द्र व राज्य दोनों के साथ बिक्री के लेन-देन के विवरण को पेश करना होगा और GST के लिए केन्द्र और राज्य दोनों से आवश्यक लाइसेन्स लेना होगा। GST के एकल प्रयोजन के लिए दो एजेन्सियों से व्यवहार करना छोटे व्यापारियों के लिए बहुत मुश्किल साबित होगा।

पहला सदस्य मि. दीपांकर प्रक्षेपास्त्र प्रौद्योगिकी नियन्त्रण व्यवस्था (Missile Technology Control Regime, MTCR) क्या है? भारत के लिए इसका सदस्य होना एक बहुत बड़ी उपलब्धि क्यों है?

दीपांकर प्रक्षेपास्त्र प्रौद्योगिकी नियन्त्रण व्यवस्था एक बहुपार्श्वीय निर्यात नियन्त्रण व्यवस्था है। यह एक अनौपचारिक संस्था है तथा इसका गठन वर्ष 1987 में किया गया था। वर्तमान में भारत सहित इसके 35 सदस्य हैं। एम. टी. सी. आर. का उद्देश्य बैलिस्टिक मिसाइल और अन्य मानव रहित आपूर्ति प्रणालियों के विस्तार को सीमित करना है, जिनका रासायनिक, जैविक और परमाणु हमलों में उपयोग किया जा सकता है। यह संस्था अपने सदस्यों से

यह अपेक्षा करती है कि वह अपने मिसाइल निर्यात और 500 किग्रा भार कम-से-कम 300 किमी तक ले जाने में सक्षम या सामूहिक विनाश के किसी भी प्रकार के हथियार की आपूर्ति करने में सक्षम सम्बन्धित प्रौद्योगिकी को सीमित करें। भारत इस संस्था से जुड़ने वाला 35वाँ देश हैं। इस सदस्यता का प्रमुख उद्देश्य भारतीय उद्योगों के साथ उच्च प्रौद्योगिकी की सुविधाओं को जोड़ना है। इससे अन्तरिक्ष और रक्षा कार्यक्रमों के लिए आवश्यक उच्च प्रौद्योगिकी साधनों की उपलब्धता आसान हो जाएगी। इस सदस्यता के माध्यम से उच्च प्रक्षेपास्त्र प्रौद्योगिकी को खरीदने के लिए भारत योग्य हो जाएगा और रूस के साथ भारत के संयुक्त उद्यम में भी वृद्धि होगी। प्रक्षेपास्त्र प्रौद्योगिकी नियन्त्रण व्यवस्था (MTCR) का सदस्य होने से भारत ब्रह्मोस (Brahmos) जैसी मिसाइल को आसानी से निर्यात करने में सक्षम हो जाएगा। इसके अतिरिक्त परमाणु आपूर्तिकर्ता समूह (एन. एस. जी.) में भारत की दावेदारी को मजबूती मिलेगी।

दूसरा सदस्य क्या संयुक्त राष्ट्र संघ संसार में आतंकवाद की समस्या को सुलझाने में सक्षम हो गया है?

दीपांकर आतंकवाद का विरोध करना संयुक्त राष्ट्र संघ (UNO) के एजेण्डे में दशकों से है। 11 सितम्बर, 2001 को संयुक्त राज्य अमेरिका (USA) पर हुए आतंकी हमले ने सुरक्षा परिषद् को प्रस्ताव-1373 (Resolution 1373) को अपनाने के लिए प्रेरित किया। इसके लिए आतंकवाद विरोधी समिति (CTC-Counter-Terrorism Commitee) की स्थापना की गई। पाँच वर्ष बाद संयुक्त राष्ट्र वैश्विक आतंकवाद विरोधी रणनीति (UN Global Counter Terrorism Strategy) पर महासभा (General Assembly) के सभी सदस्य देशों द्वारा सहमति दे दी गई। *यह रणनीति निम्नलिखित चार आधारों के साथ आतंकवाद का विरोध करने के लिए अन्तरराष्ट्रीय समुदाय के प्रयासों में वृद्धि करने का एक विशिष्ट साधन है*

(i) आतंकवाद के प्रसार के लिए अनुकूल परिस्थितियों को बताना।

(ii) रोकथाम और आतंकवाद का मुकाबला करना।

(iii) आतंकवाद को रोकने तथा उसका विरोध करने के लिए सदस्य राज्यों का निर्माण करना तथा इस सम्बन्ध में संयुक्त राष्ट्र प्रणाली की भूमिका को मजबूत करना।

(iv) सभी को मानव अधिकारों का सम्मान करना तथा मौलिक आधार पर आतंकवाद का मुकाबला करने के लिए कानून की भूमिका सुनिश्चित करना। संयुक्त राष्ट्र महासभा ने आतंकवाद विरोध कार्यान्वयन टास्क फोर्स (UN Counter-Terrorism Implementation Task Force, UN CTITF) का समर्थन किया। संयुक्त राष्ट्र आतंकवाद विरोधी केन्द्र (UNCCT) सदस्य राज्यों को सहायक बनाने की क्षमता प्रदान करता है।

इसके बावजूद विश्व के विभिन्न देशों में आतंकी घटनाएँ होती रही हैं। जिसमें हाल में हुई ब्रिटेन और फ्रांस की घटना को देखा जा सकता है। अतः यह कहा जा सकता है कि संयुक्त राष्ट्र संघ आतंकवाद की समस्या को सुलझाने में पूर्ण रूप से सक्षम नहीं हो पाया है, अपितु यह आतंकवाद से सम्बन्धित कई संगठनों पर प्रतिबन्ध लगाकर आतंकवादी घटनाओं पर नियन्त्रण पाने का प्रयास कर रहा है।

अध्यक्ष मि. दीपांकर अन्तर्राष्ट्रीय संस्था तथा विकसित देशों का अन्तर्राष्ट्रीय शान्ति-स्थापन बलों पर अरबों डॉलर खर्च करना क्या प्रासंगिक है?

दीपांकर जी सर, संयुक्त राष्ट्र शान्ति-स्थापन लाखों लोगों के साथ-साथ संघर्ष से उभरे कमज़ोर संस्थानों को भी आवश्यक सुरक्षा व समर्थन प्रदान करता है। शान्ति-स्थापित सेना उन युद्ध विस्थापित क्षेत्रों में जाती है जहाँ अन्य कोई नहीं जाना चाहता और वहाँ वह विरोध उत्पन्न होने से रोकती है। संयुक्त राष्ट्र शान्ति-स्थापन बल में लगभग 1,24,000 कार्यकर्ता हैं, जो संयुक्त राष्ट्र विभाग द्वारा संचालित 16 शान्ति ऑपरेशन में चार महाद्वीपों में कार्यरत् हैं। इसने हज़ारों-लाखों लोगों के जीवन को प्रभावित किया है।

अध्यक्ष अच्छा मि. दीपांकर! एक चिकित्सक के रूप में व्यस्त जीवन-शैली होने के बावजूद क्या आपका कोई शौक भी है?

दीपांकर सर, मैं पढ़ने का शौकीन हूँ। अपने खाली समय में, मैं चिकित्सा सम्बन्धी पत्रिकाओं को पढ़ता हूँ, जिससे चिकित्सा के क्षेत्र में चल रहे नए अनुसन्धानों से मैं अपनी जानकारी में वृद्धि कर सकूँ। मैं स्वादिष्ट भोजन खाना पसन्द करता हूँ, इसलिए मुझे खाना बनाने (Cooking) का भी शौक है। इससे मुझे आनन्द और सन्तुष्टि प्राप्त होती है।

अध्यक्ष खाना बनाना? बहुत बढ़िया! चिकित्सक और खाना बनाने की कला दोनों एक साथ। अच्छा, मि. दीपांकर आपका इंटरव्यू समाप्त होता है। क्या आप हम सबमें से किसी से कोई प्रश्न पूछना चाहेंगे?

दीपांकर नहीं सर, धन्यवाद! मेरा कोई प्रश्न नहीं है।

अध्यक्ष ठीक है, फिर आप जा सकते हैं।

दीपांकर धन्यवाद सर! (वह खड़ा हो जाता है और शालीनता के साथ कक्ष से बाहर चला जाता है।)

2. संघ लोक सेवा परीक्षा (IAS) के लिए सैम्पल इंटरव्यू

रश्मि नेगी ने दिल्ली विश्वविद्यालय से भौतिक विज्ञान स्नातकोत्तर की डिग्री ली है। प्रतीक्षा कक्ष में अन्य उम्मीदवारों से वह बड़ी ही निर्भयता और आत्मविश्वास के साथ बात करती है। जब उन्हें इंटरव्यू के लिए बुलाया जाता है, तो वे आत्मविश्वास के साथ इंटरव्यू कक्ष की ओर बढ़ती हैं। कक्ष तक पहुँचने के बाद वे अनुमति प्राप्त करने के लिए दरवाजे को धीरे से खटखटाती हैं। अनुमति मिलने पर वे आत्मविश्वास के साथ उम्मीदवार के लिए रखी कुर्सी के पास जाकर खड़ी हो जाती हैं।

रश्मि सर, आप सभी को गुड मॉर्निंग।

अध्यक्ष गुड मॉर्निंग मिस रश्मि। कृपया बैठिए।

रश्मि धन्यवाद सर (वह शालीनतापूर्वक उम्मीदवार हेतु रखी कुर्सी पर बैठ जाती हैं तथा कोई भी अनावश्यक हरकत एवं शोर नहीं करतीं।)

अध्यक्ष मिस. रश्मि, मैंने आपके बायोडाटा में देखा कि आप भौतिक विज्ञान से स्नातकोत्तर हैं तथा आप अन्तरिक्ष अनुसन्धान के क्षेत्र में भी जाना चाहती हैं। मुझे विश्वास है कि आप अनुसन्धान कार्य को पसन्द करती हैं तथा इसी क्षेत्र में आगे जाना चाहती हैं। आपने अनुसन्धान कार्य क्यों छोड़ दिया तथा आई. ए. एस. को ही क्यों चुना?

रश्मि मैं अपने पूर्व प्राध्यापक से अत्यधिक स्नेह रखती हूँ तथा उनका सम्मान करती हूँ, इसलिए मैं उनकी मदद करने के लिए अनुसन्धान कार्य कर रही थी। मैं उनकी बुद्धिमत्ता और नवीन विचारों से अत्यधिक प्रभावित हूँ। वे एक सहायक (Assistant) की तलाश में थे, जो उन्हें अनुसन्धान कार्य में मदद कर सके। अपनी स्नातकोत्तर की शिक्षा पूरी होने के बाद मैंने अपनी सेवाएँ देने का प्रस्ताव रखा, जिसे उन्होंने बड़ी ही नम्रता के साथ स्वीकार कर लिया। उन्हें पता था कि मैं आई.ए.एस. की तैयारी कर रही हूँ। इस प्रकार मैं अनुसन्धान कार्य में संलग्न हुई।

अध्यक्ष भौतिक विज्ञान एवं अन्तरिक्ष अनुसन्धान की छात्रा होने के नाते आप NAVIC (Navigation with Indian Constellation) से क्या समझती हैं? भारत ने अपने अन्तरिक्ष कार्यक्रमों में किस प्रकार उन्नति की है?

रश्मि भारत की संचालन प्रणाली, जिसे सातवें तथा अन्तिम उपग्रह के लॉन्च के साथ 20 अप्रैल, 2016 को स्थापित कर लिया गया था, को NAVIC कहा जाता है। तकनीक की दिशा में हुई अभूतपूर्व प्रगति के कारण पिछले कुछ दशकों में भारतीय अन्तरिक्ष कार्यक्रम ने आशानुरूप तरक्की की है। IRNSS-1G का सातवाँ एवं अन्तिम उपग्रह PSLV (Polar Satellite Launch Vehicle) पर, 28 अप्रैल को ही लॉन्च किया गया था। अब इसरो

फ्रण्ट एण्ड (Front End) पर लगी चिप द्वारा अन्तरिक्ष में हो रही प्रतिक्रियाओं पर आसानी से ध्यान केन्द्रित कर सकेगा। साथ ही संचालन सम्बन्धी सिग्नल भी आसानी से प्राप्त कर सकेगा। ये सारे उपग्रह जो हमारी सरकार ने छोड़े हैं, हमारे जीवन को सुगम बनाते हैं। हम लोग अन्तरिक्ष कार्यक्रम में इस उपलब्धि पर गर्व कर सकते हैं।

भारत के लिए यह एक कीर्तिमान है, क्योंकि इतने अधिक उपग्रह एक बार में केवल भारत से ही भेजे गए हैं। इसके अतिरिक्त आज भारत न सिर्फ अपनी अन्तरिक्ष सम्बन्धी आवश्यकताओं की पूर्ति करने में सक्षम है, बल्कि दुनिया के बहुत से देशों को अपनी अन्तरिक्ष क्षमता से व्यापारिक और अन्य स्तरों पर सहयोग कर रहा है।

सदस्य 1 एक एकल मिशन में 22 जून, 2016 को भारत से 20 उपग्रह सफलतापूर्वक अन्तरिक्ष में भेजे गए। इनमें व्यापारिक उपग्रह कौन-कौन से हैं तथा वे किस देश के हैं? छोड़े गए उपग्रह किस प्रकार से उपयोगी होंगे?

रश्मि छोड़े गए उपग्रहों में 17 व्यापारिक हैं, जो अमेरिका के हैं। भारत का प्रमुख उपग्रह 725.5 किलोग्राम का है, जो कार्टोसैट (Cartosat-2series) कहलाता है। इसका कार्य पृथ्वी का निरीक्षण करना है। कार्टोसैट उपग्रह द्वारा भेजे गए चित्र मानचित्र कला, शहरी, ग्रामीण, समुद्री जमीन के उपयोग, जल का वितरण तथा अन्य कार्यों में उपयोगी सिद्ध होंगे।

सदस्य 3 मिस रश्मि, क्या आप बताएँगी कि केरल में इतने सारे छोटे-छोटे राजनीतिक दल तथा खण्डित दल क्यों हैं और ये सभी एक ऐसी पार्टी की सरकार बनाने में क्यों अक्षम रहे, जिसके पास पर्याप्त वैधानिक बहुमत हो?

रश्मि जैसा कि आप सभी जानते हैं कि केरल भारत के छोटे राज्यों में से एक है, जिसके पास सीमित जमीन है। इसकी सीमाएँ पहाड़ी क्षेत्र से घिरी हुई हैं। इसके समुद्री किनारों पर खाड़ी के पीछे का क्षेत्र है। जनसंख्या नियन्त्रण के पश्चात् केरल में प्रति वर्ग किलोमीटर जनसंख्या का घनत्व बहुत अधिक है।

दूसरी बात यह कि यहाँ कुछ विशिष्ट स्थानों पर विभिन्न धर्मों के लोगों की संख्या बहुत अधिक है; जैसे-हिन्दू, मुस्लिम और ईसाई। हिन्दू दो बड़े समूहों में बँटे हुए हैं-उच्च समुदाय और पिछड़ा समुदाय। विभिन्न मुद्दों पर शिक्षित लोगों के अनपढ़ लोगों की अपेक्षा स्वतन्त्र राजनीतिक विचार हैं और उन्हें जाति, सम्प्रदाय, भाषा, धर्म आदि के नाम से बेवकूफ नहीं बनाया जा सकता। इसलिए वे किसी भी राजनीतिक संगठन से जुड़ने से पहले उस संगठन की राजनीतिक अवधारणाओं की पुष्टि करते हैं। यहाँ पर न तो अधिक जॉब हैं और न ही घूमने के लिए अधिक भूमि इसलिए यहाँ पर अत्यधिक गरीबी और बेरोजगारी है। अत: भ्रष्ट राजनेता यहाँ के लोगों को धर्म, समुदाय और आर्थिक कमजोरी के नाम पर आसानी से बहका सकते हैं। किसी एक पार्टी

को पूर्ण बहुमत मिलना यहाँ लगभग असम्भव है। पार्टियों की बहुलता के कारण केरल ने पिछले वर्षों में अस्थिरता का सामना किया है, लेकिन अब वहाँ साझा सरकार बन चुकी है। अब वहाँ या तो कम्युनिस्ट या कांग्रेस सरकार सत्ता में रहती है।

सदस्य 1 आपके अनुसार केरल की समस्या का समाधान क्या है?

रश्मि सर, भाषा के आधार पर राज्यों का बँटवारा सही नहीं है। अच्छी बात यह होगी कि राज्य की सीमाएँ इससे तय की जाएँ कि वहाँ आत्मनिर्भरता के लिए कितने संसाधन विद्यमान हैं। जनसंख्या, क्षेत्रफल, प्राकृतिक सम्पदा; जैसे-जल, भूमि, खनिज, नदियाँ, समुद्री तटों से आवागमन की सुविधा और कुछ प्राकृतिक एवं ऐतिहासिक सीमाओं में सामंजस्य होना आवश्यक है। भिन्न-भिन्न भाषाओं वाले राज्य राष्ट्रीय एकता को प्रोत्साहित कर सकते हैं। इससे भाषा तथा भूमि सम्बन्धी विवाद समाप्त हो सकते हैं। लेकिन भाषायी राज्यों पर आधारित क्षेत्रीय पार्टियाँ; जैसे-पंजाब में अकाली दल, तमिलनाडु में DMK (Dravida Munnetra Kazhagam) और AIDMK (All India Anna Dravida Munnetra Kazhagam), असम में असम गण परिषद् (AGP) आदि राष्ट्रीय हितों की अपेक्षा करके क्षेत्रीय हितों द्वारा परिचालित की जाती हैं। भारतीय जनसंख्या में एकरूपता के अभाव के कारण विभिन्न स्तर के लोगों के बीच विभाजन पैदा होता है। धर्म, क्षेत्र, भाषा, जाति और सम्प्रदाय आदि के आधार पर लोगों को बाँटना सरल हो जाता है।

सदस्य 1 यदि आपके एक हाथ में तीन सेब और चार नारंगी हैं तथा दूसरे हाथ में चार सेब और तीन नारंगी हैं, तो आपके पास क्या है?

रश्मि बहुत बड़े हाथ।

सदस्य 3 मिस रश्मि, आप केरल की निवासी हैं। पर्यटन को प्रोत्साहित करने के लिए केरल के पर्यटन विभाग ने क्या टैगलाइन रखी है?

रश्मि जी सर, केरल में पर्यटन को प्रोत्साहित करने के लिए केरल के पर्यटन विभाग ने टैगलाइन रखी है—'केरल-ईश्वर का अपना देश'।

सदस्य 4 केरल विदेशियों तथा भारतीयों के लिए एक प्रसिद्ध पर्यटन स्थल है। इसका क्या कारण है?

रश्मि सर, केरल भारतीय एवं विदेशी पर्यटकों के लिए स्थापित केन्द्र है। यह एक ऐसा राज्य है, जो उष्णकटिबन्धीय मालाबार समुद्री तट पर दक्षिणी-पश्चिमी भारत में अवस्थित है। केरल पर्यावरण सम्बन्धी उपक्रमों तथा लैगूनों (समुद्र के जल को रोककर बनाई गई एक प्रकार की कृत्रिम झील) के लिए भी प्रसिद्ध है। प्राकृतिक एवं भौगोलिक परिस्थितियों ने केरल को एक बेहतर आकर्षक स्वरूप प्रदान किया है। संस्कृति एवं परम्पराओं की दृष्टि से यह अद्‌भुत स्थान है। केरल के पर्यटक स्थलों में अलेज्पी, मुन्नार, थेककड़ी, कोच्चि, वर्कला इत्यादि प्रमुख हैं।

अध्यक्ष मिस रश्मि, पर्यावरणीय पर्यटन से क्या तात्पर्य है? पर्यावरणीय पर्यटन को प्रोत्साहित करने की क्या आवश्यकता है?

रश्मि सर, अन्तर्राष्ट्रीय पर्यावरणीय पर्यटन सोसाइटी इसे इस तरह परिभाषित करती है—"वह उत्तरदायी यात्रा, जो पर्यावरण का संरक्षण करे तथा स्थानीय निवासियों के स्वास्थ्य में सुधार लाए।" पर्यावरणीय पर्यटन का उद्देश्य है–संसार के प्राकृतिक एवं सांस्कृतिक वातावरण का संरक्षण करना तथा इसकी विविधताओं को अक्षुण्ण बनाए रखना। पर्यावरण-अनुकूल गतिविधि होने के कारण पर्यावरण-पर्यटन का लक्ष्य पर्यावरण मूल्यों और शिष्टाचार को प्रोत्साहित करना तथा निर्बाध रूप में प्रकृति का संरक्षण करना है। इसके अतिरिक्त यह स्थानीय समुदाय को पर्यटन प्रबन्धन को जीविका का वैकल्पिक आधार बनाने तथा पर्यावरण संरक्षण को सुनिश्चित करने हेतु प्रोत्साहित करता है। साथ ही इससे राष्ट्रीय उद्यानों और अन्य प्राकृतिक क्षेत्रों के संरक्षण के लिए आवश्यक धन प्राप्त किया जा सकता है, जो अन्य किसी निजी स्रोत से सम्भव नहीं है।

सदस्य 3 मिस रश्मि, क्या 'स्वच्छ ऊर्जा' पर्यावरणीय पर्यटन से सम्बद्ध है?

रश्मि सर, 'स्वच्छ ऊर्जा' शब्द पर्यावरणीय पर्यटन से सम्बन्धित नहीं है। इस शब्द का प्रयोग कोयले या तेल की जगह सूर्य, हवा, लहरें और जल से बिजली का उत्पादन करने के सन्दर्भ में किया जाता है। इस तरह से बिजली का उत्पादन करने में बहुत कम ग्रीन हाउस गैसों का उत्सर्जन होता है, परन्तु कोयले, तेल आदि का प्रयोग करके बिजली उत्पादन करने में अधिक मात्रा में ग्रीन हाउस गैसों का उत्सर्जन होता है, जिनमें कार्बन डाइ-ऑक्साइड (CO_2) और मीथेन गैसें सम्मिलित होती हैं।

सदस्य 3 सौर ऊर्जा का भारत में भविष्य क्या है? सौर ऊर्जा केन्द्र के क्या-क्या कार्य हैं?

रश्मि विषुवत् रेखा के निकट उपयुक्त स्थिति में अवस्थित होने के कारण भारत में सौर ऊर्जा की अपार सम्भावनाएँ हैं। भारत 1900 बिलियन यूनिट सौर ऊर्जा प्रति वर्ष उत्पन्न कर सकता है, जो वर्ष 2030 तक होने वाली ऊर्जा की सारी माँगें पूरी करने के लिए पर्याप्त होगी। उल्लेखनीय है कि भारत ने वर्ष 2022 तक 175 गीगावॉट हरित ऊर्जा के उत्पादन का लक्ष्य तय किया है, जिसमें सौर ऊर्जा का हिस्सा सौ गीगावॉट होगा। इसी को ध्यान में रखकर सौर ऊर्जा केन्द्र के निर्देशन में सरकार ने कई परियोजनाओं का सूत्रपात किया है। सौर ऊर्जा केन्द्र अनेक कार्यों में संलग्न है; जैसे–आर्थिक प्रौद्योगिकी एवं संसाधनों का मूल्यांकन, सौर ऊर्जा के लिए दिशा-निर्देशों को तैयार करना आदि। नवीन और नवीकरणीय ऊर्जा मन्त्रालय ने सौर विद्युत प्रौद्योगिकियों में अनुसन्धान, विकास और परीक्षण करने के लिए राष्ट्रीय सौर ऊर्जा संस्थान की स्थापना की है।

यह केन्द्र सरकारी तथा कॉर्पोरेट क्षेत्र को सक्रिय रूप से निर्देश देने में संलग्न है। अलग-अलग सौर तकनीकों के द्वारा परियोजनाओं के विकास में यह केन्द्र अपना महत्त्वपूर्ण योगदान देता है।

सदस्य 2 रश्मि, प्रशासन की दृष्टि से अनुपयुक्त होने के कारण कुछ लोगों ने बड़े राज्यों की आलोचना की है। उत्तर प्रदेश, मध्य प्रदेश और बिहार के पिछड़ेपन को उनके वृहद् आकार से जोड़कर देखा जाता है और कुछ लोगों ने बड़े राज्यों को खत्म कर देने की सिफारिश की है। उनका सुझाव है कि राज्य होने ही नहीं चाहिए, केवल ज़िले होने चाहिए। क्या आपको नहीं लगता कि बड़े राज्यों का विरोध इन मान्यताओं के विरुद्ध है?

रश्मि आपका कहना बिल्कुल सत्य है, सर। मेरा मानना है कि जिलों के स्थान पर राज्यों का उन्मूलन करने से किसी एक विशेष भाषा व क्षेत्र के प्रति पूर्वाग्रह की भावना बढ़ जाती है। मुझे इस बात का भय है कि वर्तमान राज्यों का जिलों में स्थानान्तरण करने से हमारी समस्या का समाधान नहीं होगा, बल्कि इससे और अधिक समस्याएँ उत्पन्न होंगी। अत: मेरा सुझाव है कि हमें बहु-भाषायी राज्यों को बढ़ावा देना चाहिए।

मैंने यह स्पष्ट किया कि राज्यों को प्राकृतिक संसाधनों की दृष्टि से आत्मनिर्भर होना चाहिए और यदि सम्भव हो तो कोई ऐतिहासिक या प्राकृतिक सीमा उनका छोर निश्चित करे। उत्तर प्रदेश, बिहार एवं मध्य प्रदेश का पिछड़ापन उनके वृहद् आकार के कारण नहीं है। अंग्रेजों द्वारा जीते जाने से पूर्व ये राज्य पहले जमींदार या राजाओं के थे। ब्रिटिश राज्य के समय बंगाल, मुम्बई या चेन्नई के समक्ष इनमें औद्योगिक अथवा व्यावसायिक विकास नहीं हुआ। आधुनिक संचार एवं प्रौद्योगिकी व्यवस्था से इनका तीव्र विकास हो सकता था यदि राजनीतिक पार्टियों के निजी स्वार्थ इनके सामने नहीं आते। राज्यपालों, मुख्यमन्त्रियों, मन्त्रियों, नौकरशाहों एवं सचिवालय के रहने के लिए भवन निर्माण में करोड़ों रुपए खर्च कर दिए गए। अत: प्रशासन तन्त्र की उपयुक्तता को बढ़ाकर और सन्तुलित विकास के माध्यम से इन समस्याओं का समाधान किया जा सकता है।

सदस्य 2 क्या विमुद्रीकरण भ्रष्टाचार को समुचित रूप से कम कर सकता है?

रश्मि विमुद्रीकरण से भ्रष्टाचार समुचित रूप से कम नहीं हो सकता, क्योंकि वर्तमान समय में बहुत कम ऐसे लोग हैं, जो अपने पास रुपए को नकद या मुद्रा के रूप में रखते हैं। आज उससे अधिक परिमार्जित तरीका उपलब्ध है, जिससे उन्हें अपने पास रखा जा सकता है। विदेशी मुद्राओं में बदलकर, विदेशी बैंकों में रखकर, बेनामी सम्पत्ति खरीदकर आदि द्वारा मुद्रा का संचय सुविधापूर्वक किया जा सकता है। केवल छोटे व्यवसायी अपना काला धन मुद्राओं में रखते हैं। अत: केवल वे ही लोग प्रभावित होंगे। बहुत बड़े पैमाने पर रिश्वत लेने वाले लोग भारतीय मुद्रा में घूस नहीं लेते, वे अन्य रूपों में इसे स्वीकार करते हैं।

सदस्य 3 क्या विमुद्रीकरण के कारण अचल सम्पत्ति की कीमत में गिरावट आई है?

रश्मि फ्लैट एवं घरों की उपलब्धता तथा पैन नम्बर के बिना खरीददारी की मुश्किलों के कारण अचल सम्पत्ति की कीमत में पिछले कुछ वर्षों में गिरावट आई है, साथ ही विमुद्रीकरण से पहले बिल्डर्स या विक्रेता कीमत का एक भाग नकद में लेने की माँग करते थे, जोकि काला धन बन जाता था। विमुद्रीकरण के कारण काला धन व्यवस्था से ही बाहर हो गया है। इससे अचल सम्पत्ति की कीमत में ठहराव-सा आ गया है।

अब केवल वैसे ही क्रेता बाजार में आएँगे, जिनके पास बिल्कुल सफेद धन है। बेनामी सम्पत्तियों की जाँच-पड़ताल आरम्भ कर सरकार ने इस दिशा में महत्त्वपूर्ण कदम उठाया है। अत: अचल सम्पत्ति की दर में अस्थायी तौर पर गिरावट आई है। लेकिन यह दर स्थिर रहेगी या नहीं, यह कहना मुश्किल है, तथापि यह कुछ हद तक स्थिर रह सकता है।

सदस्य 4 मिस रश्मि, क्या आप बताएँगी कि वर्तमान समय में देश की प्रमुख गम्भीर समस्याएँ क्या-क्या हैं?

रश्मि हमारे सामने कई गम्भीर समस्याएँ हैं। उनमें जो प्रमुख हैं, वे हैं-देश की अखण्डता और एकता को बनाए रखना, कानून और व्यवस्था का संरक्षण, गरीबी, बेरोजगारी, जनसंख्या विस्फोट नियन्त्रण, महिलाओं को सुरक्षा, भ्रष्टाचार, कालाधन, अशिक्षा, सामाजिक न्याय सुनिश्चित करना, स्वास्थ्य सेवाओं का अभाव, स्त्रियों एवं बच्चों की दशा में सुधार लाना, आतंकवाद आदि।

सदस्य 5 स्त्रियों की सुरक्षा और भलाई के लिए अब तक हमारे देश में क्या किया गया है?

रश्मि सर, विभिन्न सरकारों द्वारा स्त्रियों के सशक्तीकरण के लिए सामाजिक, आर्थिक, राजनीतिक, कानूनी और संवैधानिक प्रयास समय-समय पर किए गए हैं। तथापि भारत में अब भी स्त्रियाँ तरह-तरह के अत्याचार का सामना कर रही हैं; जैसे-बलात्कार, दहेज हेतु हत्या करना आदि। स्त्री सशक्तीकरण के लिए अभी भी बहुत कुछ करना शेष है।

अध्यक्ष क्या आप समझती हैं कि कुछ दिनों का मिलिट्री शासन (Army Rite) हमारी बहुत सारी समस्याओं का हल निकालने में सक्षम होगा?

रश्मि सर, मैं अपने विचार इस बिन्दु पर कुछ निजता से व्यक्त करना चाहती हूँ। पाकिस्तान, अफगानिस्तान एवं म्यांमार में मिलिट्री शासन ने किसी समस्या का हल नहीं निकाला, साथ ही सम्भावना है कि एक बार जो मिलिट्री शासन शुरू हो जाए, तो फिर वही लगातार चलता रहता है तथा आम जनता के हितों की अनदेखी होने लगती है। हमारा देश प्रजातान्त्रिक देश है और प्रजातन्त्र विकास पथ पर आगे बढ़ने का सर्वोत्तम हथियार है। जरूरत केवल इतनी है कि हमारे नेतागण स्वयं पर केन्द्रित न हों।

अध्यक्ष मिस रश्मि, हमारे बहुत-से ऐसे पड़ोसी देश हैं, जिनसे हमारी सीमाएँ लगती हैं। सार्क (SAARC) के गठन पर आप अपनी प्रतिक्रिया दें।

रश्मि अफगानिस्तान, बांग्लादेश, भूटान, मालदीव, भारत, नेपाल, पाकिस्तान और श्रीलंका को मिलाकर सार्क का गठन हुआ है। इन सभी देशों की संस्कृति, सामाजिक व्यवहार एवं आर्थिक समस्याएँ समान हैं। लेकिन सभी देशों की समस्याओं का जन्म अत्यधिक जनसंख्या, गरीबी, कुपोषण, अशिक्षा आदि से होता है। ऐसा विश्वास है कि दक्षिण के ये देश तीव्र गति से उन्नति कर सकते हैं। यदि वे एक-दूसरे का सहयोग करें तथा विकास की योजनाएँ साथ मिलकर बनाएँ। इसी विचार के कारण सार्क का गठन हुआ, जिसका उद्देश्य है-पारस्परिक आर्थिक एवं सामाजिक विकास।

सदस्य 2 'ट्रेन टू पाकिस्तान' नामक उपन्यास के उपन्यासकार कौन हैं, जिस पर बाद में एक फिल्म भी बनी थी?

रश्मि सर, प्रसिद्ध उपन्यासकार मि. खुशवन्त सिंह ने यह उपन्यास लिखा था जो वर्ष 1947 में भारत विभाजन की त्रासदी पर केन्द्रित है, जिसे अमेरिका के ग्रोव प्रेस अवार्ड से भी सम्मानित किया गया है।

सदस्य 3 क्या आपने यह उपन्यास पढ़ा है?

रश्मि नहीं सर, मैंने केवल यह फिल्म देखी है, जो दूरदर्शन पर आई थी।

सदस्य 4 क्या आप फिल्में देखना पसन्द करती हैं?

रश्मि नहीं सर, मैं कुछ चुनिन्दा फिल्में ही देखती हूँ; जैसे-'लगान', 'चक दे इण्डिया' या हास्य फिल्में जैसे 'पीके'।

अध्यक्ष धन्यवाद मिस. रश्मि। अब हम इस रोचक व जानकारी पूर्ण चर्चा का समापन करते हैं। क्या आप हमसे किसी भी प्रकार की जानकारी प्राप्त करने के लिए कोई भी प्रश्न पूछना चाहेंगी?

रश्मि नहीं सर, धन्यवाद। मेरा कोई भी प्रश्न नहीं है।

अध्यक्ष ठीक है, अब आप जा सकती हैं।

रश्मि ठीक है, सर। (वे शालीनता से व विश्वास के साथ बाहर चली आती हैं।)

3. लोक सेवा परीक्षा (IPS) के लिए सैम्पल इंटरव्यू

आरती सक्सेना ने दिल्ली विश्वविद्यालय से राजनीति विज्ञान में स्नातकोत्तर की डिग्री ली है। वे उच्चतम बौद्धिक योग्यता से सम्पन्न हैं। उन्होंने हल्के नीले रंग की साड़ी पहन रखी है।

वे शान्त स्वभाव की हैं तथा प्रतीक्षा-कक्ष में अन्य उम्मीदवारों के साथ सहजता से बैठी हैं। अपनी मनोहारी मुस्कान तथा मित्रवत् व्यवहार से वे अन्य उम्मीदवारों पर अपना प्रभाव छोड़ने में सफल रहती हैं। इंटरव्यू हेतु बुलाए जाने पर वे शालीनतापूर्वक तथा आत्मविश्वास के. साथ इंटरव्यू कक्ष में प्रवेश करती हैं।

आरती सभी को गुड मॉर्निंग, सर!

अध्यक्ष गुड मॉर्निंग, मिस आरती। कृपया बैठिए। (उम्मीदवार के लिए रखी गई कुर्सी पर बैठ जाती हैं।)

अध्यक्ष मिस आरती, मैंने देखा कि आपने स्कूली शिक्षा देहरादून से तथा महाविद्यालय की शिक्षा दिल्ली से प्राप्त की है। क्या आप अपने निवास स्थान (पंजाब) से हमेशा दूर ही रहीं?

आरती सर, मेरे पिताजी फिरोजपुर, पंजाब से हैं और उसी शहर के नजदीक के गाँव में हमारी कुछ भूमि है तथा हमारे पूर्वजों का घर है। मेरे दादा-दादी वहीं रहते थे तथा अब मेरे चाचा जी अपने परिवार के साथ वहाँ रहते हैं। मैं अपने माता-पिता के साथ फिरोजपुर बहुत ही कम जाती हूँ। मेरे पिताजी थल सेना में ब्रिगेडियर के पद पर थे, वे हाल ही में सेवानिवृत्त हुए हैं। मेरे माता-पिता दिल्ली में रहते हैं, जहाँ उन्हें दिल्ली विकास प्राधिकरण का एक फ्लैट मिल गया है। मेरा जन्म वास्तव में वेलिंग्टन, नीलगिरि में हुआ था। उस समय मेरे पिताजी डाइरेक्टिंग स्टाफ के सदस्य के तौर पर डिफेंस कॉलेज में कार्यरत् थे। मेरी शिक्षा बाधित न हो, इसलिए मेरे माता-पिता ने मेरा एडमिशन दून पब्लिक स्कूल, देहरादून में करा दिया।

सदस्य 1 आपने कहा कि आपके पिताजी सेना में थे। आपने सेना में भर्ती होने की क्यों नहीं सोची?

आरती प्रारम्भ में मेरे माता-पिता का यही विचार था कि मैं सेना में ही जाऊँ। मैं एयर फोर्स में भर्ती होकर लड़ाकू विमान की पायलट बनना चाहती थी। लेकिन बाद में कुछ निजी कारणों से मेरे पिताजी ने मुझे सशस्त्र सेना में जाने देना उचित नहीं समझा।

अध्यक्ष मिस. आरती, आपके पिताजी एक रक्षा ऑफिसर हैं। क्या आप बता सकती हैं कि सेना की भूमिका देश के शान्तिकाल में क्या होती है?

आरती सेना का प्राथमिक कर्त्तव्य केवल युद्ध लड़ना ही नहीं है, बल्कि भय दिखाकर निवारण करना भी है। जिस देश की सेना मजबूत हो, उस पर आक्रमण करने की कोई सोच भी नहीं सकता। इसके अतिरिक्त सेना द्वारा सीमाओं पर सतत विद्यमान रहने से उग्रवादी अथवा अन्य राष्ट्रविरोधी तत्त्व देश में घुस नहीं पाते। इसके अतिरिक्त सेना की मानवीय कार्यों में भी महत्त्वपूर्ण भूमिका होती है। प्राकृतिक आपदाओं; जैसे-बाढ़, भूकम्प, सुनामी आदि के समय सेना को राहत कार्यों के लिए लगाया जाता है। उत्तराखण्ड त्रासदी के समय सेना ने बहुत बड़ी संख्या में नागरिकों को बचाया तथा उस क्षेत्र में परिस्थितियों को सामान्य बनाने में सहयोग दिया। इसके अतिरिक्त भारत के विभिन्न राज्यों में आने वाली बाढ़ के समय भारतीय सेना उन क्षेत्रों में राहत सामग्री व बाढ़ में फँसे लोगों को सुरक्षित स्थान पर पहुँचाती है।

अध्यक्ष कानून द्वारा इस पर रोक लगने के पश्चात् भी दहेज प्रथा समाज में जड़ जमाए हुए हैं, इसका क्या कारण है? एक आई. ए. एस. अधिकारी के रूप में इसे समूल नष्ट करने के लिए आप क्या कदम उठाएँगी?

आरती दहेज प्रथा गहराई तक जड़ जमा चुकी एक सामाजिक कुप्रथा है। समाज सुधार तथा परिवर्तन केवल कानून के द्वारा करना सम्भव नहीं है। शिक्षा, ज्ञान का विकास, महत्त्वपूर्ण लोगों के निजी उदाहरण और आर्थिक सुधार आदि समाज में सुधार लाने के लिए आवश्यक हैं। हमें समाज की संवेदनशीलता व चेतना को जगाने का प्रयत्न करना चाहिए।

एक आई. ए. एस. अधिकारी के तौर पर दहेज लेने तथा देने वालों को मैं कड़ी-से-कड़ी सजा दिलाऊँगी। अपने क्षेत्र के सामाजिक संगठनों एवं शैक्षिक संस्थानों का सहयोग लेकर मैं इस कुरीति से लड़ने के लिए अभियान भी चलाऊँगी। हम अपने सन्देश के प्रचार-प्रसार के लिए नाटकों, नुक्कड़-नाटकों और लोकवार्ताओं का आयोजन करेंगे। स्त्रियों एवं लड़कियों की शिक्षा भी इस क्षेत्र में एक क्रान्तिकारी कदम सिद्ध हो सकता है।

सदस्य 1 मिस. आरती, 'बेटी बचाओ, बेटी पढ़ाओ' जैसे अभियान की क्या आवश्यकता है? वर्तमान सरकार ने इस मुहिम को क्यों प्रारम्भ किया?

आरती सर, बड़े खेद का विषय है कि भारतीयों द्वारा बहुत-से विकास कार्य तथा उन्नति के बावजूद, हमारी बेटियाँ पुरुष मानसिकता का शिकार रही हैं। हमारा समाज पितृ-प्रधान है और प्रत्येक परिवार एक पुरुष वारिस चाहता है। इस बुरी मानसिकता के कारण स्त्री-पुरुष का अनुपात हमारे समाज में दिनों-दिन गिरता जा रहा है। शिक्षित व्यक्ति भी पुत्र पाने की इच्छा के आगे झुक जाता है। प्रधानमन्त्री मोदी द्वारा चलाया गया 'बेटी बचाओ, बेटी पढ़ाओ' अभियान पूरी तरह से स्त्रियों के सशक्तीकरण की दिशा में एक सराहनीय प्रयास है और ऐसी आशा की जा रही है कि इससे लिंगानुपात वृद्धि में सहायता मिलेगी।

अध्यक्ष मिस. आरती, राजनीति शास्त्र का अध्ययन आपको प्रशासन सम्बन्धी समस्याएँ सुलझाने में कैसे मदद कर सकता है? राजनीति शास्त्र का अध्ययन क्या राजनीतिज्ञों तक ही सीमित होना चाहिए?

आरती सर, राजनीति शास्त्र स्थानीय, राज्यीय, राष्ट्रीय एवं अन्तर्राष्ट्रीय स्तर पर सरकार तथा राजनीति के सिद्धान्तों एवं कार्यों पर केन्द्रित विषय है। राजनीति शास्त्र विभिन्न संस्थानों की समझ तथा सार्वजनिक जीवन द्वारा गठित सिद्धान्तों व सम्बन्धों को विकसित करने के प्रति समर्पित है। सर, राजनीति शास्त्र एक ऐसा विषय है, जिसका अध्ययन राजनीतिज्ञों सहित प्रत्येक व्यक्ति को करना चाहिए। एक प्रशासक के लिए राजनीति शास्त्र का अध्ययन अति आवश्यक है, क्योंकि उससे प्रजातन्त्र के विषय में जागरूकता, समाजवाद, कल्याणकारी राज्य, मौलिक अधिकार आदि के विषय में सम्पूर्ण जानकारी प्राप्त होती है।

सदस्य 2 हमारे संसद के दो सदन हैं—लोकसभा तथा राज्यसभा। राज्यसभा क्या करती है अथवा शासन के परिचालन में राज्यसभा की भूमिका क्या होती है?

आरती राज्यसभा को राज्यों का परिषद् भी कहा जाता है एवं इसके कुछ विशिष्ट लक्षण हैं। अत्यधिक विभिन्नताओं वाले ऐसे विशाल देश में, एकल चयनित सदन को चुनौतियों का सामना करने के लिए अपर्याप्त माना गया। इसलिए संघीय पद्धति को अपनाया गया। राज्यसभा की संरचना लोकसभा से भिन्न है और इसके सदस्यों के चुनाव की विधि भी लोकसभा के सदस्यों के चुनाव से बिल्कुल भिन्न है।

सरकार को सहज रूप से चलाने में राज्यसभा की अहम भूमिका होती है। संविधान के तहत राज्यसभा के पास कुछ विशेष अधिकार होते हैं। ये सारे विषय तीन भागों में विभक्त हैं—संघ सूची, राज्य सूची एवं समवर्ती सूची। यदि राज्यसभा उपस्थित सदस्यों के दो तिहाई बहुमत से कोई प्रस्ताव पारित कर दे और यह कहे कि राष्ट्रहित में उक्त प्रस्ताव आवश्यक है, तो संसद उक्त प्रस्ताव पर कानून बनाने के लिए समर्थ हो जाती है। बहुत से विधेयकों को दोनों सदनों में पारित होना आवश्यक होता है; यथा—संविधान संशोधन विधेयक। इसके अतिरिक्त यह सामाजिक सरोकार से जुड़े विभिन्न विधेयकों जिसे लोकसभा ने पारित कर दिया हो, उसमें आवश्यक संशोधन करा सकता है।

सदस्य 3 पुलिस बल का प्रमुख कौन होता है?

आरती राज्य में पुलिस बल का प्रमुख डी. जी. पी. डायरेक्टर जनरल ऑफ पुलिस) होता है।

सदस्य 3 इसका तात्पर्य यह है कि प्रत्येक जिले में डिप्टी आई. जी. होते हैं, जो आई. जी. को अपनी उपस्थिति दर्ज कराते हैं। क्या यह सही है?

आरती सर, ऐसा नहीं है। वास्तव में कई जिलों को मिलाकर एक रेंज बनती है। पूरा राज्य ऐसे ही कई रेंज या विभागों में विभक्त होता है और प्रत्येक पुलिस रेंज पुलिस महानिरीक्षक के प्रशासनिक नियन्त्रण में होता है तथा पुलिस उप महानिरीक्षक इसके अधीन इन्हीं रेंजों में कार्यरत् होते हैं।

सदस्य 1 क्या आपने पुलिस द्वारा प्रयोग की जाने वाली थर्ड डिग्री के बारे में सुना है? इसका क्या तात्पर्य है?

आरती सर, पुलिस द्वारा इसका प्रयोग अपराधियों से सच्चाई की तह तक पहुँचने के लिए किया जाता है। इसमें हिंसा तथा आतंक का भरपूर प्रयोग किया जाता है। सर, कोई भी अपराधी आसानी से अपने किए हुए गुनाह को तब तक नहीं स्वीकारता है, जब तक कि पुलिस के द्वारा उसे कुछ हद तक डराया या आतंकित न किया जाए। यद्यपि इसका प्रयोग कुछ विशेष परिस्थितियों में ही किया जाता है।

सदस्य 2 विशेष रूप से हमारे जैसे प्रजातान्त्रिक देश में 'थर्ड डिग्री' की वैधता के बारे में आपके क्या विचार हैं?

आरती सर, इस विधि से पूछताछ कानून द्वारा सम्मत नहीं है। एक आदर्श और आधुनिक समाज में यह लोकप्रिय नहीं है, क्योंकि इस विधि से पुलिस कभी-कभी ऐसे अपराध भी लोगों से स्वीकार करा लेती है जोकि उक्त अपराधी ने किए भी नहीं हैं। मेरी राय में प्रत्येक व्यक्ति कानून की नजर में समान है और मनुष्य को तब तक निर्दोष ही माना जाना चाहिए, जब तक कि उसका अपराध साबित न हो जाएँ या फिर अपराध में उसके लिप्त होने के बारे में सारे साक्ष्य उपलब्ध न हो जाएँ।

सदस्य 3 फिर पुलिस को इस विधि का प्रयोग अपराधियों से पूछताछ के लिए क्यों करना चाहिए?

आरती पुलिस कभी-कभी अपराधियों को क्रूरतापूर्वक आतंकित करती है। इससे सही गुनाहगार पकड़ने में मदद मिलती है तथा उन लोगों को जिन्होंने अपराध नहीं किए हैं, डरा देती है। कठोर अपराधियों के लिए इस विधि के प्रयोग के मैं पक्ष में हूँ, लेकिन इसका प्रयोग सभी पर हो, यह मेरी राय के विरुद्ध है।

सदस्य 1 मिस आरती, क्या भारत में विधान या न्यायतन्त्र की श्रेष्ठता से सम्बन्धित कोई विवाद है? आपके विचार क्या हैं?

आरती भारतीय संविधान से स्पष्ट है कि संसद की प्रक्रिया न्यायतन्त्र की निगरानी से परे है। लेकिन संविधान ने संघीय तथा संसदीय दोनों विशेषताओं को समाविष्ट किया हुआ है। अत: कभी-कभी विवाद उठ जाता है। सरकार का संसदीय प्रारूप विधानतन्त्र को सर्वोपरि मानता है, लेकिन संविधान के संघीय ढाँचे के कारण यह आवश्यक हो जाता है कि उच्च न्यायतन्त्र न्यायिक समीक्षा की शक्ति का उपयोग स्वयं करें।

सदस्य 1 मिस आरती, ऐसा कहा जाता है कि इतिहास और राजनीति विज्ञान में गहरा सम्बन्ध है। क्या आप इस पर प्रकाश डालेंगी?

आरती सर, यह बिल्कुल सत्य है कि राजनीति विज्ञान और इतिहास एक-दूसरे के पूरक और सहयोगी हैं। इतिहास राजनीति विज्ञान के लिए सामग्री प्रदान करता है। राजनीति विज्ञान का अध्ययन शासन के प्रकार के सम्बन्ध में, उस शासक के लिए जो उसका अनुकरण कर रहा है, उसकी नीति और आर्थिक सुधार आदि के लिए किया जाता है। ये सारी चीजें राजनीति शास्त्र के लिए तथ्य एवं आँकड़ें जुटाती हैं, जिससे इन दोनों को समझना आसान हो जाता है।

सदस्य 2 धर्मनिरपेक्षता (Secularism) हमारे संविधान का एक प्रमुख लक्षण है। क्या आप ऐसे दस शब्द बता सकती हैं जो राजनीतिक, दार्शनिक या आर्थिक रूप से मनुष्य की क्रियाओं से सम्बद्ध हैं और जिनका अन्त 'ism' से होता है?

आरती सर, सामन्तवाद (Imperialism), समाजवाद (Socialism), रूढ़िवाद (Conservatism), सम्प्रदायवाद (Communalism), कट्टरतावाद (Fanaticism), पूँजीवाद (Capitalism), राष्ट्रवाद (Nationalism), न्यायवाद (Syllogism), जातिवाद (Casteism), एकेश्वरवाद (Monotheism) आदि ऐसे ही शब्द हैं।

सदस्य 4 मिस आरती, भारत में चुनाव सम्बन्धी सुधार समय-समय पर होते रहे हैं। वर्तमान चुनाव पद्धति का आकलन आप किस प्रकार करेंगी?

आरती प्रजातन्त्र को मजबूत बनाने तथा चुनाव को निष्पक्ष बनाने के लिए चुनाव आयोग विगत कई वर्षों से चुनाव प्रक्रिया में प्रशंसनीय सुधार लाता रहा है। ये सारे सुधार पर्याप्त एवं सराहनीय हैं। चुनाव आयोग के तत्त्वावधान में चुनाव प्रक्रिया में लाए गए सुधारों के लिए, जिससे कि स्वतन्त्र एवं निष्पक्ष चुनाव हो सके, चुनाव आयोग बधाई का पात्र है। फिर भी हमारी चुनाव पद्धति में बहुत से दोष हैं। वोट पाने के लिए राजनीतिक पार्टियाँ कई तरह के अवांछनीय एवं भ्रष्ट तरीके अपनाती हैं। इन भ्रष्ट तरीकों के कारण असामाजिक तत्त्व भी चुनाव के मैदान में आ जाते हैं। इनको नियन्त्रित करने के लिए कानूनों की कमी नहीं है, लेकिन उनका सही कार्यान्वयन हो, इस बात का सर्वथा अभाव है।

इन अवांछनीय प्रवृत्तियों को समूल रूप से नष्ट करने के लिए चुनाव आयोग को और अधिक मजबूत होने की आवश्यकता है। साथ ही इसे अधिक वैधानिक एवं संगठनात्मक अधिकार दिए जाने चाहिए। चुनाव सम्बन्धी कानूनों का उल्लंघन करने वाले तथा उन्हें तोड़ने वाले दोषी राजनीतिज्ञों को सजा देने का अधिकार चुनाव आयोग को मिलना चाहिए।

अध्यक्ष मिस आरती, भारतीय चुनाव आयोग द्वारा परिकल्पित, आदर्श आचार संहिता के बारे में आपके क्या विचार हैं?

आरती प्रत्येक चुनाव में स्वतन्त्र एवं निष्पक्ष चुनाव कराने के लिए चुनाव आयोग उम्मीदवार तथा राजनीतिक दलों के लिए आदर्श आचार संहिता लागू करता है। आदर्श आचार संहिता निर्देश देती है कि उम्मीदवार और राजनीतिक दल चुनाव के दौरान कैसा व्यवहार करें। इसके अन्तर्गत चुनाव आयोग द्वारा उम्मीदवारों और राजनीतिक दलों द्वारा किए जाने वाले कुछ कार्यों पर प्रतिबन्ध लगाया जाता है, जिसका पालन सभी उम्मीदवारों और राजनीतिक दलों (सत्ताधारी या विपक्ष) को करना होता है। ऐसा इसलिए किया जाता है ताकि मतदाता किसी उम्मीदवार या दल के बहकावे में न आकर अपने मत का प्रयोग स्वतन्त्र व विवेक अनुसार कर सके। फिर भी उन्हें मानने के बावजूद उन नियमों के उल्लंघन की घटनाएँ तेजी से बढ़ रही हैं। जिसे रोकने हेतु और प्रयास किए जाने चाहिए।

सदस्य 4 मिस आरती, बहुत सारी समस्याओं का जन्म विविधताओं; जैसे—भाषायी विविधता, धार्मिक विविधता, मानव जातीय विविधता आदि से होता है। इन समस्याओं को सुलझाने के लिए आपके क्या प्रस्ताव हैं?

आरती सर, भारतीय लोकतन्त्र अनेकता में एकता का खूबसूरत उदाहरण है। यद्यपि कई अवसरों पर उनमें मतभेद भी होते हैं। मेरे विचार से भाषाओं एवं धर्म पर आधारित राज्यों के विपरीत हमारे पास ऐसे प्रशासनिक क्षेत्र एवं विभाग होने चाहिए, जो बहु-भाषीय, बहुजातीय और बहु-क्षेत्रीय हों, जिससे राजनीतिज्ञ इनका आसानी से शोषण न कर सकें। इसके अतिरिक्त इन सभी पक्षों के मध्य समन्वय, सन्तुलित विकास और सभी की सहभागिता को सुनिश्चित कर इन समस्याओं को सुलझाने का प्रयास किया जाना चाहिए।

सदस्य 3 एक राजनीतिक दल की ताकत आपकी समझ से किसमें होती है—एक महान् नेता में या एक मजबूत विचारधारा अथवा सिद्धान्त में?

आरती सर, मेरी राय में दोनों ही महत्त्वपूर्ण हैं। एक मजबूत नेता वोट पाने में राजनीतिक दल का सहयोग तो कर सकता है, लेकिन अन्त में विचारधारा ही है, जो मायने रखती है। इस प्रकार एक स्पष्ट सिद्धान्त व उसके प्रति कर्त्तव्य निष्ठा ही किसी नेता को महान् और राजनीतिक दल को मजबूत बनाती है। प्रत्येक दल एवं नेता को आम जनता की भलाई के लिए काम करना चाहिए।

सदस्य 2 वह प्रथम भारतीय महिला कौन है, जिसने बैडमिण्टन में ओलम्पिक में पदक जीता?

आरती सर, साइना नेहवाल प्रथम भारतीय महिला हैं, जिसने ओलम्पिक में काँस्य पदक जीता। उसने यह उपलब्धि 4 अगस्त, 2012 में लन्दन ओलम्पिक में प्राप्त की।

सदस्य 1 मिस. आरती, 122 करोड़ से भी अधिक जनसंख्या वाले देश की उपलब्धियाँ खेल जगत में नगण्य हैं, क्यों?

आरती इसके लिए बहुत से कारक जिम्मेदार हैं। भारत के पास खेल के एक अच्छे आधारभूत संस्थानों का अभाव है और अनियन्त्रित भ्रष्टाचार ने खेल प्रशासन को भी प्रभावित किया है, जिससे क्षमतावान खिलाड़ियों को व्यवस्थित ढंग से खेल के प्रति प्रोत्साहित नहीं किया गया है। इसके अतिरिक्त अधिकांश भारतीयों के लिए शारीरिक पुष्टता (Physical Fitness) ही अन्तिम प्राथमिकता है। अन्य कारण है गरीबी एवं बहुत बड़ी संख्या में कुपोषण, जिससे कि शरीर का उचित विकास एवं उसका आकार विकसित नहीं हो पाता।

सदस्य 2 मिस. आरती, क्या आपका कोई शौक है?

आरती सर, मैं पुराने भारतीय संगीत को सुनना पसन्द करती हूँ। कभी-कभी मैं कुकिंग (Cooking) भी करती हूँ। लेकिन मेरा अधिकांश समय अध्ययन करने तथा परीक्षा की तैयारी करने में ही निकल जाता है। अत: मैं अपने शौक को ज्यादा पूरा नहीं कर पाती।

सदस्य 2 ठीक है, मिस आरती। आपका इंटरव्यू समाप्त हुआ। क्या आपका कोई प्रश्न है?

आरती नहीं सर, मेरा कोई प्रश्न नहीं है?

चेयरमैन आप जा सकती हैं, मिस आरती।

आरती धन्यवाद सर! (अपनी सीट से उठती है और शालीनता के साथ दरवाजे को बन्द कर बाहर निकल जाती है।)

4. लोक सेवा परीक्षा (IFS) के लिए सैम्पल इंटरव्यू

मि. मोहित अग्रवाल भारतीय विदेश सेवा (Indian Foreign Service) के उम्मीदवार हैं। उन्होंने प्रेसिडेन्सी कॉलेज, कोलकाता से स्नातकोत्तर की शिक्षा प्राप्त की है।

जब उन्हें इंटरव्यू के लिए बुलाया जाता है, तो वे आत्मविश्वास के साथ शालीनता से इंटरव्यू कक्ष में प्रवेश करते हैं। वे अध्यक्ष तथा इंटरव्यू दल का अभिवादन करते हैं। अध्यक्ष के कहने पर वे अपनी सीट ग्रहण करते हैं। सभी उपस्थित महानुभवों को वे धन्यवाद देते हैं। (वे शान्त तथा शिष्ट भाव से बैठे हैं।)

अध्यक्ष आपके द्वारा बायोडाटा में दी गई जानकारी से पता चला कि आप प्रेसिडेन्सी कॉलेज, कोलकाता के छात्र रहे हैं। क्या आप बता सकते हैं कि इसका नाम प्रेसिडेन्सी कॉलेज क्यों पड़ा?

मोहित प्रेसीडेन्सी कॉलेज, अंग्रेजों द्वारा देश में अपने शासन के समय बंगाल की राजधानी कलकत्ता (अब कोलकाता) में खोला गया पहला कॉलेज है। उस समय अंग्रेज भारतीय साम्राज्य (British-Indian Empire) के तीन प्रमुख प्रान्त थे-बोम्बे (अब मुम्बई), बंगाल और मद्रास (अब चेन्नई)। अंग्रेज भारतीयों को अपनी ही तरह की शिक्षा देना चाहते थे, जिससे भारत पर शासन करने में उन्हें आसानी हो। इसलिए उन्होंने इन तीनों प्रमुख प्रान्तों में प्रेसीडेन्सी कॉलेज की शुरुआत की।

अध्यक्ष इन महाविद्यालयों को पूर्ण विश्वविद्यालय का दर्जा कब मिला? इस कार्य को करने में किसका हाथ था?

मोहित सर, पश्चिम बंगाल के पूर्व मुख्यमन्त्री बुद्धदेव भट्टाचार्य ने इसको पूर्ण विश्वविद्यालय का दर्जा 'प्रेसिडेन्सी विश्वविद्यालय एक्ट 2010' के तहत दिया।

सदस्य 1 औद्योगिक विकास में बंगाल एक समय बहुत उन्नत था। लेकिन आज यह इस क्षेत्र में पिछड़ रहा है। ऐसा क्यों हुआ?

मोहित CPI-M (Communist Party of India-Marxist) के नेतृत्व में जब वामपन्थी दल पश्चिम बंगाल सत्ता में आया, तब उद्योगपतियों ने समझा कि सरकार राष्ट्रीयकरण की दिशा में जाएगी तथा निजी उद्योगों का विरोध करेगी।

प्रारम्भ में CPI-M ने ऐसा ही किया, जिससे मजदूर उनके विरोधी बन गए। उद्योगपतियों ने समझा कि उद्योग की कीमत पर सरकार मजदूरों का पक्ष लेगी। इसके अतिरिक्त बिजली का सर्वथा अभाव हो गया जो आज भी है। केन्द्र सरकार ने भी औद्योगिक निवेश में अधिक योगदान नहीं दिया और इन सभी कारणों से पश्चिम बंगाल में औद्योगिक विकास को बड़ा झटका लगा।

अध्यक्ष आपके बायोडाटा के अनुसार, आपने अंग्रेजी साहित्य में स्नातकोत्तर की शिक्षा पाई है। कुछ राजनीतिक दल भारत में अंग्रेजी भाषा के प्रयोग के विरुद्ध हैं, क्योंकि वे चाहते हैं कि भारत में प्रान्तीय भाषाओं के प्रयोग पर अधिक बल दिया जाना चाहिए। मि. मोहित इस सम्बन्ध में आपके क्या विचार हैं?

मोहित सर, आज सम्पूर्ण विश्व में अंग्रेजी का अत्यधिक महत्त्व है। एक अन्तर्राष्ट्रीय भाषा होने के कारण यह पूरे संसार में बोली जाती है। हमारे देश में प्रान्तीय भाषाओं की बहुत अधिक भिन्नता है, अत: उचित यही होगा कि अंग्रेजी भाषा का प्रयोग कर एक-दूसरे को जोड़ा जाए। अंग्रेजी भाषा न केवल अन्तर्राष्ट्रीय जन संचार के लिए अनिवार्य है, बल्कि भारत में भी यह बहुत से लोगों के लिए आम भाषा के रूप में प्रयोग की जाती है। प्रान्तीय भाषाओं का प्रयोग राज्यों में किया जा सकता है, परन्तु अंग्रेजी का प्रयोग सामान्य तौर पर अनदेखा नहीं किया जा सकता, क्योंकि यह राष्ट्रीय अखण्डता का एक महत्त्वपूर्ण साधन है और फिर अधिक-से-अधिक छात्र-चिकित्सा, अभियान्त्रिकी तथा सूचना तकनीक के क्षेत्र में उच्च शिक्षा प्राप्त करने हेतु विदेश जाते हैं। जिनके लिए अंग्रेजी भाषा का ज्ञान होना आवश्यक होता है।

अध्यक्ष अब हम साहित्य के विषय में बातें करते हैं। क्या आपको लगता है कि साहित्य विभिन्न देशों के लोगों के बीच एक प्रकार का सम्बन्ध स्थापित करता है?

मोहित सर, मुझे लगता है कि भाषा एक विशेष संस्कृति से जुड़ी होती है तथा वह उस समाज का दर्पण होती है। यह कभी भी भिन्न-भिन्न देशों के विविध संस्कृति वाले भिन्न-भिन्न लोगों के बीच सम्बन्ध स्थापित करने में सक्षम है। साहित्य उस विशेष समाज के राजनीतिक, सांस्कृतिक एवं ऐतिहासिक विकास का प्रतिनिधित्व करता है।

अध्यक्ष लेकिन शेक्सपियर तथा अन्य लेखकों की कृतियों का क्या जो पूरे विश्व में प्रख्यात हैं?

मोहित सर, शायद आपने मेरी बात को ठीक तरह से नहीं समझा। मैं साहित्य के भौगोलिक विभाजन के पक्ष में नहीं हूँ। सभी साहित्य में उपस्थित मानवीय संवेदनाएँ विश्व में एक जैसी होती हैं, क्योंकि मनुष्य चाहे कहीं के भी हों, उनकी भावनाएँ, अहसास और अनुभूतियाँ समान होती हैं और उन्हें किसी विशेष संस्कृति या समाज तक सीमित नहीं किया जा सकता। लेकिन हम

साहित्य के द्वारा भिन्न संस्कृति वाले लोगों को जोड़ नहीं सकते। उनको एक-दूसरे से जुड़ने के लिए कुछ अन्य कारण होना आवश्यक है।

सदस्य 2 आप भारतीय विदेश सेवा (IFS) में क्यों काम करना चाहते हैं?

मोहित सर IAS, IPS के तरह ही IFS एक प्रतिष्ठित सेवा है। मैं प्रारम्भ से ही विदेश सेवा के प्रति आकर्षित रहा हूँ और जब मैंने महाविद्यालय में प्रवेश लिया था, तभी मैं विदेश सेवा में जाने का निर्णय कर चुका था। इसलिए जापानी एवं फ्रांसीसी भाषाएँ भी स्नातक की पढ़ाई के साथ-साथ सीखता रहा। मुझे विश्वास है कि इन भाषाओं के साथ-साथ अंग्रेजी भाषा के ज्ञान होने के आधार पर मैं सरकार की अच्छी तरह सेवा कर सकता हूँ।

अध्यक्ष गुटनिरपेक्षता की नीति से आप क्या समझते हैं?

मोहित गुटनिरपेक्ष आन्दोलन (Non-Aligned Movement) की पृष्ठभूमि दूसरे विश्वयुद्ध के बाद तैयार हुई थी। लगभग सम्पूर्ण विश्व दो गुटों (अमेरिका के नेतृत्व में पूँजीवादी गुट और सोवियत संघ के नेतृत्व में समाजवादी गुट) में बँट गया था। इसी दौरान कई देश उपनिवेशवाद के चंगुल से मुक्त हुए थे और ये देश इन दोनों गुटों में से किसी में भी नहीं जाना चाहते थे। उन्हें यह भय था कि फिर से इनकी स्वतन्त्रता जा सकती है।

चूँकि वे इन दोनों समूहों से अलग व स्वतन्त्र रहना चाहते थे, इसलिए उन लोगों ने एक सम्मेलन का आयोजन बानडंग, इण्डोनेशिया में 18-28 अप्रैल, 1955 में किया। विश्व जनसंख्या की लगभग आधी आबादी का प्रतिनिधित्व करने वाले 29 राष्ट्रों ने अपने प्रतिनिधियों को इस सम्मेलन में भेजा। इस प्रकार गुट निरपेक्ष आन्दोलन की नींव रखने की प्रक्रिया का प्रारम्भ हो गया तथा अगले सम्मेलन, जो बेलग्रेड, युगोस्लाविया में हुआ, में इसकी स्थापना (1961) हो गई। इस आन्दोलन ने बौद्ध धर्म के सिद्धान्तों पर आधारित पंचशील सिद्धान्तों को अपनाया। वे सिद्धान्त हैं-शान्तिपूर्ण सह अस्तित्व, किसी के आन्तरिक मामलों में हस्तक्षेप न करना, अनाक्रमण) परस्पर आदर करना तथा समानता एवं परस्पर लाभ। इस आन्दोलन के संस्थापक देशों में भारत, इण्डोनेशिया, युगोस्लाविया, मिस्र व घाना प्रमुख रूप से शामिल थे। वर्तमान में गुट निरपेक्ष आन्दोलन के 120 सदस्य देश हैं। वर्ष 1991 में सोवियत संघ के विघटन के पश्चात् इसका महत्त्व कम हो गया है।

सदस्य 1 आपने कहा कि भारत गुट निरपेक्ष आन्दोलन के स्थापक देशों में से एक था, क्या अब भी भारत इसका सदस्य है?

मोहित जी सर, भारत अब भी गुट निरपेक्ष आन्दोलन का एक महत्त्वपूर्ण सदस्य है। जब नए-नए स्वतन्त्र हुए देश परस्पर सहयोग करने के लिए एक समूह बनाना चाहते थे, तब गुट निरपेक्ष आन्दोलन की स्थापना हुई। उन दिनों से आज की वैश्विक परिस्थितियाँ एकदम भिन्न हैं और आज आर्थिक सम्बन्ध राजनीतिक

सहयोग से अधिक महत्त्वपूर्ण हैं। यही वजह है कि भारत अन्य सन्धियों; जैसे-सार्क (SAARC), ब्रिक्स (BRICS), बिमस्टेक (BIMSTEC) आदि में भी सम्मिलित हो गया है।

सदस्य 2 चूँकि आप विदेश सेवा करने के इच्छुक हैं, इसलिए आप अवश्य ही यू. एन. ओ. के विषय में जानते होंगे और विश्व में इसकी भूमिका के विषय में भी अवगत होंगे। यह संघ कब स्थापित किया गया?

मोहित सर, संयुक्त राष्ट्र संघ के घोषणापत्र का प्रारूप अप्रैल-जून, 1945 में सैन फ्रांसिस्को, यू. एस. ए. के सम्मेलन में तैयार किया गया। यह घोषणापत्र 24 अक्टूबर, 1945 में लागू हुआ तथा संयुक्त राष्ट्र अस्तित्व में आया। इसकी स्थापना अन्तर-सरकारी संगठन के रूप में अन्तर्राष्ट्रीय सहयोग को प्रोत्साहित करने के लिए हुई थी। संयुक्त राष्ट्र की स्थापना लीग ऑफ नेशन्स के स्थान पर हुई थी, जो कि एक अप्रभावी संस्था थी। द्वितीय विश्व युद्ध के उपरान्त अन्य किसी ऐसे भीषण नरसंहार को रोकने के लिए इसकी स्थापना की गई थी।

अध्यक्ष प्रथम विश्व (First World), द्वितीय विश्व (Second World) और तृतीय विश्व (Third World) की संकल्पना अन्तर्राष्ट्रीय सम्बन्धों के मामले में बहुत प्रचलित है। संक्षिप्त रूप से बताएँ कि प्रथम विश्व के बारे में आप क्या जानते हैं?

मोहित प्रथम, द्वितीय व तृतीय विश्व की धारणा द्वितीय विश्व युद्ध के पश्चात् व शीतयुद्ध (लगभग 1950-1991 तक) के दौरान आई। इनमें द्वितीय विश्व सामान्यत: उन देशों के समूह को कहा जाता है जो पूर्व के सोवियत संघ (वर्तमान रूस) के सहयोगी थे; यथा-चीन, क्यूबा इत्यादि देश। ये देश प्रथम विश्व के देशों से कम औद्योगीकृत थे। तृतीय विश्व उन देशों के समूह को कहा जाता है, जिनमें अधिकांश देश पूर्व में यूरोपीय देशों के उपनिवेश थे। ये सामान्यत: पिछड़े व अल्पविकसित देश हैं। (प्रथम व दूसरे विश्व से पिछड़े देश) प्रथम विश्व उन देशों के समूह को कहा जाता है, जो द्वितीय व तृतीय विश्व के देशों के अपेक्षाकृत अधिक समृद्ध व सम्पन्न हैं। इसके अन्तर्गत अमेरिका, ब्रिटेन, जापान, ऑस्ट्रेलिया व न्यूजीलैण्ड को शामिल किया जाता है। इसमें अधिकांश देश ऐसे हैं, जो शीतयुद्ध के दौरान सहयोग कर रहे थे।

सदस्य 3 किसी देश के राजदूत की क्या भूमिका होती है?

मोहित किसी देश के राजदूत की मुख्य भूमिका होती है-अपने देश के हितों का अन्य देश की सरकारों के सामने प्रतिनिधित्व करना। इसके अतिरिक्त राजनयिकों का कार्य अपने देश तथा नागरिकों के हितों की रक्षा करना, सम्बन्धित देश के वाणिज्यिक, आर्थिक, सांस्कृतिक, वैज्ञानिक जीवन पर निगाह रखना व उसकी रिपोर्ट देना तथा दोनों देशों के बीच मैत्रीपूर्ण सम्बन्धों को बढ़ावा देना है।

सदस्य 4 यूरोपीय संघ (European Union, EU) की रचना क्यों हुई? इसके उद्देश्य क्या हैं? इसके कितने सदस्य हैं?

मोहित सर, द्वितीय विश्वयुद्ध के परिणामस्वरूप यूरोप में गरीबी एवं आर्थिक अस्थिरता का साम्राज्य हो गया था। प्रारम्भिक दौर में USA ने यूरोपीय देशों को अपनी आर्थिक दशा सुधारने में मदद की। बाद में बहुत से यूरोपीय देशों ने साथ में काम करने के लिए सन्धि कर ली, जिससे आर्थिक और सामाजिक उन्नति हो सके, लोगों को धन कमाने में मदद मिले तथा उनके साथ न्यायसंगत व्यवहार हो। प्रारम्भ में छः राष्ट्रों फ्रांस, बेल्जियम, लक्जमबर्ग, प. जर्मनी, इटली और नीदरलैण्ड ने वर्ष 1957 में रोम की सन्धि के तहत यूरोपीय आर्थिक समुदाय का गठन किया था। तत्पश्चात् समय-समय पर इसका विस्तार किया गया। परिणामस्वरूप वर्ष 1993 में यूरोपीय संघ अस्तित्व में आया। वर्तमान में इसके 28 सदस्य देश हैं।

अध्यक्ष मि. मोहित, आप आसियान से क्या समझते हैं?

मोहित आसियान दक्षिण-पूर्व एशियाई राष्ट्रों का संघ है, जिसकी स्थापना वर्ष 1967 में पाँच देशों मलेशिया, सिंगापुर, इण्डोनेशिया, फिलीपीन्स तथा थाईलैण्ड ने की थी। इसका उद्देश्य दक्षिण-पूर्व एशिया के देशों में आर्थिक विकास की गति को त्वरित करना साथ ही इस क्षेत्र में आर्थिक, सामाजिक, सांस्कृतिक क्षेत्रों में सक्रिय सहयोग के साथ शान्ति, स्थिरता व तकनीकी, वैज्ञानिक तथा प्रशासनिक क्षेत्रों में परस्पर सहयोग के माध्यम से विकास की गति को त्वरित करना है। वर्तमान में संगठन के सदस्यों की संख्या 10 है तथा आसियान का मुख्यालय इण्डोनेशिया की राजधानी जकार्ता में है। यह संगठन बैठक का आयोजन करता है, जिसे आसियान शिखर सम्मेलन के नाम से जाना जाता है। जहाँ प्रत्येक सदस्य सरकार के प्रमुख क्षेत्रीय मुद्दों पर चर्चा और हल करने साथ-साथ बाहरी सम्बन्धों को बढ़ावा देने हेतु अन्य देशों के साथ ही बैठक का आयोजन करता है। संगठन का प्रथम सम्मेलन वर्ष 1976 में तथा 31वाँ सम्मेलन 13-14 नवम्बर, 2017 के बीच फिलीपीन्स के मनीला में हुआ था।

अध्यक्ष मि. मोहित, यदि आप भारतीय विदेश सेवा के लिए चयनित नहीं होते हैं, तो क्या आप समवर्गीय सेवाएँ स्वीकार करेंगे, यदि आपको दी जाएँ?

मोहित सर, मुझे पूरा विश्वास है कि मेरा चयन भारतीय विदेश सेवा के लिए हो जाएगा। यदि इस वर्ष न भी हुआ, तो मैं अगले वर्ष प्रयत्न करूँगा, लेकिन मुझे विश्वास है कि मुझे इसमें अवसर मिल ही जाएगा।

सदस्य 1 क्या आपके कोई शौक हैं, मि. मोहित?

मोहित सर, मेरा कोई विशेष शौक तो नहीं है, लेकिन मुझे जब कभी भी समय मिलता है, मैं यात्रा पर या ट्रेकिंग पर जाता हूँ।

सदस्य वाह, बहुत अच्छी बात है। आप केवल भारत में भ्रमण करते हैं या विदेशों में भी।

मोहित सर, भारत में अनेक दर्शनीय स्थान हैं। इसलिए भारत में ही घूमने के लिए बहुत-सी जगह हैं। मेरा सौभाग्य है कि बचपन में ही मैंने बहुत-सी विदेश यात्राएँ की हैं, क्योंकि मेरे पिताजी विदेश सेवा में थे। अब मैं जहाँ तक हो सके, भारत के ही विभिन्न दर्शनीय स्थानों को देखना चाहता हूँ।

अध्यक्ष बहुत अच्छा मि. मोहित। आपका इंटरव्यू खत्म हुआ। क्या आप कोई प्रश्न पूछना चाहेंगे?

मोहित धन्यवाद सर, मेरा कोई प्रश्न नहीं है।

सदस्य ठीक है, मोहित, अब आप जा सकते हैं।

मोहित धन्यवाद सर! (वे धीरे से उठते हैं और कमरे से बाहर निकल जाते हैं।)

5. लोक सेवा आयोग (IRS) के लिए सैम्पल इंटरव्यू

भारत सरकार की संगठित लोक सेवाओं में केन्द्रीय सेवाओं की विभिन्न सेवाओं में से 'भारतीय राजस्व सेवा' सबसे बड़ी सेवा है। भारतीय राजस्व सेवा में दो प्रकार से भर्ती होती है—सीधी भर्ती तथा पदोन्नति द्वारा भर्ती। यू. पी. एस. सी. द्वारा संचालित प्रतिष्ठित सिविल सेवाओं की परीक्षाओं द्वारा उम्मीदवारों की भर्ती होती है, यदि वे इसके लिए अपना विकल्प देते हैं।

अर्जुन देशपाण्डे महाराष्ट्र से हैं और उन्होंने मुम्बई विश्वविद्यालय से बी. कॉम किया है। उन्होंने भूरे रंग की पेण्ट, गाढ़ी नीली शर्ट तथा नीली टाई पहन रखी है। जब उन्हें इंटरव्यू के लिए बुलाया जाता है, तो वे इंटरव्यू कक्ष की ओर दृढ़ आत्मविश्वास के साथ आगे बढ़ते हैं। इंटरव्यू कक्ष के दरवाजे को वे हल्के से खटखटाते हैं। प्रवेश हेतु अनुमति मिलने के बाद वे उम्मीदवार के लिए रखी गई कुर्सी के पास आकर खड़े हो जाते हैं।

अर्जुन गुड मॉर्निंग सर।

अध्यक्ष गुड मॉर्निंग मि. अर्जुन। कृपया बैठिए।

अर्जुन धन्यवाद सर! (वे उम्मीदवार के लिए रखी गई कुर्सी पर बैठ जाते हैं।)

अध्यक्ष आपके बायोडाटा के अनुसार, आपने मुम्बई विश्वविद्यालय से शिक्षा प्राप्त की है। मुम्बई के विषय में कुछ विशेष बातें बताइए।

अर्जुन सर, मुम्बई भारत की आर्थिक राजधानी है। इसके अतिरिक्त यह एक बहुत बड़ा शहर है, जहाँ बॉलीवुड से सम्बन्धित हजारों लोग रहते हैं तथा अपनी आजीविका कमाते हैं। मुम्बई सूती कपड़ों का केन्द्र भी है।

सदस्य 1 ठीक है मि. अर्जुन, आपके परिवार में कौन-कौन हैं?

अर्जुन सर मेरे परिवार में मेरे अतिरिक्त तीन सदस्य और हैं— मेरे माता-पिता और मेरे बड़े भाई। मेरे बड़े भाई भारतीय सेना में कर्नल हैं। मेरे पिताजी एक व्यापारी हैं तथा उनकी एक सूती कपड़ों की मिल है।

अध्यक्ष आप अपने पिता के व्यापार में अपना योगदान दे सकते थे, फिर आपने सरकारी नौकरी पाने की ही क्यों सोची?

अर्जुन सर मैं कुछ अलग करना चाहता था। मेरे पिताजी एक व्यस्त आदमी हैं। उन्हें परिवार के लिए बिल्कुल समय नहीं मिलता। मेरे भाई ऐसी जगह कार्यरत् हैं, जहाँ से उन्हें परिवार के साथ समय बिताने के लिए समय ही नहीं मिलता। मैंने सरकारी नौकरी के लिए आवेदन किया, जिससे कि मुझे सामान्य परिस्थितियों में परिवार के साथ रहने का मौका मिले।

अध्यक्ष मि. अर्जुन, क्या आप यह कहना चाहते हैं कि सरकारी नौकरी में कोई व्यस्त नहीं होता?

अर्जुन मेरा यह मतलब नहीं था सर, मैं समझता हूँ कि आजीविकोपार्जन के तीन विकल्पों-व्यापार, सुरक्षा विभाग एवं लोक सेवा में काम करते हुए भी मनुष्य परिवार के साथ अच्छे से रह सकता है।

सदस्य 1 मि. अर्जुन, आप महाराष्ट्र के निवासी हैं। क्या आप बता सकते हैं कि महाराष्ट्र राज्य का राज्यीय पक्षी कौन-सा है?

अर्जुन सर पीले पैरों वाला हरा कबूतर हमारे राज्य का राजकीय पक्षी है।

अध्यक्ष महाराष्ट्र के दक्षिणी छोर पर कौन-सा जिला है?

अर्जुन सर सिन्धु दुर्ग, दक्षिणी छोर पर स्थित महाराष्ट्र का अन्तिम जिला है।

सदस्य 2 उरण (Uran) परियोजना का प्रारम्भ महाराष्ट्र में कहाँ हुआ?

अर्जुन उरण (Uran) भारत के पश्चिमी तट पर बसे नवी मुम्बई शहर का एक भाग है। यह धरमतार खाड़ी के पास मुम्बई के पूर्व रायगढ़ जिले में स्थित है। उरण एक गाँव है, जहाँ के लोगों का प्राथमिक व्यवसाय खेती करना व मछली पालन है।

सदस्य 3 क्या आपने बॉम्बे प्रेसीडेन्सी के विषय में सुना है, मि. अर्जुन?

अर्जुन जी हाँ सर, बॉम्बे प्रेसीडेन्सी ब्रिटिश राज्य का एक पूर्व-प्रान्त था, जिसमें बाद में पश्चिमी एवं केन्द्रीय भारत के साथ-साथ पाकिस्तान और अरबी प्रायद्वीप के कुछ हिस्से शामिल कर दिए गए।

अध्यक्ष बिल्कुल ठीक अर्जुन, आपके विषय पर आते हैं। जी. एस. टी. (वस्तु एवं सेवा कर) क्या है?

अर्जुन वस्तु एवं सेवा कर (GST) एक अप्रत्यक्ष कर कानून है। यह एक एकीकृत कर है, जो वस्तुओं और सेवाओं दोनों पर लगता है। 1 जुलाई, 2017 से जी. एस. टी. पूरे देश में लागू हो गया। इस कर के लागू होने से पूरा देश एकीकृत बाजार में परिवर्तित हो गया है और अधिकतर अप्रत्यक्ष कर; जैसे– केन्द्रीय उत्पाद शुल्क (Excises Tax), सेवा कर (Service Tax), वैट (Vat) आदि GST में सम्मिलित हो गए। अत: अब कुछ अपवादों को छोड़कर पूरे भारत में एक ही प्रकार का अप्रत्यक्ष कर लागू हो गया है, जिससे दीर्घकाल में भारतीय अर्थव्यवस्था को लाभ होगा।

सदस्य 1 मि. अर्जुन, GST के अन्तर्गत कितने प्रकार के कर निर्धारित किए गए हैं?

अर्जुन सर, GST परिषद् ने चार प्रकार के कर निर्धारित किए हैं– 5%, 12%, 18% एवं 28%

सदस्य 2 वाणिज्य (Commerce), व्यापार (Trade) एवं व्यवसाय (Business) में क्या अन्तर है?

अर्जुन सर बड़े पैमाने पर सामान या सेवाओं को खरीदना या बेचना वाणिज्य के अन्तर्गत आता है अर्थात् किसी उत्पादन या व्यवसाय का वह भाग जो उत्पादित वस्तुओं एवं सेवाओं की उनके उत्पादकों एवं उपभोक्ताओं के बीच विनिमय से सम्बन्ध रखता है, वाणिज्य कहलाता है। व्यापार (Trade) का अर्थ है– खरीदना और बेचना। यह ग्राहक और विक्रेता दोनों के बीच माल और सेवा का आदान-प्रदान है, जिसमें दोनों पार्टियों को ही लाभ होता है।

व्यवसाय (Business) के अन्तर्गत वे सभी आर्थिक क्रियाएँ आती हैं, जिनका सम्बन्ध उत्पादन या खरीद और माल की बिक्री या सेवाओं की आपूर्ति से होता है, इन सबका मुख्य उद्देश्य लाभ कमाना होता है।

सदस्य क्या आप कुछ प्रमुख समस्याएँ बता सकते हैं, जिनका सामना हमारे देशवासी इस समय कर रहे हैं?

अर्जुन सर, मेरी समझ से भारत जिन समस्याओं से जूझ रहा है, उनमें जनसंख्या वृद्धि, प्रदूषण, व्यापार की गिरती हुई मूलभूत सुविधाएँ, शिक्षा एवं स्वास्थ्य सेवाएँ, बेरोजगारी, भ्रष्टाचार एवं धोखाधड़ी हैं। सर, भारत की आबादी प्रत्येक 10 वर्ष में 17.7% बढ़ रही है, जिससे बहुत-सी समस्याएँ; जैसे–भोजन का अभाव, प्रदूषण एवं स्वास्थ्य सेवा की कमी आदि उत्पन्न हो रही हैं। भारत अभी भी अपनी ऊर्जा सम्बन्धी जरूरतों को पूरा करने के लिए प्रमुख रूप से कोयले पर ही निर्भर है और ऊर्जा के स्वच्छ स्रोतों (जैसे–सौर ऊर्जा, पवन ऊर्जा, भू-तापीय ऊर्जा, जल ऊर्जा, जैवीय ऊर्जा आदि) की ओर बहुत ही धीमी गति से गमन कर रहा है अर्थात् इनकी आपूर्ति सही ढंग से नहीं हो पा रही है। कृषि क्षेत्र से जुड़े लोगों के लिए मूलभूत शिक्षा प्राप्त करना हो या आवश्यक स्वास्थ्य सेवा प्राप्त करना हो, ये सब उनकी पहुँच से दूर हैं।

भ्रष्टाचार सर्वत्र व्याप्त है। इन सभी समस्याओं के कारण लोगों को कई प्रकार की कठिनाइयों का सामना करना पड़ता है।

सदस्य 1 मि. देशपाण्डे, क्या एक आई. ए. एस. तथा आई. आर. एस. अधिकारी बनने में कोई अन्तर है?

अर्जुन सर, आई. आर. एस. अधिकारी प्रत्यक्ष और अप्रत्यक्ष कर के संग्रहण, प्रशासन और नीति-निर्माण से सम्बन्धित कार्यों में लगे रहते हैं। इस कारण, आई. आर. एस. अधिकारी प्राय: भारत के कर प्रशासक कहलाते हैं।

एक आई. ए. एस., भारतीय सरकार के कार्यकारी विभाग की सिविल सेवा में उच्च श्रेणी का अधिकारी होता है। आई. ए. एस. अधिकारी राष्ट्रीय स्तर पर प्रशासन एवं नीति कार्यों को कार्यान्वित करता है।

अध्यक्ष उपचय या प्रोद्भवन प्रणाली को उदाहरण सहित समझाइए।

अर्जुन सर, लेखाकरण की जिस प्रणाली में आय को तब दर्ज किया जाता है, जब वह अर्जित हो जाती है और व्ययों को तब दर्ज किया जाता है, जब वस्तुएँ या सेवाएँ प्राप्त हो जाती हैं, भले ही आय की वास्तविक प्राप्ति और वस्तुओं या सेवाओं के लिए किया गया भुगतान, पूर्णरूप से या आंशिक रूप से किसी अलग समय पर हुआ हो, उपचय या प्रोद्भवन प्रणाली कहलाती है; जैसे– जब कोई कम्पनी एक टी. वी. किसी ग्राहक को बेचती है, जो कि क्रेडिट कार्ड का प्रयोग करता है, तो उपचय प्रणाली द्वारा टी. वी. की बिक्री से अर्जित आय उसी स्थिति में टी. वी. की बिक्री को स्वीकारोक्ति देती है, जिस स्थिति में ग्राहक उसे खरीदता है, भले ही बैंक में भुगतान के लिए राशि हो या नहीं। लेखांकन (Accounting) की भाषा में इस तरह की बिक्री जिन खातों में बुक (Booked) कर दी जाती है, उन्हें 'प्राप्य खाते' (Accounts Receivable) कहा जाता है।

अध्यक्ष 'मूल्य निर्धारण' अथवा 'मूल्यांकन वर्ष' से आप क्या समझते हैं?

अर्जुन मूल्य निर्धारण अथवा मूल्यांकन वर्ष वह अवधि है, जो 1 अप्रैल से आरम्भ होकर 31 मार्च तक खत्म हो जाती है। इसे 'आकस्मिक उत्तरवर्ती वित्तीय वर्ष' भी कहते हैं, जिसमें पिछले वित्तीय वर्ष की आय का मूल्यांकन किया जाता है।

सदस्य एक व्यक्ति की आमदनी को किन-किन भागों में विभक्त किया जाता है?

अर्जुन एक व्यक्ति की आय को मुख्यत: पाँच भागों में विभक्त किया जा सकता है। वे हैं– सैलरी, गृह सम्पत्ति (House property), व्यापार या पेशे से लाभ, पूँजी की प्राप्ति तथा अन्य स्रोतों से आय।

अध्यक्ष क्या आप कर प्रणाली के विषय में कुछ बता सकते हैं?

अर्जुन भारत में कर प्रणाली के लिए एक अच्छी तरह से विकसित संरचना है, जो केन्द्र, राज्य सरकारों और स्थानीय निकायों के बीच स्पष्ट रूप से विभाजित

है। भारतीय कराधान प्रणाली में पिछले कुछ वर्षों से काफी सुधार हुआ है। जी. एस. टी. (GST) लागू होने से पूरा देश एकीकृत बाजार में परिवर्तित हो गया है तथा इससे कर आधार में भी वृद्धि हुई है।

सदस्य 1 'काला धन' को नियन्त्रित करने के लिए भारत में सर्जिकल स्ट्राइक को और क्या कहा गया है?

अर्जुन भारतीय प्रधानमन्त्री श्री नरेन्द्र मोदी ने राष्ट्र को सम्बोधित करते हुए 8 नवम्बर, 2016 को ₹ 500 एवं ₹ 1000 के नोटों को आधी रात से बन्द (अवैध घोषित) कर दिया, जिसे 'विमुद्रीकरण का प्रयास' भी कहा जाता है। ऐसा उन्होंने कालेधन की समस्या पर लगाम लगाने के लिए किया।

सदस्य 1 निजी क्षेत्रों पर नियन्त्रण हटाने से राष्ट्र को फायदा हुआ है। क्या आप सरकार का नियन्त्रण निजी क्षेत्रों पर से हटाने के पक्ष में हैं?

अर्जुन जी हाँ सर, निश्चय ही मैं यही समझता हूँ कि निजी क्षेत्रों को ढील देने से उन्होंने न केवल उत्पादन में वृद्धि की है, बल्कि कुछ ही समय में निर्यात में भी प्रभावी रूप से सफलता प्राप्त की है, किन्तु मेरे विचार से निजी क्षेत्रों पर से नियन्त्रण को पूर्णरूप से नहीं हटाया जाना चाहिए, क्योंकि ऐसा करने से जन-कल्याण का उद्देश्य प्रभावित हो सकता है।

सदस्य 2 क्या आप नहीं मानते हैं कि इस तरह ढील देने से हमारे समाजवादी ढाँचे को ठेस पहुँचती है?

अर्जुन सर, इस विषय पर पूर्णतः सहमत नहीं हूँ। सर, मेरी राय में समाजवाद का अर्थ है—धन का बँटवारा न कि गरीबी का बँटवारा। कठोर और कल्पनातीत नियन्त्रण एवं बन्धन, निजी क्षेत्र में औद्योगिक स्थिरता पैदा करते हैं और इनके कारण मुद्रा स्फीति, बेरोजगारी तथा गरीबी की वृद्धि का सामना करना पड़ता है। निजी क्षेत्र को दी जाने वाली ढील से औद्योगिक उन्नति के मार्ग प्रशस्त होंगे। यद्यपि इस तरह की कोई ढील देते समय हमें समाज के सभी पक्षों के हितों को भी ध्यान में रखना चाहिए, जिससे कि हमारे सामाजिक ताने-बाने पर कोई प्रतिकूल प्रभाव न पड़े।

अध्यक्ष ठीक है मि. अर्जुन, आप वैश्वीकरण से क्या समझते हैं?

अर्जुन सर, वैश्वीकरण, विभिन्न देशों के लोगों, वहाँ की कम्पनियों और सरकार के मध्य अन्तर्क्रिया और एकीकरण की वह प्रक्रिया है, जिसे अन्तर्राष्ट्रीय व्यापार और निवेश द्वारा संचालित किया जा रहा है। सूचना प्रौद्योगिकी का इसमें काफी योगदान रहा है।

सदस्य 1 मि. अर्जुन, क्या आपका कोई शौक है? आप अपने खाली समय में क्या करते हैं?

अर्जुन सर, मैं समाचार-पत्र तथा पत्रिका पढ़ने का शौकीन हूँ। कभी-कभी मैं कुकिंग भी कर लेता हूँ।

सदस्य 2 कुकिंग आश्चर्य! आप क्या पकाना पसन्द करते हैं?

अर्जुन सर, कुकिंग करना कोई विचित्र शौक नहीं है। पाँच सितारा होटल में सभी अच्छे शेफ उत्साहपूर्वक कुकिंग करते हैं। मुझे सूप, चाइनीज भोजन तथा इतालवी (Italian) भोजन बनाना बहुत पसन्द है।

अध्यक्ष धन्यवाद, मि. अर्जुन। अब हम इस रुचिकर वार्तालाप को यहीं विराम देते हैं। क्या आपका कोई प्रश्न है?

अर्जुन नहीं सर मेरा कोई प्रश्न नहीं है?

अध्यक्ष आप जा सकते हैं।

अर्जुन धन्यवाद सर! (धीरे से उठकर और विश्वास के साथ कमरे से बाहर निकल जाते हैं।)

6. SSB इंटरव्यू (थल सेना/नौसेना/वायु सेना) के लिए सैम्पल इंटरव्यू

SSB अर्थात् सेवा चुनाव बोर्ड (Service Selection Board) का इंटरव्यू 5 दिनों तक चलता है। इस इंटरव्यू के अन्तर्गत उम्मीदवार के व्यक्तित्व एवं कुशाग्र बुद्धि का परीक्षण किया जाता है। SSB का उद्देश्य उन व्यक्तियों का चुनाव करना होता है, जिनमें ऑफिसर के गुण हों। इस प्रक्रिया में वैयक्तिक इंटरव्यू किसी भी दिन दूसरे, तीसरे या चौथे दिन किया जा सकता है। आकाश श्रीवास्तव ने हिन्दू कॉलेज से स्नातक की परीक्षा उत्तीर्ण की है। GTO (Group Testing Officer) कार्य के पूरे होने के बाद उन्हें इंटरव्यू हेतु बुलाया गया है। जब उन्हें इंटरव्यू हेतु बुलाया जाता है, वे शालीनता के साथ इंटरव्यू कक्ष की ओर आगे बढ़ते हैं। इंटरव्यू कक्ष में जाने के बाद वे बड़ी शालीनता से उम्मीदवार हेतु रखी गई कुर्सी के पास आकर खड़े हो जाते हैं तथा अध्यक्ष व अन्य सदस्यों का अभिवादन करते हैं।

आकाश गुड मॉर्निंग सर।

अध्यक्ष गुड मॉर्निंग मि. आकाश। कृपया आराम से बैठ जाएँ।

आकाश धन्यवाद सर। (वे उम्मीदवार की कुर्सी पर बैठ जाते हैं।)

अध्यक्ष आपके बायोडाटा के अनुसार आपका जन्म तथा पालन-पोषण दिल्ली में हुआ है। आपकी स्कूली शिक्षा कहाँ से हुई? अपने कॉलेज के बारे में बताएँ।

आकाश सर, मैंने 10वीं तथा 12वीं डी. पी. एस., आर. के. पुरम, नई दिल्ली से की। मैंने बी. एस. सी. की परीक्षा हिन्दू कॉलेज, जोकि दिल्ली विश्वविद्यालय से सम्बद्ध है, से पास की है।

सदस्य 1 हिन्दू कॉलेज की स्थापना किसने की? इसकी स्थापना कब हुई? भारत के स्वतन्त्रता संग्राम में इसका क्या महत्त्व है?

आकाश सर, एक शताब्दी से भी अधिक पहले स्वर्गीय श्री कृष्ण दास जी गड़वाले ने सन् 1899 में हिन्दू कॉलेज की स्थापना की थी।

ब्रिटिश शासन के विरुद्ध स्वतन्त्रता संग्राम की पृष्ठभूमि में कुछ विशिष्ट नागरिकों, जिसमें गड़वाले जी भी शामिल थे, ने निर्णय लिया कि एक ऐसे कॉलेज की स्थापना की जाए, जो सम्प्रदायवादी तथा सम्भ्रान्तवादी वर्ग के दुर्गुणों से अलग रहकर युवाओं को राष्ट्रीयता की शिक्षा प्रदान करे। हिन्दू कॉलेज 'स्वतन्त्रता संग्राम' तथा विशेष रूप से 'भारत छोड़ो आन्दोलन' के दौरान राजनीतिक एवं बौद्धिक विवादों का केन्द्र बन गया था। यह वर्ष 1995 से छात्र संसद रखने के लिए दिल्ली में एकमात्र कॉलेज था। जिसने युवाओं को प्रेरित करने के लिए कई राष्ट्रीय नेताओं; यथा-महात्मा गाँधी, मुहम्मद अली जिन्ना, ऐनी बेसेण्ट, जवाहरलाल नेहरू, सरोजिनी नायडू, सुभाष चन्द्र बोस इत्यादि को एक मंच प्रदान किया था। इसके अतिरिक्त कॉलेज ने वर्ष 1942 में गाँधीजी के भारत छोड़ो आन्दोलन में सहयोग करते हुए भारत के स्वतन्त्रता संग्राम में महत्त्वपूर्ण भूमिका निभाई। जिसमें कुछ शिक्षक और छात्रों ने भी जेल की यात्रा की।

अध्यक्ष आपके बायोडाटा से पता चलता है कि आपका शैक्षिक रिकॉर्ड बहुत ही अच्छा रहा है। मेरे विचार से इस रिकॉर्ड के आधार पर आप किसी भी अन्य व्यवसाय में जा सकते थे फिर आप भारतीय सेना में ही क्यों भर्ती होना चाहते हैं?

आकाश सर, आज के प्रतियोगितावादी युग में अपने मनोनुकूल काम को पाना बहुत ही मुश्किल काम है। ऐसी परिस्थितियों में जो काम सन्तोष प्रदान करें, वही आपके लिए अच्छा काम है। सेना में सेवा करना मेरे बचपन का सपना रहा है। मेरा इसकी तरफ झुकाव होने का एक मुख्य कारण यह भी है कि यह उन पेशों में से एक है, जिनके द्वारा मानवता की सेवा की जा सकती है।

अध्यक्ष आपके शौक क्या-क्या हैं?

आकाश सर मुझे डाक-टिकटों को इकट्ठा करने का शौक है। मुझे दोस्तों के साथ क्रिकेट खेलना भी पसन्द है। मुझे उपन्यास पढ़ने में भी विशेष रुचि है।

अध्यक्ष आपका प्रिय लेखक कौन-सा है?

आकाश मुझे सिडनी सेल्डन के उपन्यास बहुत पसन्द हैं।

अध्यक्ष भारतीय सशस्त्र बल का गठन कैसे होता है?

आकाश सशस्त्र सेना की सर्वोच्च कमान भारत के राष्ट्रपति में निहित होती है। फिर भी राष्ट्रीय सुरक्षा की जिम्मेदारी कैबिनेट की होती है। सुरक्षा से सम्बन्धित सभी निर्णय कैबिनेट कमेटी द्वारा लिए जाते हैं। इस कैबिनेट कमेटी का अध्यक्ष प्रधानमन्त्री होता है। रक्षा सेवाओं से सम्बन्धित सभी मामलों का उत्तरदायित्व संसद में रक्षामन्त्री के पास होता है।

रक्षा मन्त्रालय के तीन विभाग होते हैं

(i) रक्षा विभाग

(ii) रक्षा विभाग के उत्पाद एवं माँग पूर्ति

(iii) सुरक्षा का अनुसन्धान एवं विकास विभाग

सशस्त्र सेना का प्रशासनिक एवं संचालन नियन्त्रण सुरक्षा विभाग तथा थल सेना, जल सेना एवं वायु सेना के मुख्यालय के पास होता है। भारत के पास विश्व की दूसरी सबसे बड़ी थल सेना, चौथी सबसे बड़ी वायु सेना तथा छठीं सबसे बड़ी नौ-सेना है।

अध्यक्ष एक अधिकारी में क्या-क्या गुण होने चाहिए?

आकाश सर, मैं समझता हूँ कि एक सेना अधिकारी में नेतृत्व क्षमता के साथ-साथ वार्तालाप कौशल (Communication Skill), संसाधनों के उचित उपयोग की समझ, सहयोगात्मक व्यवहार (Cooperative Attitude), भावात्मक स्थिरता तथा बुद्धि का सही अनुपात होना आवश्यक है।

अध्यक्ष क्या आप भारत सरकार द्वारा संचालित शौर्य पुरस्कारों के नाम बता सकते हैं?

आकाश सर, भारत सरकार ने चार प्रकार के शौर्य पुरस्कारों का गठन किया है, जिसमें सबसे उच्च पुरस्कार है परमवीर चक्र, उसके बाद महावीर चक्र एवं वीर चक्र। चतुर्थ पुरस्कार का गठन हाल ही में हुआ है, जिसका नाम है अशोक चक्र। अशोक चक्र उन सैनिकों के लिए है, जो युद्ध नहीं करते पर सैनिकों को सहयोग करते हैं।

अध्यक्ष शौर्य पुरस्कार के लिए अनुशंसा कौन करता है?

आकाश केन्द्रीय प्रतिष्ठा एवं पुरस्कार कमेटी (Central Honours and Awards Committee) इनका अनुमोदन करती है।

अध्यक्ष इसके सदस्य कौन होते हैं?

आकाश रक्षा मन्त्री इसके चेयरमैन होते हैं, रक्षा सचिव एवं तीनों विभागों के मुखिया इनके सदस्य होते हैं। प्रधानमन्त्री अथवा राष्ट्रपति इस पर अन्तिम निर्णय लेते हैं।

अध्यक्ष क्या आप भारतीय थल सेना की कुछ शाखाओं के नाम बता सकते हैं?

आकाश भारतीय थल सेना की प्रमुख शाखाएँ हैं—इन्फैण्ट्री, आर्मी आर्डनेन्स कोर, सिग्नल कोर, टैंक कोर तथा आर्मी मेडिकल कोर।

सदस्य 1 मि. आकाश, भारत की रक्षा नीति क्या है?

आकाश सर, भारतीय सेना विदेशी आक्रमणों से देश की सुरक्षा करती है, लेकिन भारत की ऐसी कोई इच्छा नहीं है कि वह अन्य देशों के क्षेत्रों पर कब्जा करें। हमारा देश शान्तिपूर्ण एवं सह-अस्तित्व में विश्वास करता है। लेकिन कई आक्रमणों का सामना करने के बाद भारत रक्षा सामग्री के उत्पादन में आत्मनिर्भर बनना चाहता है ताकि रक्षा उपकरणों व अन्य रक्षा सामग्रियों के

लिए दूसरे देशों पर हमारी निर्भरता कम-से-कम हो सके। हाल ही में घोषित रक्षा खरीद नीति (Defence Procurement Policy) का प्रमुख उद्देश्य 'मेक इन इण्डिया' को बल प्रदान करना ही नहीं, बल्कि स्वयं की जरूरतों को पूरा करने के लिए घरेलू सामग्रियों तथा सम्बन्धी सामानों के उद्योग लगाना है, जिनका निर्यात भी सम्भव हो सके।

सदस्य 1 नागरिक सुरक्षा (Civil Defence) के क्या कार्य हैं?

आकाश नागरिक सुरक्षा का प्रमुख कार्य आपातकाल परिस्थितियों में आम नागरिकों की सुरक्षा करना तथा उन आवश्यक सेवाओं तथा सुविधाओं का पुन: संग्रह करना, जो आपदा में नष्ट हो गए हैं।

सदस्य 1 मि. आकाश, इस विषय पर क्या आप सोचते हैं कि शैक्षिक संस्थाओं में संचालित राष्ट्रीय सेवा योजनाओं (National Service Scheme, NSS) के कारण आज के युवाओं में देशभक्ति की भावना में वृद्धि हुई है?

आकाश मैं ऐसा नहीं मानता सर। देशभक्ति व्यक्ति में अन्तर्निहित भावना है। लेकिन NSS को शैक्षिक संस्थानों में इसलिए लागू किया गया, क्योंकि छात्र अपनी सामाजिक जिम्मेदारी को समझें तथा उन्हें प्राथमिकता दें। डॉ. डी. एस. कोठारी की अध्यक्षता में शिक्षा आयोग (वर्ष 1964-66) ने भी अनुमोदन किया था तथा कहा था कि छात्रों को किसी-न-किसी रूप में समाज सेवा से जुड़ना चाहिए। NSS कार्यक्रम के बहुत सारे विश्वविद्यालयों एवं + 2 स्तर के विद्यालयों में लागू होने के उपरान्त छात्रों में जीवन की वास्तविकता के प्रति सामान्य ज्ञान बढ़ा है तथा उन्होंने आम-जन की समस्याओं को निकटता से समझा है।

सदस्य 2 भारतीय संविधान द्वारा प्रदत्त अभिव्यक्ति की स्वतन्त्रता का अधिकार क्या है?

आकाश सर, 'स्वतन्त्रता का अधिकार' के अन्तर्गत 'अभिव्यक्ति की स्वतन्त्रता का अधिकार' नागरिकों के मौलिक अधिकारों में से एक है। संविधान का अनुच्छेद-19 इस अधिकार की पुष्टि करता है। ये अधिकार आवश्यक नियन्त्रण के साथ सभी नागरिकों को समान रूप से प्राप्त हैं लेकिन देशहित में आपातकाल परिस्थिति में इन अधिकारों पर अंकुश भी लगाया जा सकता है। अभिव्यक्ति की स्वतन्त्रता के अन्तर्गत अपने विचार को प्रसारित करने, शान्तिपूर्ण तरीके से प्रदर्शन एवं विरोध करने इत्यादि के अधिकार को शामिल किया गया है।

सदस्य 2 ''न केवल युद्ध के समय, बल्कि शान्तिकाल में भी देश में सेना की भूमिका होती है।'' इस कथन पर प्रकाश डालें।

आकाश जी सर, बहुत सारे कार्य हैं जिन्हें सेना शान्तिकाल में भी देशहित में करती रहती है। शान्तिकाल में भी उनका प्रशिक्षण अनवरत् चलता रहता है। सेना की टुकड़ियाँ रेगिस्तान एवं पहाड़ों में हमेशा अभ्यास करती रहती हैं। इसके अतिरिक्त सीमाओं पर सेना की तैनाती से सीमाओं की सुरक्षा तो होती ही है, पूरा देश सुरक्षा के घेरे में होता है। जब कभी भी देश पर विपदा आती है, तो

सेना तुरन्त नागरिकों को विपदाओं से बचाने में महत्त्वपूर्ण भूमिका निभाती है। चाहे भूस्खलन हो या भूकम्प, बाढ़ हो या सुनामी, सेना सभी जगह उपस्थित होकर हर सम्भव प्रयास कर लोगों को राहत पहुँचाती है। राष्ट्रीय सुरक्षा रक्षक (NSG) भारतीय सशस्त्र बल का एक ऐसा दस्ता है, जो दंगा, आतंकवादी हमलों आदि से जन-साधारण की सुरक्षा के लिए हर-समय तैयार रहता है।

सदस्य 2 क्या वर्तमान में भारत, सुरक्षा उपकरणों के उत्पादन की दिशा में पूर्ण रूप से आत्मनिर्भर है?

आकाश सर, हम सुरक्षा उपकरणों के उत्पादन में 100% तो आत्मनिर्भर नहीं हैं, लेकिन रक्षा अनुसन्धान एवं विकास संगठन भारत को पूर्णतया आत्मनिर्भर बनाने के लिए कृतसंकल्प है। सुरक्षा उपकरणों; जैसे-मिसाइल, मानव चलित एवं मानवरहित लड़ाकू हवाई जहाज, सेंसर आदि को देश में ही बनाने की योजना है। यह शस्त्र पद्धति के देशीकरण पर निर्भर है। पाँच ऐसे लक्ष्यों की योजना बनाई गई है, जिससे सुरक्षा उपकरणों के निर्माण में भारत विश्व पटल पर भी मजबूत उपस्थिति दर्ज कर सके।

सदस्य 2 मि. आकाश, क्या आप संचित ऊर्जा के उदाहरण दे सकते हैं? नाभिकीय ऊर्जा को भी इसी श्रेणी में रखा जाएगा?

आकाश सर, स्थितिज ऊर्जा, विद्युतीय ऊर्जा एवं रासायनिक ऊर्जा ये सभी संचित ऊर्जा के उदाहरण हैं, लेकिन नाभिकीय ऊर्जा को संचित ऊर्जा नहीं कह सकते, क्योंकि इसे तुलनात्मक द्रव्यमानों के भारी नाभिकों को हल्के नाभिकों में तोड़कर प्राप्त किया जाता है। नाभिकीय ऊर्जा को दो हल्के नाभिकों के संलयन से एक भारी नाभिक का निर्माण करके भी प्राप्त किया जा सकता है।

अध्यक्ष भारतीय वायु सेना में शामिल किए जाने वाले स्टील्थ फाइटर (Stealth Fighter) में से कौन-सा स्वदेश में निर्मित है?

आकाश तेजस, एक इंजन वाला सुपरसोनिक डेल्टा विंग एयरक्राफ्ट है, जिसे वायु सेना में शामिल किया गया है। इस एयरक्राफ्ट का निर्माण हिन्दुस्तान एयरोनॉटिक्स लिमिटेड तथा एयरोनॉटिकल डेवलपमेण्ट एजेन्सी द्वारा किया गया है। इस एयरक्राफ्ट की भार क्षमता चार टन शस्त्रों को ढोने की है तथा जमीनी लक्ष्य पर यह 1300 किमी/घण्टे की रफ्तार से लेजर नियन्त्रित बम दुश्मनों के जहाज पर फेंक सकता है, साथ ही यह हवा से हवा में मिसाइल भी चला सकता है। इसको वायुसेना में सम्मिलित करने से सेना की शक्ति में वृद्धि होगी।

सदस्य 1 मि. आकाश, यदि इस बार आप इंटरव्यू में असफल होते हैं, तो क्या आप दोबारा अगली बार SSB के इंटरव्यू में आएँगे?

आकाश सर, मैं इस बार ही सफल हो जाऊँगा। यदि किसी कारणवश ऐसा न हुआ तो मैं तब तक, बार-बार आऊँगा, जब तक कि मैं चयनित न हो जाऊँ।

अध्यक्ष सराहनीय आत्मविश्वास, मि. आकाश। हम आपके अच्छे भविष्य की कामना करते हैं।

आकाश धन्यवाद सर!

अध्यक्ष ठीक है, मि. आकाश, विभिन्न विषयों पर आपसे बात करना अच्छा लगा।

आकाश धन्यवाद सर! (वे अध्यक्ष तथा अन्य सदस्यों का अभिवादन करते हैं तथा कक्ष से निकल जाते हैं।)

7. SSB इंटरव्यू (थल सेना/नौ सेना/वायु सेना) के लिए सैम्पल इंटरव्यू

शंशाक चौधरी ने विज्ञान वर्ग से स्नातक की परीक्षा उत्तीर्ण की है और ये फरीदाबाद, हरियाणा के निवासी हैं। वे सफेद शर्ट तथा भूरे रंग की पेण्ट पहनकर आए हैं। उन्होंने नीले रंग की टाई पहनी हुई है। जब उन्हें इंटरव्यू हेतु बुलाया जाता है तब वे आत्मविश्वास के साथ कक्ष की ओर बढ़ते हैं तथा अनुमति मिलने के बाद उम्मीदवार के लिए रखी गई कुर्सी के पास खड़े हो जाते हैं।

शशांक गुड मॉर्निंग सर।

अध्यक्ष गुड मॉर्निंग शशांक। कृपया बैठिए।

शशांक धन्यवाद सर। (वे निर्देश का पालन करते हैं तथा कुर्सी पर बैठ जाते हैं।)

अध्यक्ष मि. शशांक, आपके बायोडाटा से पता चलता है कि आपने उत्तर प्रदेश के विभिन्न संस्थानों में शिक्षा प्राप्त की है। क्या आपको नहीं लगता कि उत्तर प्रदेश अन्य प्रदेशों की तुलना में एक पिछड़ा राज्य है?

शशांक सर, उत्तर प्रदेश का अन्य प्रदेशों की तुलना में पिछड़ा राज्य होने के अनेक कारण हैं। अधिक जनसंख्या होने के कारण यहाँ बेरोजगारी सबसे अधिक है। इसके अतिरिक्त यहाँ उद्योग-धन्धों के विकास की ओर अधिक ध्यान नहीं दिया गया है।

अध्यक्ष उत्तर प्रदेश में शिक्षा के स्तर के बारे में आप क्या कहेंगे?

शशांक सर, वर्तमान में उत्तर प्रदेश में साक्षरता की दर 67% से भी अधिक है। अत: राज्य में शिक्षा का स्तर वृद्धि की ओर अग्रसर है।

उत्तर प्रदेश में 16 विश्वविद्यालय और 400 से भी अधिक सम्बद्ध महाविद्यालय हैं। यहाँ अनेक चिकित्सा महाविद्यालय और अनुसन्धान व शोध के लिए विभिन्न संस्थान हैं। उत्तर प्रदेश में एक इण्डियन इंस्टीट्यूट ऑफ टेक्नोलॉजी (IIT, कानपुर), एक इण्डियन इंस्टीट्यूट ऑफ इंफोर्मेशन टेक्नोलॉजी (IIM, लखनऊ), इण्डियन इंस्टीट्यूट ऑफ टेक्नोलॉजी (IIT, इलाहाबाद) और पर्याप्त संख्या में पॉलीटेक्निक, इन्जीनियरिंग व औद्योगिक

प्रशिक्षण संस्थान हैं। कुछ वर्षों से राज्य के प्राथमिक स्तर के स्कूलों में भी शिक्षा के स्तर में वृद्धि हुई है और ऐसी आशा की जा सकती है कि आने वाले समय में उत्तर प्रदेश भी शिक्षा के क्षेत्र में अग्रणी राज्यों की श्रेणी में शामिल होगा।

अध्यक्ष मि. शशांक आप सशस्त्र सेना में भर्ती क्यों होना चाहते हैं? आपने वायु सेना बल के लिए अपना रुझान व्यक्त किया है? क्या आप कारण बता सकते हैं?

शशांक सर, मेरे पिताजी एवं दादा जी सशस्त्र सेना बल में हैं। इसके अतिरिक्त मैं सुरक्षा अधिकारियों के व्यक्तित्व तथा स्तर से प्रभावित रहा हूँ। मैंने वायु सेना के रूप में विकल्प इसलिए चुना है, क्योंकि मैं औरों से अलग तथा थल सेना से भिन्न कुछ अनुभव करना चाहता हूँ मेरा मानना है कि सुरक्षा अधिकारी के रूप में व्यक्ति को मातृभूमि की सेवा करने का अच्छा और मजबूत सुअवसर मिलता है।

सदस्य 1 मि. शशांक तीन दिन के सतत एवं थका देने वाले परीक्षण के पश्चात् भी आप फ्रैश दिख रहे हैं, कैसे?

शशांक सर, यही तो एक ऑफिसर के उम्मीदवार की सही जाँच है। सर, एक सुरक्षा अधिकारी का प्रमुख गुण यही है कि लगातार कार्य करते रहने के पश्चात् भी वह थके नहीं। युद्ध के दौरान या शान्तिकाल के समय एक सुरक्षा अधिकारी के सामने ऐसी परिस्थितियाँ आ सकती हैं कि उसे विश्राम के लिए समय न मिले तथा समुचित भोजन की भी व्यवस्था न हो।

अतः सुरक्षा बल के प्रत्येक सैनिक व अधिकारी को इस प्रकार की समस्या का सामना करने के लिए हमेशा तैयार रहना चाहिए।

सदस्य आप मैसूर शहर को कितना पसन्द करते हैं?

शशांक सर, भारत के इस 'बागों के शहर' को मैं पहली बार देख रहा हूँ। अपनी विशाल सांस्कृतिक धरोहर के साथ-साथ यह शहर अत्यन्त सुन्दर है।

सदस्य 1 कर्नाटक राज्य के ऐतिहासिक महत्त्व के बारे में क्या आप कुछ बता सकते हैं?

शशांक कर्नाटक लगभग 2000 वर्ष से भी अधिक पुराना ऐतिहासिक राज्य है। मध्यकालीन युग के विजयनगर एवं बहमनी जैसे राज्यों का यहीं विस्तार हुआ है। आधुनिक युग के टीपू सुल्तान जैसे महान् शासकों ने कर्नाटक के लोगों में देशभक्ति की भावना को जागृत किया था।

कर्नाटक राज्य का गठन, मैसूर के रूप में राज्य पुनर्गठन अधिनियम, 1956 के अन्तर्गत हुआ था। वर्ष 1973 में मैसूर से इस राज्य का नाम परिवर्तित कर कर्नाटक कर दिया गया था। वर्ष 1956 के अधिनियम द्वारा कन्नड़ भाषी लोग जो अलग-अलग क्षेत्रों, बीजापुर, बेलगाम, मैसूर, कुर्ग एवं धारवाड़ में विभाजित थे, अब एक ही राज्य के अन्तर्गत संगठित हो गए थे।

सदस्य 2 आपने अपने बायोडाटा में उल्लेख किया है कि आपने अन्तर विश्वविद्यालयीय स्तर पर क्रिकेट टीम के कप्तान के रूप में अपने महाविद्यालय का प्रतिनिधित्व किया है। क्या आप मानते हैं कि बैट्समैन अथवा बॉलर के रूप में कप्तान का प्रदर्शन कप्तानी से प्रभावित होता है?

शशांक सर, मैं मानता हूँ कि कप्तान को अतिरिक्त मनोवैज्ञानिक दबाव का वहन करना पड़ता है और यह खेल के परिणाम के ऊपर निर्भर रहता है। यह दबाव तब और अधिक बढ़ जाता है, जब टीम एक बुरे दौर से गुजर रही हो। इस दबाव का प्रभाव प्रत्येक व्यक्ति पर अलग-अलग पड़ता है। पूरी टीम को एक इकाई के रूप में नेतृत्व प्रदान करना तथा हर सदस्य को बेहतर प्रदर्शन हेतु प्रोत्साहित करना एक कप्तान का कर्त्तव्य है। कप्तान की मजबूत मानसिकता ही उसकी सबसे बड़ी पूँजी है।

सदस्य पाँच दिवसीय टेस्ट मैच का भविष्य क्या होगा जबकि एकदिवसीय क्रिकेट एवं टी-ट्वेण्टी मैचों का प्रचलन प्रतिदिन बढ़ता जा रहा है।

शशांक टेस्ट मैच का अपना आकर्षण है तथा बहुत से क्रिकेट प्रेमी टेस्ट मैच के पक्के समर्थक हैं। अत: मैं मानता हूँ कि टेस्ट मैच अनवरत् चलता रहेगा। पाँच दिवसीय टेस्ट मैच के द्वारा खिलाड़ियों को विभिन्न क्षेत्रों में धैर्य एवं प्रशिक्षण प्राप्त होता है तथा यह एक खिलाड़ी को बेहतर खिलाड़ी बनाने व प्रदर्शन करने में सहयोग करता है।

सदस्य 1 सुरक्षा बलों का सर्वोच्च सेनाध्यक्ष कौन होता है? राष्ट्र की सुरक्षा की जिम्मेदारी किसकी होती है?

शशांक सर, राष्ट्र की सुरक्षा का दायित्व यद्यपि भारत के राष्ट्रपति के कन्धों पर होता है। तथापि राष्ट्रीय सुरक्षा का उत्तरदायित्व कैबिनेट तथा सरकार पर होता है।

सदस्य 1 मि. शशांक, बताइए कि भारतीय सेना में कितने कमाण्ड्स (Commands) होते हैं और वे कौन-कौन से हैं?

शशांक वर्तमान में भारतीय सेना में 7 कमाण्ड्स हैं, जो पहले पाँच थे। ये कमाण्ड्स निम्न प्रकार हैं-पश्चिमी कमान, पूर्वी कमान, केन्द्रीय कमान, उत्तरी कमान, दक्षिणी कमान एवं दो और जोड़ दिए गए हैं—प्रशिक्षण कमान तथा दक्षिण पश्चिम कमान।

अध्यक्ष प्रत्येक कमान के लोगों के मुखिया के पद क्या हैं?

शशांक सर, प्रत्येक कमान, लेफ्टिनेण्ट जनरल श्रेणी के जनरल अधिकारी 'कमाण्डिंग इन चीफ' के अधीन होती है।

सदस्य 2 भारतीय वायु सेना में कितने कमान हैं? इन कमानों के मुखिया कौन होते हैं?

शशांक सर, भारतीय वायु सेना में 7 कार्यान्वित कमान हैं, जिनको एयर ऑफिसर कमाण्डर इन चीफ, जो कि एयर मार्शल के पद के समक्ष हैं, चलाते हैं।

अध्यक्ष भारतीय वायुसेना का मुख्यालय कहाँ अवस्थित है?

शशांक भारतीय वायुसेना का मुख्यालय दिल्ली में है, जिसे 'चीफ ऑफ एयर स्टाफ' के अधीन रखा गया है।

सदस्य 1 सेना में निम्नतम कमीशन श्रेणी सेकण्ड लेफ्टिनेण्ट की है। भारतीय नौसेना एवं भारतीय वायु सेना में इसके समक्ष श्रेणी कौन-सी है?

शशांक सर, नौसेना में निम्नतम कमीशन श्रेणी 'एक्टिंग सब लेफ्टिनेण्ट' तथा वायु सेना में 'पायलट ऑफिसर' की है।

अध्यक्ष भारत ने मिसाइल बनाने की दिशा में आत्मनिर्भरता प्राप्त कर ली है। क्या आप भारतीय मिसाइलों के नाम तथा उनके गुण बता सकते हैं?

शशांक सर, सुरक्षा अनुसन्धान एवं विकास विभाग जोकि रक्षा मन्त्रालय में आता है, विकास एवं अनुसन्धान कार्यक्रमों की देखभाल करता है तथा सशस्त्र सेना की आवश्यकताओं की पूर्ति करता है। रक्षा अनुसन्धान, विकास संगठन एवं 50 प्रयोगशालाएँ इसके अन्तर्गत आती हैं। रक्षा अनुसन्धान एवं विकास प्रयोगशाला ने पाँच मिसाइलों को बनाया तथा छोड़ा है। ये हैं-

- **पृथ्वी** यह देश में ही निर्मित भारत की प्रथम मिसाइल है। सतह से सतह पर मार करने वाली यह एक सामरिक मिसाइल है। वारहेड्स (Warheads) के विभिन्न प्रकारों के साथ इसकी मारक क्षमता 250 किमी है। इसका प्रथम परीक्षण 25 फरवरी, 1988 को श्री हरिकोटा में किया गया था। थल सेना के अन्तर्गत इस मिसाइल को वर्ष 1993 में शामिल किया गया था।
- **त्रिशूल** यह संक्षिप्त दूरी तक दो स्तर पर तुरन्त प्रतिक्रिया करने वाली तथा सतह से हवा में मार करने वाली मिसाइल है। जब यह पूरी तरह विकसित हो जाएगी तब तीनों सेना बलों, थल सेना, जल सेना एवं वायु सेना के द्वारा आसमान में निश्चित दूरी तक उड़ती वस्तुओं पर निशाना लगाने के लिए उपयोग में लाई जाएगी। इसकी मारक क्षमता 5 से 9 किमी है। इसका प्रथम परीक्षण वर्ष 1988 में हुआ।
- **अग्नि** यह एक अन्तर्राष्ट्रीय दूरी तक सतह से सतह पर मार करने वाली मिसाइल है, जिसकी मारक क्षमता 2500 किमी है। इसका प्रथम परीक्षण वर्ष 1989 में हुआ। इस श्रेणी में पाँच प्रक्षेपास्त्र हैं। भारत ने वर्ष 2012 में अग्नि-V का सफल परीक्षण किया। जिसके साथ ही भारत अन्तर-महाद्वीपीय प्राक्षेपिक प्रक्षेपास्त्र (ICBM) क्लब में शामिल हो गया। इसकी मारक क्षमता 5000 किमी है।
- **आकाश** यह एक अत्याधुनिक, बहुलक्ष्यीय, सतह से हवा में मार करने वाली मिसाइल है, जिसका निर्माण तेल मैदानों जैसी बड़ी-बड़ी संस्थाओं की दुश्मनों के आक्रमणों से सुरक्षा के लिए किया गया है। इसकी मारक क्षमता 25 किमी है।

- **नाग** यह एक टैंक भेदी मिसाइल है, जिसकी मारक क्षमता 4 किमी है। इसका निर्माण टैंक आरमर के द्वारा किए जाने वाले आक्रमण को रोकने के लिए किया गया है। यह संसार की सबसे उत्तम मिसाइल है। इसका पहली बार सफल परीक्षण वर्ष 1990 में किया गया था।

अध्यक्ष राष्ट्रीय विपदा के समय भारतीय वायु सेना किस प्रकार मदद करती है?

शशांक भारतीय सशस्त्र सेना अन्य विभागों के साथ मिलकर भारतीय वायुसेना राहत कार्यों में सहयोग करती है; जैसे-प्राकृतिक आपदा के समय लोगों से जगह को खाली कराना, उन्हें ढूँढना अथवा प्रभावित क्षेत्रों में हवाई जहाजों या हेलीकॉप्टरों द्वारा भोजन, दवा आदि पहुँचाकर उन्हें मुश्किल परिस्थितियों से निकालना।

वर्ष 1998 में गुजरात में आए चक्रवात, वर्ष 2004 में आई सुनामी तथा वर्ष 2013 में उत्तर भारत में आई बाढ़ के समय भारतीय वायु सेना ने राहत कार्यों में अभूतपूर्व सहयोग दिया है और विगत वर्षों में बाढ़ की बढ़ती प्रवृत्ति को देखते हुए इनकी भूमिका महत्त्वपूर्ण हो गई है।

सदस्य 2 क्या आपका कोई शौक है?

शशांक मुझे सब्जी उगाने का बहुत शौक है। स्कूली शिक्षा पूरी करने के बाद जब मैं फरीदाबाद में अपने माता-पिता के साथ रह रहा था तभी मुझे यह अवसर प्राप्त हुआ। फरीदाबाद में हमारा एक कॉटेज तथा सब्जी उगाने का एक बड़ा-सा बगीचा है।

सदस्य 2 क्या आप कुकिंग भी करते हैं?

शशांक सर, ज्यादा तो नहीं लेकिन मेरी माँ ने मुझे चावल, दाल, पुलाव आदि बनाना सिखा दिया है, जिससे आपातकाल में मैं भूखा न रहूँ।

अध्यक्ष अच्छा, मि. शशांक, इंटरव्यू खत्म हुआ। अब आप जा सकते हैं। (शशांक से हाथ मिलाने के लिए अपना हाथ बढ़ाते हैं।)

शशांक धन्यवाद, सर। (नर्मी से लेकिन विश्वास के साथ हाथ मिलाते हैं एवं अलविदा कहकर चले जाते हैं।)

8. बैंक PO के लिए सैम्पल इंटरव्यू

एस. सुकुमार ने इलेक्ट्रॉनिक कम्युनिकेशन (बी. टेक.) में स्नातक की शिक्षा पाई है। उन्हें SBI में PO पद के इंटरव्यू के लिए बुलाया गया। शान्त अवस्था में वे अपने इंटरव्यू की प्रतीक्षा कर रहे हैं। इंटरव्यू के लिए जब उनका नाम लिया जाता है, तो वे इंटरव्यू कक्ष की ओर आत्मविश्वास के साथ बढ़ते हैं तथा प्रवेश द्वार पर खड़े होकर अन्दर आने की अनुमति माँगते हैं।

सुकुमार गुड मॉर्निंग, सर।

अध्यक्ष गुड मॉर्निंग, मि. सुकुमार। कृपया बैठिए।

सुकुमार धन्यवाद, सर। (वे उम्मीदवार के लिए रखी कुर्सी पर आत्मविश्वास के साथ बैठ जाते हैं।)

अध्यक्ष मि. सुकुमार, आप एक अभियन्ता (Engineer) हैं। इससे पहले कि हम आगे बढ़ें, आप अपना परिचय दें।

सुकुमार सर, मेरा नाम सिद्धार्थ सुकुमार है, मैं दिल्ली का निवासी हूँ। 12वीं करने के बाद, मैंने इलेक्ट्रॉनिक कम्युनिकेशन में स्नातक की शिक्षा प्राप्त की। स्नातक के बाद वर्ष 2011 में मेरी इनफोसिस में जॉब लग गई।

अध्यक्ष तकनीकी डिग्री मिलने के बाद आपको एक प्रसिद्ध IT कम्पनी में एक अच्छी सी नौकरी भी मिल गई। फिर भी आपने अपनी IT नौकरी को क्यों छोड़ दिया?

सुकुमार वास्तव में, इनफोसिस एक प्रसिद्ध कम्पनी है, लेकिन मैंने हमेशा ही बैंकिंग सेवा में ही अपना करियर बनाने को प्राथमिकता दी।

सदस्य 1 अच्छा, मि. सुकुमार, पेमेण्ट बैंकों की स्थापना के पीछे रिज़र्व बैंक ऑफ इण्डिया के उद्देश्य क्या हैं?

सुकुमार पेमेण्ट बैंकों की स्थापना का मुख्य उद्देश्य प्रत्येक के लिए बैंक खाता खोलने की प्रक्रिया को सरल बनाना है तथा वित्तीय समावेशन (आर्थिक समावेशन) लाना है। इसके प्रमुख उद्देश्य हैं–आम लोगों तक सामान्य बैंकिंग सुविधाओं को उपलब्ध कराना; यथा—गाँव के लोगों को बैंक खाता प्रदान करना, डिजिटल अर्थव्यवस्था में सबको शामिल करना, पैसे भेजना, सामान अथवा सेवाएँ खरीदना आदि। किन्तु ये बैंक ऋण नहीं दे सकेंगे नए पेमेण्ट बैंक लोगों को कैश पर निर्भर होने से बचाएँगे।

सदस्य 1 बैंक में चालू खाता क्या है? इसे खोलने के लिए विशेष शर्तें क्या हैं?

सुकुमार चालू खाता विशेषरूप से कारोबारियों, फर्मों, सार्वजनिक उद्यमों आदि के लिए होता है। इस खाते में बचत खाते की तरह लेन-देन की कोई सीमा नहीं होती है अर्थात् इस खाते द्वारा एक दिन में कितने भी ट्रांजैक्शन किए जा सकते हैं। बैंक चालू खाते में ओवर ड्राफ्ट की सुविधा भी देता है। चालू खाता कोई व्यक्ति निजी रूप से या संयुक्त खाते के तौर पर खोल सकता है। चालू खाते में ओवर ड्राफ्ट के अतिरिक्त अन्य सुविधाएँ; जैसे-पे ऑर्डर जारी करना, NEFT से फण्ड ट्रांसफर, चैक कलेक्शन, मुफ्त कैश डिपोजिट आदि शामिल हैं। चालू खाता खोलने के लिए विशेष शर्तों की आवश्यकता नहीं होती।

सदस्य 2 नाबार्ड (NABARD) क्या है? इसकी स्थापना क्यों की गई?

सुकुमार सर, नाबार्ड (NABARD) एक राष्ट्रीय बैंक है, जिसकी स्थापना कृषि एवं ग्रामीण क्षेत्र के विकास हेतु जुलाई, 1982 में हुई थी। नाबार्ड की स्थापना

कृषि एवं ग्रामीण उत्पादक इकाइयों के संस्थानों को आर्थिक मदद देने के लिए की गई। इसका उद्देश्य ग्रामीण क्षेत्रों में कृषि गतिविधियों, कुटीर एवं लघु उद्योग इकाइयों सहित ग्रामीण बैंकों को विस्तृत एवं मजबूत बनाना है।

सदस्य 2 क्या आपने किसान क्रेडिट कार्ड (KCC) योजना के विषय में सुना है? वास्तव में, यह किस तरह की सुविधा है?

सुकुमार सर, किसानों को कृषि कार्यों हेतु आसानी से पूँजी उपलब्ध कराने तथा कॉमर्शियल एवं प्रान्तीय ग्रामीण बैंकों तक उनकी पहुँच बनाने के लिए वर्ष 1998-99 में किसान क्रेडिट कार्ड योजना का शुभारम्भ हुआ था। इस योजना को 183 केन्द्रीय कॉपेरिटिव बैंकों तथा 144 प्रान्तीय ग्रामीण बैंकों द्वारा कार्यान्वयन हेतु अपनाया जा चुका है।

सदस्य 2 प्रान्तीय ग्रामीण बैंकों की स्थापना के पीछे क्या उद्देश्य हैं?

सुकुमार सर, 26 सितम्बर, 1975 में जारी अध्यादेश के अनुसार प्रान्तीय ग्रामीण बैंकों की स्थापना इस उद्देश्य से की गई थी कि ग्रामीण एवं कृषि क्षेत्र में पर्याप्त संस्थानात्मक धन की व्यवस्था की जा सके। ये बैंक ग्रामीण एवं अर्द्ध शहरी क्षेत्रों से धन की व्यवस्था करते हैं तथा छोटे किसानों, कृषि मजदूरों और ग्रामीण शिल्पकारों को कर्ज मुहैया कराते हैं।

अध्यक्ष पिन (Personal Identification Number) क्या है?

सुकुमार सर, पिन एक संख्यात्मक पासवर्ड है, जो ग्राहकों को बैंक डेबिट या क्रेडिट कार्ड देते समय अलग से डाक द्वारा भेजता है या साथ-साथ देता है। सुरक्षा की दृष्टि से, अधिकांश बैंक अपने ग्राहकों को पिन के प्रथम प्रयोग के बाद उसे समय-समय पर परिवर्तित करते रहने का सुझाव देते हैं। पिन नम्बर के बिना कोई भी आर्थिक विनिमय लेन-देन नहीं हो सकता।

सदस्य 2 क्या आपने RTGS पद्धति के बारे में सुना है? क्या RTGS के लिए कोई न्यूनतम अथवा अधिकतम राशि की सीमा निर्धारित है?

सुकुमार RTGS को रियल टाइम ग्रॉस सेट्लमेंट (Real-Time Gross Settlement) कहते हैं। इसका अर्थ है- धन का सतत स्थानान्तरण, जब किसी व्यक्ति/ग्राहक द्वारा इसके लिए आदेश दिया जाए। धन स्थानान्तरण रिज़र्व बैंक ऑफ इण्डिया में भी दर्ज होता है। इस प्रकार यह पेमेण्ट अन्तिम एवं अपरिवर्तनीय होता है। RTGS प्रणाली मुख्य रूप से बड़े लेन-देन के लिए होती है। इसके माध्यम से भेजी जाने वाली न्यूनतम राशि ₹ 2 लाख है तथा इससे ऊपर कोई सीमा निर्धारित नहीं है।

सदस्य 1 बैंकिंग लोकपाल (Ombudsman) कौन होता है? क्या वह ग्राहकों की मदद करता है?

सुकुमार बैंकिंग लोकपाल रिज़र्व बैंक द्वारा नियुक्त किया गया एक सीनियर अधिकारी होता है। इसका कार्य बैंकिंग सेवाओं में आने वाली अनियमितताओं के खिलाफ ग्राहकों की शिकायतों का निवारण करना है। यदि ग्राहक शिकायत करने की सारी शर्तों को पूरी करता है तथा उसकी शिकायत वैध है, तो बैंकिंग लोकपाल उन समस्याओं का हल ढूँढकर उसका निवारण करता है।

सदस्य 2 फोरेक्स बाजार क्या है?

सुकुमार सर, फोरेक्स अर्थात् विदेशी विनिमय बाजार एक ऐसी जगह है, जहाँ मुद्राओं का व्यापार होता है। मुद्रा विनिमय, विदेशी व्यापार एवं उद्योग के लिए आवश्यक होता है।

सदस्य फोरेक्स बाजार अन्य बाजारों से किस प्रकार भिन्न है?

सुकुमार सर, असामान्य स्टॉक, भावी सौदे या विकल्प तथा मुद्रा व्यापार नियमित विनिमय का स्थान नहीं ले सकते। यह किसी केन्द्रीय नियन्त्रण समिति के अधीन नहीं होता। ऐसे व्यापारों की गारण्टी के लिए कोई निश्चित स्थान नहीं होता। इस बाजार में प्रतिभागी एक-दूसरे की मदद करते हैं तथा व्यापार को पूरा करते हैं।

सदस्य 1 खुला बाजार (Open Market) ऑपरेशन क्या है?

सुकुमार भारतीय रिज़र्व बैंक द्वारा सरकारी सुरक्षा एवं बॉण्ड की खरीद तथा बिक्री, खुला बाजार ऑपरेशन कहलाती है। इसका उद्देश्य वांछनीय नकदी स्तर को बनाए रखना होता है।

सदस्य 2 मि. सुकुमार, क्या आपने विश्व बैंक के बारे में सुना है? यह प्रगतिशील देशों की मदद किस प्रकार करता है?

सुकुमार सर, विश्व बैंक एक अन्तर्राष्ट्रीय आर्थिक संस्था है। यह दो भिन्न संस्थाओं से मिलकर बना है—1. पुनःस्थापना एवं विकास के लिए अन्तर्राष्ट्रीय बैंक (International Bank for Reconstruction and Development, IBRD) एवं अन्तर्राष्ट्रीय विकास संस्था (International Development Association, IDA)। विश्व के विकासशील देशों के लिए, विश्व बैंक एक महत्त्वपूर्ण संस्था है। इसका प्रमुख कार्य सदस्य राष्ट्रों, विशेष रूप से अल्पविकसित व विकासशील देशों को विकास हेतु आवश्यकतानुसार ऋण उपलब्ध कराना है। बैंक द्वारा ऋण सामान्यतः दीर्घकालीन परियोजनाओं को पूरा करने के लिए दिए जाते हैं।

सदस्य NPA के कारण उत्पन्न होने वाली समस्याएँ क्या हैं?

सुकुमार NPA (Non performing Assests) बैंकों के खाते पर बुरा प्रभाव डालती है तथा राष्ट्रीय अर्थव्यवस्था को प्रभावित करती है। इसके कारण जमाकर्ता को सही अधिकृत लाभ नहीं मिलता, शेयर धारक बुरी तरह प्रभावित होते हैं तथा

बैंकों को नकदी की समस्या का सामना करना पड़ता है, जिसके परिणामस्वरूप बैंकों के साख विस्तार पर बड़ा प्रभाव पड़ता है।

अध्यक्ष क्या आप कोई खेल खेलते हैं?

सुकुमार जी सर। मैं सप्ताह के अन्त में फुटबॉल खेलना पसन्द करता हूँ। दूरदर्शन पर फुटबॉल मैच देखना मुझे बहुत पसन्द है।

सदस्य मि. सुकुमार, फीफा (FIFA) विश्व कप कब खेला जाएगा?

सुकुमार सर, फीफा विश्व कप वर्ष 2018 में रूस में खेला जाएगा।

अध्यक्ष मि. सुकुमार, आपका इंटरव्यू खत्म हुआ। क्या आप कोई प्रश्न पूछना चाहते हैं?

सुकुमार जी नहीं सर, धन्यवाद।

सदस्य आप जा सकते हैं।

सुकुमार धन्यवाद सर। (उठकर धीरे से शान्तिपूर्वक निकल जाते हैं।)

9. बैंक PO के लिए सैम्पल इंटरव्यू

स्नेहा रस्तोगी उत्तर प्रदेश के मेरठ शहर की निवासी हैं। उन्होंने मेरठ विश्वविद्यालय से बी. कॉम. किया है। वे बहुत ही बुद्धिमान हैं तथा प्रतीक्षा कक्ष में प्रतीक्षा कर रहे अन्य उम्मीदवारों के साथ सहज हैं। अंग्रेजी भाषा पर उनकी पकड़ मजबूत है। जब इंटरव्यू हेतु उन्हें बुलाया जाता है, तो वे आत्मविश्वास के साथ इंटरव्यू कक्ष की ओर बढ़ती हैं। वे शालीनता के साथ इंटरव्यू कक्ष में प्रवेश करती हैं।

अध्यक्ष आइए मिस स्नेहा।

स्नेहा धन्यवाद, सर। आप सभी को गुड मॉर्निंग।

(**नोट** *यदि इंटरव्यू दल में कोई महिला अधिकारी भी शामिल है, तो उसका अलग से अभिवादन करें।*)

अध्यक्ष स्नेहा आपने स्नातक किस विषय में किया है?

स्नेहा सर मैंने बी.कॉम, एकाउण्टेन्सी (वाणिज्य) एवं अंग्रेजी में की है।

अध्यक्ष आपके पिताजी एक प्रवक्ता थे। आपने इसी क्षेत्र को क्यों नहीं चुना?

स्नेहा सर, मैट्रिक कक्षा से ही मेरी रुचि गणित तथा वाणिज्य विषयों में रही है। 10वीं और 12वीं की बोर्ड परीक्षा में मुझे गणित में सबसे अच्छे अंक मिले। मेरे चाचा जी स्टेट बैंक ऑफ इण्डिया में मुख्य प्रबन्धक के रूप में कार्यरत् हैं। उन्होंने मुझे सलाह दी कि अपनी पसन्द के विषयों से ही मुझे बी. कॉम. करना चाहिए और मैंने उनकी सलाह मान ली।

अध्यक्ष ठीक है मिस स्नेहा। क्या आप वाणिज्य की दोहरा लेखा पद्धति (Double Entry System) के विषय में बता सकती हैं?

स्नेहा यह एक व्यवस्था है, जिसमें जमा (Deposit) तथा आहरण (Withdrawal) का विवरण दर्ज किया जाता है। ऐसा कहा जाता है कि प्रत्येक जमा के लिए आहरण होता है तथा प्रत्येक आहरण के लिए जमा।

अध्यक्ष बैलेन्स शीट क्या होती है?

स्नेहा यह किसी फर्म या कम्पनी के सभी लेखों के शेष का विवरण होता है। इस विवरण में एक निश्चित तिथि पर उसकी वित्तीय स्थिति का वर्णन किया जाता है।

अध्यक्ष क्या लाभ और हानि का खाता उसी तारीख पर होना अनिवार्य है?

स्नेहा जी नहीं सर, लाभ और हानि के खाते के लिए एक निश्चित तिथि होती है। यह एक विशेष अवधि होती है; जिसे अर्द्ध वार्षिक या वार्षिक कहा जा सकता है।

अध्यक्ष ठीक, लेकिन ऐसा क्यों है?

स्नेहा सर, लाभ और हानि का खाता एक निश्चित अवधि के लिए होता है; इसे एक आर्थिक वर्ष मान सकते हैं। इससे प्रदर्शित होता है कि व्यापार में इस अवधि के दौरान क्या हुआ इसने लाभ कमायां, तो कितना और यदि घाटा हुआ तो कितना? बैलेन्स शीट एक निश्चित तिथि 31 मार्च तक के लिए होती है; इससे पता चलता है कि कम्पनी की सम्पत्ति क्या है एवं उसके दायित्व क्या हैं अर्थात् उक्त तिथि को उसकी आर्थिक दशा कैसी है? (अध्यक्ष के सभी प्रश्नों की समाप्ति के बाद, पहला सदस्य मिस स्नेहा से इंटरव्यू से सम्बन्धित प्रश्न पूछता है।)

टिप्पणी *उम्मीदवार ने अपने इंटरव्यू के प्रारम्भिक दौर में ही इंटरव्यू नियोक्ताओं पर अच्छा प्रभाव छोड़ा है। उसने अपने व्यवहार कौशल व आत्मविश्वास का अच्छा प्रदर्शन किया है। वह सभी प्रश्नों के सही उत्तर देने में समर्थ है, जिससे पता चलता है कि उसने अच्छी (सन्तुलित) तैयारी की है।*

सदस्य 1 लाइबर (LIBOR) तथा साइबर (SIBOR) से आप क्या समझते हैं?

स्नेहा सर, लन्दन इण्टर बैंक ऑफर्ड रेट को लाइबर (LIBOR) तथा सिंगापुर इण्टर बैंक ऑफर्ड रेट को साइबर (SIBOR) कहा जाता है।

सदस्य 1 भारत में सबसे बड़ा बैंक कौन-सा है?

स्नेहा सर, न केवल शाखाओं की दृष्टि से बल्कि जमा राशि के भी अनुसार स्टेट बैंक ऑफ इण्डिया भारत का सबसे बड़ा बैंक है। निजी और सरकारी क्षेत्रों में यह सबसे बड़ा है।

सदस्य 1 क्या आप सरकारी तथा निजी क्षेत्र के बैंकों में अन्तर बता सकती हैं?

स्नेहा बिल्कुल सर, सरकारी क्षेत्र के बैंक वे हैं, जो सरकार द्वारा संचालित होते हैं और उनके कर्मचारियों की सैलरी सरकारी फण्ड से आती है, जबकि निजी क्षेत्र के बैंक रिज़र्व बैंक द्वारा मान्यता प्राप्त होते हैं, लेकिन इनका संचालन निजी ऋणदाता करते हैं। इनके ऋण के ब्याज की दर सरकारी ऋण के ब्याज की दर से अधिक होती है।

अध्यक्ष मिस स्नेहा वित्तीय सिद्धान्त क्या है?

स्नेहा सर, कर प्रणाली को नियन्त्रित करने तथा विभिन्न विभागों के धन आवण्टन का बजट बनाने के लिए सरकार जिन नियमों व सिद्धान्तों को बनाती है, उसे वित्तीय सिद्धान्त कहा जाता है। विभिन्न विभागों को सरकार धन उपलब्ध कराकर उनके सुचारु संचालन में मदद करती है। वित्तीय सिद्धान्तों से आयकर के भुगतान से लेकर बेहतर सड़कों की योजना तक प्रभावित होती है।

सदस्य 2 इंडस्ट्रीयल डेवलेपमेण्ट बैंक ऑफ इण्डिया (IDBI) कब और क्यों बनाया गया?

स्नेहा सर, IDBI की स्थापना जुलाई, 1964 को हुई। अन्य आर्थिक संस्थानों की गतिविधियों से समन्वय बनाना, संसाधनों की पूर्ति करना, महत्त्वपूर्ण उद्योगों तथा उद्योगों की संरचना को प्रोत्साहित करना आदि इसके कर्त्तव्यों में शामिल थे। शीर्ष स्तर के आर्थिक संस्थान आदि रूप में IDBI को उद्योगों हेतु योजना बनाने, उन्हें प्रोत्साहित करने तथा उनका विकास करने की जिम्मेदारी दी गई है। साथ-ही-साथ तकनीकी-आर्थिक अध्ययनों से उद्योगों के विकास में भी सहयोग मिलता है।

चेयरमैन मिस स्नेहा, मुद्रा (MUDRA) बैंक के बारे में तो आपने सुना ही होगा। इसके उद्देश्य क्या हैं? क्या इसमें कोई दोष है?

स्नेहा सर, मुद्रा (MUDRA) अर्थात् माइक्रो यूनिट्स डेवलेपमेण्ट एण्ड रिफाइनैन्स एजेन्सी भारत सरकार द्वारा स्थापित आर्थिक संस्थान है। इसका उद्देश्य छोटे व्यापारों/उद्यमों युवा व शिक्षितों को विभिन्न आर्थिक संस्थानों, जैसे बैंक-नॉन बैंकिंग आर्थिक संस्थानों द्वारा पूँजी मुहैया कराना है। इसकी स्थापना पूँजी (Fund) न मिलने वाले लोगों के लिए की गई। इसके तहत ₹ 50 हजार से 10 लाख तक कम ब्याज दर पर ऋण दिए जाने का प्रावधान है। इस योजना के तहत अनुसूचित जाति/जनजाति के उद्यमियों को प्राथमिकता पर ऋण दिए जाएँगे। यद्यपि इसमें कुछ कमियाँ देखी जा रही हैं; जैसे-जरूरतमन्द समय पर ऋण उपलब्ध न कराना। अतः इसको दूर किए जाने की आवश्यकता है।

चेयरमैन मिश्रित अर्थव्यवस्था से आप क्या समझते हैं? भारत में किस प्रकार की अर्थव्यवस्था है?

स्नेहा मिश्रित अर्थव्यवस्था, पूँजीवादी और समाजवादी अर्थव्यवस्था दोनों के मध्य की व्यवस्था है। मिश्रित व्यवस्था में निजी एवं सार्वजनिक क्षेत्र या बाजार यन्त्र

तथा राज्य की भूमिका घनिष्ठ रूप से सम्बन्धित होती है तथा दोनों एक इकाई के दो घटक के रूप में कार्य करते हैं। यह एक ऐसी प्रणाली है जिसमें पूँजीवादी और समाजवादी दोनों ही विचारधाराओं का समन्वय होता है। भारत में मिश्रित अर्थव्यवस्था की प्रणाली अपनाई गई है, जबकि रूस में समाजवादी तथा अमेरिका आदि देशों में पूँजीवादी अर्थव्यवस्था प्रचलन में है। यद्यपि भारत में स्वतन्त्रता पश्चात् नियोजित मिश्रित अर्थव्यवस्था की प्रणाली अपनाई गई तथापि भारत में नव आर्थिक सुधारों (1991) के बाद से यह बाजार प्रधान नियोजित मिश्रित व्यवस्था की ओर अग्रसर है।

सदस्य 1 मिस स्नेहा, क्या आपको लगता है कि सार्वजनिक क्षेत्र ने भारत में अच्छा काम नहीं किया है? इसके पीछे क्या कारण हैं?

स्नेहा सर, मैं इस विषय पर आपसे पूर्णत: सहमत नहीं हूँ। मैं नहीं मानती कि सार्वजनिक क्षेत्र ने भारत में अच्छा काम नहीं किया। भारत की सामाजिक, आर्थिक और जनसांख्यिकीय वास्तविकताओं का सामंजस्य सरकारी उद्यम से स्थापित किए बिना भारतीय अर्थव्यवस्था की कल्पना भी करना मुश्किल है।

भारत की स्वतन्त्रता के पश्चात् सामाजिक हितों को ध्यान में रखते हुए आर्थिक विकास हमारा मुख्य लक्ष्य था। इस लक्ष्य की प्राप्ति के लिए महत्त्वपूर्ण क्षेत्रों में राष्ट्रीय दर्जा प्राप्त करने की प्रक्रिया प्रारम्भ की गई; जैसे-भारी उद्योग, इस्पात, तेल और गैस, बैंकिंग और बीमा आदि। इन क्षेत्रों में कुछ तो अपने लक्ष्य की प्राप्ति में अब भी बहुत सफल हैं; जैसे-भेल (BHEL), स्टेट बैंक ऑफ इण्डिया, भारतीय तेल निगम (Indian Oil Corporation,) भारतीय इस्पात अधिकरण (Steel Authority of India)। सार्वजनिक क्षेत्र की इकाइयों का मापदण्ड यह नहीं होना चाहिए कि वे कितना लाभ कमाते हैं, बल्कि सम्पूर्ण उत्पादन के साथ अर्थव्यवस्था में माल और सेवाओं की निरन्तरता कब तक बनाते हैं। सरकारी (सार्वजनिक) क्षेत्र बेहतर रोजगार एवं वेतन की सुविधा मुहैया कराते हैं, जो कि निजी क्षेत्र नहीं कर पाते। यद्यपि सरकार द्वारा कुछ क्षेत्रों में निजी क्षेत्र के प्रवेश पर लगाए गए प्रतिबन्धों व कठोर नियमों ने विकास की गति को धीमा किया, किन्तु इस प्रकार की समस्याओं को 1990 के दशक में उदारीकरण, निजीकरण व वैश्वीकरण की नीति से दूर किया गया। तथापि आज भी सार्वजनिक क्षेत्र अर्थव्यवस्था के विकास में महत्त्वपूर्ण भूमिका निभा रहा है।

सदस्य 2 IMF (International Monetary Fund) की रचना कैसे हुई? यह कैसे काम करता है?

स्नेहा द्वितीय विश्वयुद्ध के उपरान्त वर्ष 1945 में ब्रिटॉन वुड कॉन्फ्रेन्स में इसकी रचना हुई। व्यापक मन्दी जैसे संकट से आर्थिक व्यवस्था को बचाने के लिए इसका जन्म हुआ। यह संयुक्त राष्ट्र (UN) की विशेष एजेन्सी है। वर्तमान में इसके 189 सदस्य देश हैं, जो इसे चलाते हैं। IMF का उद्देश्य अन्तर्राष्ट्रीय

मुद्रा प्रणाली की स्थिरता को सुनिश्चित करना एवं प्रतियोगिता अवमूल्यन, सदस्य देशों के प्रतिकूल भुगतान सन्तुलन को ठीक करने के लिए अल्पकालीन वित्तीय व तकनीकी सहायता प्रदान करना है। इसका नियन्त्रण एवं प्रबन्धन एक बोर्ड ऑफ गवर्नस के द्वारा किया जाता है। इसमें प्रत्येक सदस्य देश एक गवर्नर को मनोनीत करता है। अन्तर्राष्ट्रीय मौद्रिक व्यवस्था जिसके द्वारा देशों के बीच भुगतान किया जाता है, को चलाने एवं बनाए रखने की जिम्मेदारी IMF की है।

सदस्य 2 अच्छी अर्थव्यवस्था होने के पश्चात् भी भारत को एक विकासशील देश कहा जाता है, विकसित देश नहीं। क्यों?

स्नेहा भारतीय अर्थव्यवस्था का पिछले कुछ दशकों में तीव्र विकास होना अत्यन्त प्रसन्नता का विषय है, लेकिन सामाजिक सूचकांक के स्तर पर यह बुरी तरह विफल रही है। आय वितरण बहुत ही असन्तुलित रहा है तथा तीव्र आर्थिक वृद्धि का उपयोग एक अच्छे योजनाबद्ध तरीके से सामाजिक और भौतिक मूलभूत संरचना को विस्तृत करने में नहीं किया गया है। इसकी जनसंख्या के एक बड़े भाग को आवश्यक सामाजिक सुविधाएँ (शिक्षा, स्वास्थ्य, पीने योग्य पानी) सहज ही उपलब्ध नहीं हैं। भारत ने आमदनी को बढ़ाने में अन्य देशों को पीछे छोड़ दिया है, लेकिन जहाँ तक सामाजिक सूचकांक की बात है, बहुत से देशों ने इसे पीछे छोड़ दिया है, यहाँ तक की दक्षिण एशियाई देशों ने भी। भारत में प्रतिव्यक्ति आय, बांग्लादेश से दुगुनी है, लेकिन बांग्लादेश सामाजिक सूचकांक में भारत से आगे है। यद्यपि यह विकसित होने की ओर अग्रसर है।

सदस्य 1 मिस स्नेहा, ई-गवर्नेंस क्या है?

स्नेहा सर, ई-गवर्नेंस सूचना जन-संचार की एक एप्लीकेशन है, जो ग्राहकों को विभिन्न सरकारी सेवाएँ प्रदान करती है; जैसे-सूचना जनसंचार स्थानान्तरण, विभिन्न एकल व्यवस्थाएँ तथा अन्य व्यापारिक सेवाएँ आदि। ई-गवर्नेंस के जरिए नागरिकों को सरकारी सुविधाएँ सुविधाजनक रूप से तथा कुशल एवं पारदर्शी ढंग से इण्टरनेट के माध्यम से उपलब्ध कराना ई-गवर्नेंस कहलाता है।

अध्यक्ष मिस स्नेहा, वर्तमान सरकार ने कुछ आर्थिक सहायता सम्बन्धी सुधारों का प्रारम्भ किया है। प्रत्यक्ष लाभ स्थानान्तरण किस प्रकार सफल सिद्ध हो रहा है?

स्नेहा अभी तक आर्थिक सहायता (Subsidy) 'स्रोत पर' (At Source) प्रदान की जाती थी। इस दशा में उपभोक्ता को उर्वरक, खाद्यान्न, मिट्टी का तेल आदि सार्वजनिक वितरण प्रणाली (Public Distribution System) द्वारा बेचा जाता था। ये सब उपयोगी वस्तुएँ निम्नतम बाजार दर पर उपलब्ध कराई जाती थीं। प्रत्यक्ष लाभ स्थानान्तरण (Direct Benefit Transfer) योजना के

तहत किसी विशेष उपयोगी वस्तु जैसे (LPG या बीज) के लिए बाजार दर पर भुगतान करने के लिए कहा जाता है और फिर कुछ राशि उसके बैंक खाते में जमा कर दी जाती है, जो कि बाजार दर और आर्थिक सहायता दर (Subsidised rates) के बीच एक बड़ा अन्तर पैदा कर देती है। प्रत्यक्ष लाभ स्थानान्तरण की योजना (Direct Benefit Transfer Scheme) आर्थिक सहायता (Subsidies) के रूप में बहुत ही सफल रही है, जो कि वास्तविक उपभोक्ता द्वारा प्राप्त की जाती है। जिससे इसमें होने वाले भ्रष्टाचार पर रोक लगाने में सहायता मिली है।

अध्यक्ष मिस स्नेहा, क्या आपके कुछ शौक हैं?

स्नेहा सर, अपने खाली समय में मैं पुस्तक, उपन्यास पढ़ती हूँ और अच्छा पुराना संगीत सुनती हूँ।

अध्यक्ष शास्त्रीय या हल्का संगीत?

स्नेहा सर, मैं हल्का संगीत सुनती हूँ, क्योंकि यह मेरे मानसिक दबाव को कम करता है। दिन भर के कठिन परिश्रम के बाद हल्का संगीत मुझे काफी आराम देता है।

सदस्य 1 आपका इंटरव्यू समाप्त हुआ। क्या आपको कुछ पूछना है?

स्नेहा नहीं, सर, मेरा कोई प्रश्न नहीं है। (बैठी रहती हैं।)

अध्यक्ष ठीक है, मिस स्नेहा, आप जा सकती हैं।

स्नेहा धन्यवाद, सर। (सीट से उठती हैं और शान्ति से बाहर जाती हैं।)

10. बैंक क्लर्क के लिए सैम्पल इंटरव्यू

24 वर्षीय मि. नगम थोम्बु ने अरुणाचल प्रदेश विश्वविद्यालय से वाणिज्य विषय में स्नातक किया है। वे असम में अपने घर के पास स्थित निजी वित्तीय परामर्श फर्म में गत दो वर्षों से सहायक पद पर कार्यरत् हैं। इंटरव्यू के लिए उनके नाम की घोषणा होने पर वे आत्मविश्वास के साथ इंटरव्यू कक्ष की ओर बढ़ते हैं। कक्ष में तीन व्यक्ति बैठे हैं। नगम अन्दर प्रवेश करने की आज्ञा लेने के लिए धीरे से दरवाजा खटखटाते हैं।

नगम क्या मैं अन्दर आ सकता हूँ, सर?

सदस्य जी हाँ, मि. थोम्बु (उम्मीदवार की कुर्सी की ओर इशारा करते हुए) कृपया बैठिए।

नगम आपका धन्यवाद, गुड मॉर्निंग सर।

सदस्य मि. थोम्बु, आपने बैंकिंग वर्ग की सामान्य लिखित परीक्षा में बहुत ही अच्छे अंक प्राप्त किए हैं। आपने यह उपलब्धि किस प्रकार हासिल की है?

नगम (तीनों नियोक्ताओं से बारी-बारी से नजर मिलाते हुए) सर, मेरे बायोडाटा से आप सभी अवगत होंगे कि मैं असम में स्थित एक निजी वित्तीय परामर्श फर्म में गत दो वर्षों से कार्यरत् हूँ। इस फर्म के मालिक अपने ग्राहकों के लिए बैंकों से व्यावसायिक ऋण की व्यवस्था कराते हैं, जो उस क्षेत्र के विभिन्न बैंकों में उनके सम्पर्क के कारण सम्भव है। वे बैंकों की आवश्यक प्रक्रिया और उनके द्वारा स्वीकृत दस्तावेजों के बारे में जानते हैं, क्योंकि वे स्वयं बैंकर रह चुके हैं और इस फर्म को शुरू करने के लिए उन्होंने स्वैच्छिक-सेवानिवृत्ति ली थी। उन्होंने अपने ग्राहकों की सभी औपचारिकताओं को पूर्ण करने के लिए मुझे बैंक भेजकर प्रशिक्षित किया है। इस कारण मैं बैंक के सभी नियम और प्रक्रियाओं से अवगत हो पाया। इस जानकारी ने ही मुझे बैंकिंग वर्ग की सामान्य लिखित परीक्षा में अधिकतम अंक प्राप्त करने में मदद की।

अध्यक्ष अब जैसे कि आप यहाँ तक पहुँच चुके हैं, मि. थोम्बु, तो हमें ये बताइए कि आपके ग्राहकों की वह सबसे कठिन समस्या कौन-सी है, जिसे बैंक सामान्यत: इनकार करता रहा है?

नगम सर, मेरे ग्राहकों की सबसे बड़ी समस्या बैंकों के अनुप्रासंगिक प्रावधान हैं। बैंक हमेशा से यह आग्रह करता रहा है कि जिस व्यक्ति के नाम से ऋण निर्गत किया जा रहा है, उसके नाम से कुछ अचल सम्पत्ति; जैसे-प्लॉट, घर अथवा बिल्डिंग आदि होना चाहिए। इस प्रकार की अचल सम्पत्ति ऋण अवधि के दौरान बैंक के पास बन्धक होगी। यह बैंक के पास इस बात की जमानत के रूप में होगी कि ऋण ब्याज के साथ वापस किया जाएगा। (जैसे ही नगम बोलते हुए रुकता है, तभी बोर्ड का एक सदस्य बीच में ही बोल पड़ता है।

सदस्य अब, यदि आप यह सब जानते हैं तो बताइए कि बैंक में आपसे किस प्रकार के कार्यों की अपेक्षा की जाएगी?

नगम अवश्य सर, एक बैंक क्लर्क को बहुत से कार्यों के निष्पादन के लिए कहा जा सकता है। यह इस बात पर निर्भर करता है कि वह बैंक की जिस शाखा में नियुक्त है, उसका आकार क्या है। क्लर्क का सबसे सामान्य कार्य नगद जमा प्राप्त करना, चैक को नगद में बदलना और नगद निकासी को सँभालना है। इस प्रकार के कार्यों के निष्पादन के लिए बैंक क्लर्क को ग्राहक के चैक की पहचान, चैक पर हस्ताक्षर की वैधता को सुनिश्चित करना एवं अन्य दस्तावेज की पहचान करना आवश्यक होता है। अन्य कार्यों के अन्तर्गत फण्ड का एक खाते से दूसरे खाते में लेन-देन, बैंक-ड्राफ्ट का निर्माण, बैंकिंग सॉफ्टवेयर में विभिन्न प्रविष्टियों का अन्तरण करना, ग्राहकों से अच्छा व्यवहार करना और उनकी समस्याओं को हल करना आदि शामिल हैं।

सदस्य 2 धन्यवाद नगम, मुझे लगता है कि आप क्लर्क के सभी कार्यों को कुशलतापूर्वक सम्पादित कर लेंगे। बैंकिंग कार्यों के निष्पादन के लिए एक बैंक क्लर्क में किस प्रकार की व्यक्तिगत विशिष्टता होनी चाहिए?

नगम सर, बैंक क्लर्क की पहली व्यक्तिगत विशिष्टता है कि उसका व्यक्तित्व और व्यवहार दोनों आकर्षक होने चाहिए। तत्पश्चात् उसे जिम्मेदार, तत्पर एवं सक्षम कार्यकर्ता के रूप में दोषरहित कार्यों के निष्पादन के लिए प्रतिबद्ध होना चाहिए। यह इसलिए महत्त्वपूर्ण है, क्योंकि सामान्यत: ग्राहक पैसों के लेन-देन में और बैंक के खातों में कुछ गड़बड़ी होने पर जल्दी ही नाराज हो जाते हैं।

अध्यक्ष बहुत अच्छा, अब कुछ समसामयिक घटना से सम्बन्धित घटनाओं पर आते हैं। कुछ समय पूर्व, केन्द्र सरकार ने विमुद्रीकरण की घोषणा की। क्या वह अपने प्रयोजन में सफल रही?

नगम (कुछ समय के लिए सोचते हुए), जी हाँ सर, केन्द्र सरकार ने एक रात में (8 नवम्बर, 2016 के मध्य रात्रि) ₹ 1000 और ₹ 500 के नोट का विमुद्रीकरण कर दिया। इसका मुख्य प्रयोजन हमारे देश में चल रही समानान्तर अर्थव्यवस्था अर्थात् काले धन पर आधारित व्यवस्था को दबाना और अधिक-से-अधिक जनता को आयकर के दायरे में लाना तथा आर्थिक लेन-देन में पारदर्शिता लाना था। मैं कहना चाहूँगा कि यह अपने उद्देश्य में पूर्णत: सफल नहीं रहा, क्योंकि सम्पूर्ण काला धन नकद के रूप में नहीं होता है, इसका अधिकांश भाग सोना, भूमि व अन्य क्षेत्रों में लगे होते हैं। तथापि यह बहुत हद तक सफल रहा। सबसे महत्त्वपूर्ण कार्य यह रहा कि बैंक क्लर्कों एवं अधिकारियों ने यह जानकारी सुरक्षित रखी कि किसने और कितनी राशि जमा कराई है। मुझे याद है कि उस समय, लगभग दो महीने तक मेरे मालिक (Proprietor) का व्यवसाय प्रभावित रहा था, क्योंकि उन दिनों बैंक हमारे कार्य नहीं कर पा रहा था, क्योंकि उनके सभी कर्मचारियों को विमुद्रीकरण से सम्बन्धित व्यापक कार्यों में स्थानान्तरित कर दिया गया था।

सदस्य 1 बहुत अच्छा, अब आपके व्यक्तिगत विवरण पर आते हैं। आपकी कौन-सी व्यक्तिगत विशिष्टता बैंकिंग पेशे के उम्मीदवार के रूप में आपकी अलग पहचान बनाती है?

नगम सर, सर्वप्रथम मैं लोगों से सम्पर्क करना और उनकी समस्याओं का निदान करना पसन्द करता हूँ। यह मुझे अत्यधिक मानसिक सन्तुष्टि प्रदान करता है। मैं मौखिक रूप से ही कुशलतापूर्वक गणना कर सकता हूँ। आपने मेरी बारहवीं कक्षा के परिणाम पर ध्यान दिया होगा कि मैंने गणित विषय में महत्तम (Distinction) अंक प्राप्त किए हैं और मैं अपना कार्य जिम्मेदारी और बहुत विश्वास के साथ करता हूँ। यह बैंकिंग पेशे के लिए अनिवार्य गुण होता है।

अध्यक्ष धन्यवाद नगम, यदि आप चयनित होते हैं तो हम आपको शीघ्र ही इसकी सूचना देंगे। आपका दिन शुभ हो (कुर्सी से उठते हैं और इंटरव्यू बोर्ड के सभी सदस्यों से हाथ मिलाते हैं।

नगम धन्यवाद सर, (वे आत्मविश्वास के साथ इंटरव्यू कक्ष से बाहर चले आते हैं।)

11. रिज़र्व बैंक ऑफ इण्डिया ग्रेड 'बी' के लिए सैम्पल इंटरव्यू

गौरव कुमार मध्य प्रदेश से है और अर्थशास्त्र में उन्होंने स्नातक की शिक्षा पाई है। उन्हें भारतीय रिजर्व बैंक में ग्रेड 'बी' पद के इंटरव्यू के लिए बुलाया गया है। वो वहाँ प्रतीक्षा कक्ष में शालीनता से बैठे हुए हैं और अपने बुलावे की प्रतीक्षा कर रहे हैं। साक्षात्कार के लिए जब उनका नाम पुकारा जाता है, तो साक्षात्कार कक्ष की ओर आत्मविश्वास के साथ बढ़ते हैं तथा प्रवेश द्वार पर खड़े होकर साक्षात्कार कक्ष में प्रवेश की अनुमति माँगते हैं।

गौरव गुड मॉर्निंग सर (सभी सदस्यों को एक साथ)

अध्यक्ष गुड मॉर्निंग, मि. गौरव। कृपया अपनी सीट पर बैठ जाइए।

गौरव धन्यवाद, सर (वे उम्मीदवार के लिए रखी कुर्सी पर बैठ जाते हैं।)

सदस्य 1 मि. गौरव आपके बायोडाटा से यह ज्ञात होता है कि अर्थशास्त्र स्नातक में आप अच्छे अंकों से उत्तीर्ण हुए हैं। आपने यह उपलब्धि किस प्रकार प्राप्त की है?

गौरव आत्मविश्वास और शालीनता के साथ (चारों सदस्यों की तरफ देखते हुए) सर, यह मेरे कठिन परिश्रम और लगन का परिणाम है तथा इसके अतिरिक्त मेरे बड़े भाई भी समयानुसार मुझे आवश्यक परामर्श और सुझाव देते रहे हैं जिससे मुझे अच्छे अंक हासिल करने में सहायता मिली। वे अर्थशास्त्र में स्नातकोत्तर हैं तथा एक निजी संस्था में पढ़ाते भी हैं।

सदस्य 2 मि. गौरव आप एक अच्छे अभ्यर्थी हैं आपको दूसरे क्षेत्र में इससे भी बेहतर अवसर मिल सकता है, फिर भी आप बैंकिंग क्षेत्र में क्यों आना चाहते हैं?

गौरव सर, मेरे पिताजी पंजाब नेशनल बैंक में क्लर्क के पद पर कार्यरत् हैं, जिससे बचपन से ही मेरी रुचि बैंकिंग क्षेत्र के प्रति अधिक रही है।

सदस्य 3 अच्छा, मि. गौरव, भारतीय रिजर्व बैंक की स्थापना और इसका राष्ट्रीयकरण कब किया गया?

गौरव सर, भारत के केन्द्रीय बैंक के रूप में भारतीय जाँच समिति की सिफारिशों के आधार पर आर.बी.आई अधिनियम, 1934 के तहत 1 अप्रैल, 1935 को इसकी स्थापना की गई तथा 1 जनवरी, 1949 को इसका राष्ट्रीयकरण कर दिया गया।

सदस्य 2 मि. गौरव आर.बी.आई के क्या कार्य हैं?

गौरव भारतीय रिजर्व बैंक भारत का केन्द्रीय बैंक है एवं केन्द्रीय बैंक होने के नाते इसको निम्नलिखित कार्यों का निर्वहन करना पड़ता है

- यह एक रुपए के सिक्के/नोटों के अतिरिक्त विभिन्न मूल्यवर्ग के नोटों का निर्गमन/जारी करता है।
- यह सरकार के बैंकर व बैंकों के बैंक के रूप में कार्य करता है।
- यह विनिमय दर को स्थिर रखने, साख का नियन्त्रण करने के साथ-साथ मौद्रिक प्राधिकारी के रूप में विकासात्मक सम्बन्धी कार्य भी करता है।

सदस्य 1 रेपो दर क्या है?

गौरव अल्पकालिक आवश्यकताओं की पूर्ति हेतु व्यापारिक/वाणिज्य बैंक भारतीय रिज़र्व बैंक से जिस ब्याज दर पर नकदी ऋण प्रदान प्राप्त करते हैं, उसे रेपो दर कहा जाता है।

अध्यक्ष मि. गौरव, यदि नकद आरक्षित अनुपात (Cash Reserve Ratio, CRR) में वृद्धि की जाती है, तो इसका क्या प्रभाव होगा तथा इससे अर्थव्यवस्था किस तरह से प्रभावित होती है?

गौरव सर, रिजर्व बैंक के अधिनियम के अनुसार, अनुसूचित बैंकों को अपनी कुल जमा का कुछ हिस्सा नकद के रूप में भारतीय रिज़र्व बैंक के पास रखना अनिवार्य होता है। सामान्यत: यदि नकद आरक्षित अनुपात में वृद्धि की जाती है, तो इससे बैंकों के साख सृजन क्षमता में कमी होती है। जिससे अर्थव्यवस्था में मुद्रा का प्रसार कम हो जाता है, जिससे माँग तथा उत्पादन कम होने के परिणामस्वरूप बेरोजगारी बढ़ती है।

अध्यक्ष मि. गौरव, आन्तरिक ऋण प्रबन्धन क्या है?

गौरव आन्तरिक ऋण प्रबन्धन भारतीय रिजर्व बैंक के आन्तरिक ऋण प्रबन्ध विभाग के द्वारा किया जाता है। विभाग का मुख्य कार्य केन्द्र व राज्य सरकारों के सार्वजनिक ऋण का प्रबन्ध करना है। यह विभाग प्राइमरी डीलर्स सिस्टम को नियन्त्रित व निगरानी करता है और साथ ही सरकारी प्रतिभूति बाजार के विकास का दायित्व भी निभाता है। इसके तहत यह केन्द्र/राज्यों के हेतु दिनांकित प्रतिभूतियों और ट्रेजरी बिल के लिए कैलेण्डर तैयार करता है। बाजार उधार के लिए नए उपकरणों का प्रारम्भ, अर्थोपाय अग्रिम (WMA) पर सीमा तय करना और दैनिक आधार पर इन सीमाओं के उपयोग की निगरानी करता है।

सदस्य 2 गौरव, आपने म्यूचुअल फण्ड और स्टॉक मार्केट्स के बारे में सुना होगा, इसके विनियामक प्राधिकरण के बारे में बताइए।

गौरव सर, भारतीय प्रतिभूति व विनिमय बोर्ड म्यूचुअल फण्ड और स्टॉक मार्केट्स का एक विनियामक प्राधिकरण है। यह शेयर बाजार में चलने वाले व्यापक

व वृहद कारोबार का विनियमन व नियन्त्रण तथा म्यूचुअल फण्डों की सामूहिक निवेश योजनाओं का पंजीकरण तथा नियमन करता है। इसकी स्थापना वर्ष 1988 में केन्द्र सरकार द्वारा कानून पास करके एक गैर-सांविधिक संस्था के रूप में की गई। जिसे वर्ष 1992 में एक अध्यादेश द्वारा इस संस्था को वैधानिक दर्जा प्रदान कर दिया गया। सेबी का मुख्यालय मुम्बई में स्थित है।

सदस्य 1 अन्तर्राष्ट्रीय मुद्रा कोष के क्या उद्देश्य हैं?

गौरव अन्तर्राष्ट्रीय मुद्रा कोष की स्थापना दिसम्बर, 1945 में की गई थी। इस कोष का प्रमुख उद्देश्य है:

अन्तर्राष्ट्रीय मौद्रिक सहयोग की स्थापना, विनिमय दरों में स्थायित्व लाना, बहुपक्षीय भुगतानों की व्यवस्था करके विनिमय प्रतिबन्धों को समाप्त अथवा कम करना व सदस्य देशों के प्रतिकूल भुगतान सन्तुलन को अनुकूल बनाने हेतु अस्थायी तौर पर आर्थिक सहायता प्रदान करना आदि।

सदस्य 3 मर्चेंट डिस्काउण्ट रेट क्या है?

गौरव मर्चेंट डिस्काउण्ट रेट, वह शुल्क है, जिसे बैंक, क्रेडिट और डेबिट कार्ड के माध्यम से भुगतान होने पर व्यापारी से वसूला जाता है।

सदस्य 3 भारतीय अर्थव्यवस्था के सन्दर्भ में मुद्रा स्फीति लाभप्रद है या हानिकारक है।

गौरव भारतीय अर्थव्यवस्था एक विकासशील अर्थव्यवस्था है। इस दृष्टि से यहाँ एक सीमा तक मुद्रास्फीति का होना आवश्यक व लाभप्रद है, क्योंकि एक नियोजित मुद्रास्फीति अर्थव्यवस्था के विकास को प्रेरित करती है।

सदस्य 2 भारतीय रिजर्व बैंक के कार्यों का संचालन किस प्रकार होता है?

गौरव आर. बी. आई. के कार्यों का संचालन केन्द्रीय संचालक मण्डल द्वारा होता है। संचालक मण्डल में 1 गवर्नर तथा अधिक-से-अधिक 4 डिप्टी गवर्नर होते हैं। भारतीय रिजर्व बैंक के केन्द्रीय बोर्ड के अतिरिक्त चार स्थानीय बोर्ड हैं जिनके कार्यालय-मुम्बई, कोलकाता, चेन्नई और नई दिल्ली में स्थित हैं? संचालक मण्डल में सरकार द्वारा विभिन्न क्षेत्रों से दस निदेशक और दो सरकारी अधिकारी नामित होते हैं। इसके अतिरिक्त इसमें चार अन्य निदेशक होते हैं जिसमें प्रत्येक स्थानीय बोर्डों में से एक सदस्य होते है। प्रत्येक स्थानीय बोर्डों में 5 सदस्य होते हैं, जो केन्द्र सरकार द्वारा चार वर्ष की अवधि के लिए नियुक्त होते हैं।

अध्यक्ष मि. गौरव आप प्रतिकूल स्थिति में कैसा अनुभव करते हैं?

गौरव सर, मेरे साथ अभी तक ऐसी कोई स्थिति उत्पन्न नहीं हुई है। फिर भी यदि कोई प्रतिकूल स्थिति उत्पन्न होती है, तो धैर्यपूर्वक उपयुक्त रणनीति के तहत उसका सामना या समाधान का प्रयास करूँगा।

अध्यक्ष मि. गौरव आपका कोई शौक भी है?

गौरव सर, मैं अपने खाली समय में बैंकिंग सम्बन्धी पत्रिकाओं को पढ़ता हूँ, जिससे कि मैं इस क्षेत्र में हो रहे नवप्रवर्तनों के सम्बन्ध में जानकारी प्राप्त कर सकूँ। इसके अतिरिक्त मैं कभी-कभी संगीत भी सुन लेता हूँ।

अध्यक्ष बहुत अच्छा, मि. गौरव आपका साक्षात्कार समाप्त होता है। क्या आप हम सबमें से किसी से कोई प्रश्न पूछना चाहेंगे?

गौरव नहीं सर, (धन्यवाद)! मेरा कोई प्रश्न नहीं है।

अध्यक्ष ठीक है, फिर आप जा सकते हैं।

गौरव धन्यवाद सर! (वह खड़ा हो जाता है और शालीनता के साथ कक्ष से बाहर चला जाता है।)

12. LIC AAO के लिए सैम्पल इंटरव्यू

अनामिका रस्तोगी मेरठ, उत्तर प्रदेश की निवासी हैं। उन्होंने स्नातक की शिक्षा अर्थशास्त्र से की है। अंग्रेजी भाषा पर उनकी पकड़ मजबूत है। वे गृह मन्त्रालय, भारत सरकार में सहयोगी के रूप में कार्यरत् हैं। वे जीवन बीमा निगम में 'सहयोगी प्रशासनिक अधिकारी' के इंटरव्यू में आई हैं। मिस अनामिका रस्तोगी इंटरव्यू कक्ष में प्रवेश करती हैं तथा चेयरमैन एवं अन्य सदस्यों का अभिवादन करती हैं।

अध्यक्ष मिस रस्तोगी, कृपया बैठिए।

अनामिका धन्यवाद, सर। (उम्मीदवार के लिए रखी कुर्सी पर बैठ जाती हैं।)

अध्यक्ष मिस रस्तोगी, आप कार्यरत् हैं। आप कहाँ काम करती हैं?

अनामिका सर, मैं भारत सरकार के गृह मन्त्रालय (Ministry of Home Affairs, Government of India) में कार्यरत् हूँ।

सदस्य आप वहाँ किस पद पर काम कर रही हैं?

अनामिका मैं सहयोगी (Assistant) के रूप में काम करती हूँ।

अध्यक्ष गृह मन्त्रालय के प्रशासनिक विभाग की जिम्मेदारियाँ क्या हैं?

अनामिका यह विभाग सभी प्रशासकीय और गुप्त मामलों को सँभालने, मन्त्रालय में विभिन्न विभागों के बीच कार्य के आवण्टन के प्रति तथा 'सूचना के अधिकार नियम' के अन्तर्गत तैयार सूचना के अनुपालन की निगरानी के लिए उत्तरदायी है। यह विभाग पद्म पुरस्कारों, शौर्य पुरस्कारों तथा जीवन रक्षक पदक आदि पुरस्कारों से सम्बन्धित सभी मामलों के प्रति भी उत्तरदायी है।

सदस्य 1 सूचना का अधिकार (Right to Information) क्या है? इसका उद्देश्य क्या है?

अनामिका सर, 'सूचना का अधिकार' अधिनियम, 2005 भारतीय संसद द्वारा पारित वह अधिकार है, जो 'भारत के नागरिकों को सूचना का अधिकार' प्रदान करने के प्रति कृतसंकल्प है। इस अधिकार के उद्देश्य हैं-नागरिकों को समर्थ बनाना, सरकार के कार्यों को वास्तविकता में लोगों के लिए प्रजातान्त्रिक कार्यों के रूप में प्रकट करना। यह अधिकार नागरिकों को सरकार की गतिविधियों के बारे में जागरूक करने के लिए एक बड़ा कदम है। यह अधिनियम वर्ष 2005 से लागू है।

सदस्य 1 क्या आप कह सकती हैं कि यह अब तक सफल रहा है?

अनामिका सर, सम्पूर्ण रूप से देखें तो यह सफल रहा है और इससे नागरिकों को महत्त्वपूर्ण सूचनाएँ प्राप्त करने में बड़ी मदद मिली है। एक सबसे बड़ी सफलता आदर्श घोटाले की सूचना प्राप्त करना रही है। इसने असम में एक सार्वजनिक वितरण व्यवस्था की अनियमितताओं को भी उजागर किया है।

अध्यक्ष आप बीमा कम्पनी में क्यों आना चाहती हैं?

अनामिका सर, यद्यपि सरकारी जॉब में सुरक्षा है, लेकिन काम से होने वाले सन्तोष का अभाव है। मुझे जीवन में चुनौती पसन्द है और मुझे लगता है बीमा क्षेत्र में चुनौतियाँ बहुत हैं; साथ ही इसमें उन्नति के अवसर भी अधिक हैं।

सदस्य 2 तीसरी पार्टी बीमा (Third Party Insurance) क्या है?

अनामिका वह बीमा पॉलिसी, जो किसी दूसरे व्यक्ति या पार्टी द्वारा की गई क्षति की पूर्ति करती है, तीसरी पार्टी बीमा (Third Party Insurance) कहलाती है। ऐसे बीमें में बीमित व्यक्ति प्रथम पार्टी होता है; बीमा कम्पनी द्वितीय पार्टी होती है तथा जिसको नुकसान पहुँचा, वह तृतीय पार्टी होती है। इस तरह का बीमा गाड़ियों के लिए किया जाता है, जिससे कि अकस्मात् दुर्घटना की स्थिति में थर्ड पार्टी को मुआवजा दिया जा सके।

अध्यक्ष यदि आप चयनित होती हैं तो दल के एक सदस्य के रूप में आपको काम करना पड़ेगा। मिस अनामिका आप दल में काम करने में कितना सहज महसूस करती हैं?

अनामिका सर, सरकारी क्षेत्र में भी दल में काम करना होता है। हम लोगों को सामंजस्य बिठाकर काम करना होता है। मैं दल के एक सदस्य के रूप में काम करने के रूप में सहज हूँ।

अध्यक्ष मोडवैट (MODVAT) क्या है, मिस रस्तोगी?

अनामिका मोडवैट एक उत्पाद शुल्क है। उत्पाद शुल्क पर होने वाले दोहरे प्रभाव को हटाने के लिए मार्च, 1986 में केन्द्र सरकार ने मोडवैट (MODVAT) की घोषणा की थी।

मोडवैट उस कच्चे माल की खरीद पर दावा (Claim) कर सकता है, जिस पर उत्पाद शुल्क दिया जा चुका है अर्थात् मोडवैट के अन्तर्गत विनिर्माता अपने द्वारा प्रयुक्त कच्चे माल पर चुकाए गए उत्पाद शुल्क का श्रेय ले सकता है। अब मोडवैट का स्थान सेनवैट (CENVAT) ने ले लिया है।

सदस्य 2 बीमा पॉलिसी कौन खरीद सकता है?

अनामिका एक वयस्क व्यक्ति बीमा पॉलिसी खरीद सकता है। कोई भी व्यक्ति अपने अतिरिक्त अपनी पत्नी तथा बच्चों के लिए भी बीमा पॉलिसी खरीद सकता है। बीमा पॉलिसी वाहनों या किसी अन्य कीमती वस्तुओं के लिए भी खरीदी जा सकती है।

सदस्य 2 LIC के उद्देश्य क्या हैं?

अनामिका *LIC के उद्देश्य निम्नलिखित हैं*

(i) जीवन बीमे का व्यापक प्रसार करना तथा ग्रामीण क्षेत्रों और सामाजिक-आर्थिक रूप से पिछड़े वर्गों तक उसे पहुँचाना।

(ii) बीमे से सम्बन्धित बचत योजनाओं को और अधिक आकर्षक बनाकर लोगों को बचत के लिए प्रेरित करना।

(iii) बीमित व्यक्तियों और समूहों के हितों के संरक्षक के रूप में कार्य करना।

(iv) बदलते सामाजिक-आर्थिक वातावरण के अन्तर्गत उत्पन्न होने वाली जीवन बीमा से सम्बन्धित आवश्यकताओं की पूर्ति करना।

सदस्य 1 भारतीय जीवन बीमा निगम की स्थापना कब हुई?

अनामिका भारतीय जीवन बीमा निगम की स्थापना वर्ष 1956 में हुई।

सदस्य 2 विपणन (Marketing) और बिक्री (Sales) में क्या अन्तर है?

अनामिका विपणन और बिक्री व्यापार के दो प्रमुख पहलू हैं। किसी भी संगठन के लिए दोनों ही अनिवार्य तत्त्व हैं। *विपणन और बिक्री में निम्न अन्तर हैं*

- विपणन, बिक्री से अधिक व्यापक शब्द है। ग्राहकों की पहचान करना, नए-नए सामान को उत्पादित करना, ब्राण्ड बनाना, प्रचार करना, जनता से सम्बन्ध बनाना आदि इसमें शामिल हैं। अत: बिक्री विपणन का एक स्तर मात्र है।
- विपणन बाजार में किसी उत्पाद की आवश्यकता को उत्पन्न करता है, जबकि बिक्री केवल उस उत्पाद की माँग की पूर्ति करती है।
- विपणन द्वारा किसी वस्तु या उत्पाद की ब्राण्ड छवि (Brand Image) को लोगों के दिमाग में बैठाया जाता है, जबकि बिक्री के अन्तर्गत उस वस्तु या उत्पाद को बेचा जाता है।

सदस्य 1 LIC का मुख्यालय/कॉर्पोरेट कार्यालय कहाँ स्थित है?

अनामिका इसका कॉर्पोरेट कार्यालय मुम्बई में स्थित है।

चेयरमैन भारत में वर्ष 2014 में हुए आम चुनावों में किस प्रकार की तकनीक का प्रयोग किया गया था?

अनामिका सर, वर्ष 2014 में हुए आम चुनावों में चुनाव आयोग ने इलेक्ट्रॉनिक मशीन (EVM) का प्रयोग किया था। वर्ष 1998 में एक वेबसाइट लॉन्च की गई थी, जिसके द्वारा चुनाव होने की यथार्थ सूचना तथा उसके परिणामों की जानकारी प्राप्त हो जाती है। चुनावों में तकनीक के प्रयोग से फोटो पहचान-पत्र तथा चुनाव सम्बन्धी विभिन्न सूचियों को कम्प्यूटरीकृत करना सम्भव हो पाया है। अपने चुनावी उद्देश्यों की पूर्ति हेतु आजकल सम्भवतः सभी राजनीतिक दल तथा नेता वेब कॉन्फ्रेन्सिंग, फेसबुक, ट्विटर, गूगल आदि का प्रयोग कर रहे हैं।

सदस्य 1 दिल्ली का लेआउट किसने तैयार किया था?

अनामिका सर एडविन लुटियन्स तथा सर हरबर्ट बेकर ने दिल्ली का लेआउट तैयार किया था।

सदस्य 2 एन. वाय. एस. ई. (NYSE) से आप क्या समझते हैं?

अनामिका एन. वाय. एस. ई. का अर्थ है—न्यूयॉर्क स्टॉक एक्सचेंज। यह न्यूयॉर्क के 11, वॉल स्ट्रीट मेनहट्टन में स्थित है।

अध्यक्ष मिस अनामिका, क्या आपका कोई शौक है?

अनामिका सर, मुझे किसी शौक को पूरा करने का समय नहीं मिलता, लेकिन मैं प्रतिदिन अखबार पढ़ती हूँ। कभी-कभी जब मुझे समय मिलता है मैं पत्रिकाएँ भी पढ़ती हूँ। प्राकृतिक सुन्दरता से पूर्ण स्थानों की यात्रा करना मुझे बहुत पसन्द है।

अध्यक्ष क्या आप कोई प्रश्न पूछना चाहेंगी?

अनामिका जी नहीं सर, मेरा कोई प्रश्न नहीं है।

अध्यक्ष ठीक है, आप जा सकती हैं।

अनामिका धन्यवाद, सर। (वे अध्यक्ष तथा अन्य उपस्थित लोगों का अभिवादन करती हैं एवं चली जाती हैं।)

13. इंटेलिजेन्स ब्यूरो ACIO (ग्रेड-II) के लिए सैम्पल इंटरव्यू

देवांश त्यागी ने मेरठ विश्वविद्यालय से राजनीति शास्त्र में 78% अंक प्राप्त कर स्नातक की शिक्षा पाई है। इंटरव्यू के लिए बुलाए जाने पर वे दृढ़ आत्मविश्वास के साथ इंटरव्यू कक्ष की ओर जाते हैं तथा इंटरव्यू लेने के लिए उपस्थित सदस्यों की अनुमति लेकर इंटरव्यू कक्ष में प्रवेश करते हैं।

देवांश गुड मॉर्निंग सर।

अध्यक्ष गुड मॉर्निंग, मि. देवांश। कृपया बैठिए।

देवांश बहुत-बहुत धन्यवाद सर। (वे उम्मीदवार के लिए रखी हुई कुर्सी पर बैठ जाते हैं।)

अध्यक्ष आपका नाम काफी आकर्षक है। आपके प्रथम नाम 'देवांश' का क्या अर्थ है?

देवांश देवांश का अर्थ है—देवताओं का अंश।

अध्यक्ष आप खुफिया विभाग (Intelligence Bureau, IB) में क्यों भर्ती होना चाहते हैं?

देवांश सर, मुझे चुनौतीपूर्ण कार्य बहुत पसन्द हैं।

सदस्य 2 प्रतिगुप्त योजना क्या है?

देवांश यह एक खुफिया सेवा है, जिसके अन्तर्गत शत्रु से मिली संवेदनशील सूचनाओं को रखना, शत्रु को धोखा देना, गुप्त रूप से वाहनों, मशीनों आदि को पहुँचाई गई किसी भी प्रकार की क्षति को रोकना, राजनीतिक एवं सैन्य सम्बन्धित सूचनाओं को एकत्रित करना आदि कार्य होते हैं।

अध्यक्ष IB एवं RAW (Research and Analysis Wing) में क्या अन्तर है?

देवांश सर, RAW भारत की बाहरी खुफिया एजेन्सी है। यह प्रधानमन्त्री कार्यालय के अधीन कार्य करती है, परन्तु अपनी रिपोर्ट भारतीय राष्ट्रीय सुरक्षा सलाहकार (Indian National Security Advisior) को देती है। यह राष्ट्र के हितो की सुरक्षा अज्ञात रूप से करती है, परन्तु IB एक आन्तरिक एजेन्सी है, जो गृह मन्त्रालय के अधीन काम करती है। मुख्यत: यह आतंकवाद एवं नक्सलवाद को निष्प्रभावी करने का कार्य करती है।

सदस्य 3 'अपराध' शब्द से आप क्या समझते हैं?

देवांश सर, अपराध एक गैर कानूनी क्रिया है, जिसके लिए राज्य या अन्य अधिकारी द्वारा अपराधी को दण्डित किया जा सकता है।

सदस्य 1 IB का मुख्यालय कहाँ स्थित है तथा यह किस मन्त्रालय के अधीन काम करता है?

देवांश सर, IB का मुख्यालय नई दिल्ली में है तथा यह गृह मन्त्रालय के अधीन काम करता है।

अध्यक्ष ओबामा, बुश और क्लिण्टन किस दल से हैं?

देवांश सर, ओबामा और क्लिण्टन प्रजातान्त्रिक दल (Democratic Party) से हैं, जबकि बुश अमेरिका के गणराज्य दल (Republican Party) से सम्बन्धित हैं।

सदस्य 1 ठीक है, मि. देवांश। चाणक्य का दूसरा नाम क्या है? राज्य के विषय में उनके विचार क्या हैं?

देवांश चाणक्य, कौटिल्य के नाम से भी जाने जाते हैं। चाणक्य के अनुसार राज्य को सुचारु रूप से चलाने के लिए सात अंगों की आवश्यकता होती है, जो निम्न प्रकार है:

स्वामी अर्थात् राजा, मन्त्री, जनपद या देश, किला, खजाना, दण्ड एवं मित्र।

अध्यक्ष भारतीय नागरिक के छ: मौलिक अधिकार क्या हैं?

देवांश सर, मौलिक अधिकारों का उल्लेख संविधान के भाग 111 में अनुच्छेद 12-35 में किया गया है। जिसके तहत भारतीय नागरिकों को छ: मौलिक अधिकार प्रदान किए गए हैं—समानता का अधिकार, स्वतन्त्रता का अधिकार, शोषण के विरुद्ध अधिकार, धर्म की स्वतन्त्रता का अधिकार, सांस्कृतिक अभिव्यक्ति एवं शिक्षा का अधिकार तथा संवैधानिक उपचारों का अधिकार। वर्तमान में निजता के अधिकार को भी मौलिक अधिकारों में जोड़ा गया है।

सदस्य 2 भारतीय संविधान में कितनी अनुसूचियाँ हैं?

देवांश सर, वर्तमान काल में भारतीय संविधान में 12 अनुसूचियाँ हैं।

सदस्य 2 जब हम कहते हैं कि 'भारत एक धर्मनिरपेक्ष राज्य है' तो इसका क्या तात्पर्य है?

देवांश भारत एक धर्मनिरपेक्ष राज्य है जिसका तात्पर्य यह है कि भारत में राज्य का कोई धर्म नहीं होगा अर्थात् राज्य सार्वजनिक धन द्वारा किसी धर्म को प्रोत्साहित नहीं करेगा। यहाँ कोई भी व्यक्ति अपनी इच्छानुसार किसी भी धर्म में विश्वास करने व पालन करने के लिए पूर्ण रूप से स्वतन्त्र है। राज्य किसी व्यक्ति या समुदाय के मामले में धर्म, जाति आदि के आधार पर भेदभाव नहीं करेगा।

अध्यक्ष आतंकवाद और विद्रोह में क्या अन्तर हैं?

देवांश योजनाबद्ध तरीके से गैर कानूनी हिंसा अथवा किसी धमकी के द्वारा सरकार अथवा समाज को सामान्यतया राजनीतिक एवं धार्मिक लक्ष्यों की प्राप्ति के लिए भयभीत करना आतंकवाद कहलाता है। जबकि विद्रोह, एक आन्दोलन

अथवा राजनीतिक प्रयास है जिसका कोई लक्ष्य निर्धारित होता है और इसमें काफी लोग सम्मिलित होते हैं।

सदस्य 3 बिल्कुल सही देवांश, क्या आपका कोई शौक है?

देवांश मुझे पुस्तकें पढ़ना एवं संगीत सुनना पसन्द है।

सदस्य 1 आपको किस प्रकार का संगीत सुनना पसन्द है?

देवांश सर, मैं हल्का संगीत सुनना पसन्द करता हूँ, क्योंकि यह मानसिक तनाव को कम करता है। संगीत सुनने के बाद मैं बिल्कुल सहज महसूस करता हूँ।

अध्यक्ष आपका कोई प्रश्न है, देवांश?

देवांश जी नहीं सर। बहुत-बहुत धन्यवाद। मेरा कोई प्रश्न नहीं है।

अध्यक्ष आप जा सकते हैं।

देवांश धन्यवाद, सर।

14. इंटेलिजेन्स ब्यूरो (जूनियर इंजीनियर) के लिए सैम्पल इंटरव्यू

मि. अमूल्य ने मणिपाल, कर्नाटक से बी.एस सी. में अच्छे अंकों से स्नातक की शिक्षा प्राप्त की है। उन्होंने राँची इंजीनियरिंग कॉलेज से इलेक्ट्रिकल इंजीनियरिंग की है। वे युवा, हँसमुख, आत्मविश्वासी एवं मिलनसार व्यक्ति हैं। उन्होंने सफेद शर्ट, काली पैण्ट तथा भूरे रंग की टाई पहन रखी है। वे इंटरव्यू कक्ष की ओर जाते हैं तथा कक्ष में प्रवेश करने से पहले दरवाजे को धीरे से खटकाकर वे इंटरव्यू बोर्ड की औपचारिक अनुमति लेते हैं तथा इंटरव्यू कक्ष में प्रवेश कर जाते हैं।

अमूल्य गुड मॉर्निंग, सर।

अध्यक्ष गुड मॉर्निंग मि. अमूल्य, कृपया बैठिए। (वे उस कुर्सी की तरफ इशारा करते हैं, जो उम्मीदवार के लिए रखी गई है।)

अमूल्य धन्यवाद, सर। (कुर्सी पर बैठ जाते हैं एवं इंटरव्यू दल के सदस्यों के प्रश्नों की प्रतीक्षा करते हैं।)

अध्यक्ष मि. अमूल्य, स्नातक के बाद आपने इलेक्ट्रिकल इंजीरियरिंग भी की। फिर आप IB में क्यों भर्ती होना चाहते हैं? अपनी शैक्षिक योग्यता से आपको प्राइवेट कम्पनियों में बहुत अच्छी नौकरी मिल सकती है।

अमूल्य सर, मुझे मालूम है कि मुझे प्राइवेट कम्पनियों में अच्छा काम मिल सकता है, लेकिन मैं बचपन से ही IB के प्रति आकर्षित रहा हूँ। मेरे बड़े भाई भारतीय वायुसेना में हैं। मैं भी अपने देश की सेवा करना चाहता हूँ, लेकिन ये मैं IB के माध्यम से करना चाहता हूँ।

सदस्य 1 स्कूली एवं स्नातक की शिक्षा आपने कर्नाटक के मणिपाल से पूरी की है। कृपया बताएँ कि 'स्वच्छ भारत रैंकिंग' में भारत का कौन-सा शहर उच्चतम स्थान पर है?

अमूल्य सर, कर्नाटक में मैसूर शहर स्वच्छ भारत रैंकिंग में उच्चतम स्थान पर है। किन्तु सम्पूर्ण भारत में इन्दौर (मध्य प्रदेश) 2017 के अनुसार शीर्ष स्थान पर है।

अध्यक्ष मि. अमूल्य, उस्मानिया विश्वविद्यालय के अनुसन्धानकर्ताओं ने छिपकली की एक जीको (Gecko) प्रजाति की खोज की है, यह छिपकली गर्म प्रदेशों में पाई जाती है। क्या आप बता सकते हैं कि वे भारत के किस प्रदेश में पाई जाती हैं?

अमूल्य सर, ये छिपकलियाँ कर्नाटक में, हम्पी के स्मारकों के पास पाई जाती हैं।

सदस्य 1 मि. अमूल्य, आपने इलेक्ट्रिकल इंजीनियरिंग की है। क्या आप बता सकते हैं कि ट्रांसफॉर्मर (Transformer) कैसे काम करता है?

अमूल्य सर, ट्रांसफॉर्मर एक विद्युतीय उपकरण है जो दो या दो से अधिक परिपथों (Circuits) के बीच विद्युत चुम्बकीय प्रेरण के माध्यम से विद्युत ऊर्जा को स्नानान्तरित करता है। ट्रांसफॉर्मर ही वह माध्यम है, जिसके द्वारा विद्युत संयन्त्रों (Power Plants) की उच्च वोल्टेज वाली विद्युत को निम्न वोल्टेज वाली विद्युत में परिवर्तित किया जाता है, जिसका प्रयोग कारखानों, कार्यालयों और घरों में किया जाता है।

अध्यक्ष मि. अमूल्य, यदि एक DC मोटर को कम बोझ या बिना बोझ के चला दिया जाए तो क्या परिणाम होंगे?

अमूल्य सर, यह खतरनाक रूप से तीव्र गति से चलेगी, जिससे मोटर खराब हो सकती है।

सदस्य 2 क्रोबार (Crowbar) क्या है?

अमूल्य क्रोबार एक विद्युतीय परिपथ (Circuit) है, जो किसी परिपथ में अधिक वोल्टेज के कारण होने वाली क्षति को रोकने के लिए प्रयोग किया जाता है।

अध्यक्ष मि. अमूल्य, भारत को कौन-कौन से आन्तरिक सुरक्षा सम्बन्धी खतरों का सामना करना पड़ रहा है?

अमूल्य सर, कुछ स्थानों पर उग्रवाद, धार्मिक कट्टरवाद, नक्सलवाद, क्षेत्रवाद, साइबर असुरक्षा और आतंकवाद सुरक्षा के कुछ मुद्दे हैं, जिनका वर्तमान में भारत को सामना करना पड़ रहा है।

सदस्य 1 मि. अमूल्य, सार्वजनिक सेवाओं में IB की क्या भूमिका है?

अमूल्य भारत के IB का प्रमुख उत्तरदायित्व देश के अन्दर से गुप्त सूचनाओं को एकत्रित करना तथा प्रतिगुप्त योजनाओं और आतंकवादी विरोधी कार्यों को

कार्यान्वित करना है, IB की गतिविधियाँ बहुत ही गोपनीय होती हैं, उन्हें आन्तरिक प्रकाशकों के अतिरिक्त कोई भी प्रकाशित नहीं कर सकता। भारतीय राजनयिकों तथा न्यायाधीशों की राष्ट्रीय शपथ के दौरान सुरक्षा का उत्तरदायित्व भी IB का ही होता है।

विशेष अवसरों पर खुफिया विभाग के अधिकारी जैसे-राष्ट्रीय संकट के दौरान मीडिया के साथ वार्तालाप भी करते हैं।

सदस्य 1 संवेगात्मक बुद्धि (Emotional intelligence) और बौद्धिक योग्यता या बुद्धिलब्धि (Intellectual intelligence) में क्या अन्तर है?

अमूल्य सर, संवेगात्मक बुद्धि से तात्पर्य मनुष्य की उस योग्यता से है, जिसके द्वारा वह अपनी भावनाओं का प्रबन्धन करता है ताकि उन भावनाओं को उचित तथा प्रभावी रूप से अभिव्यक्त किया जा सके।

बौद्धिक योग्यता से तात्पर्य सामान्य रूप से ज्ञान सम्बन्धी समस्याओं को हल करने की कुशलता से है। बौद्धिक योग्यता में शामिल हैं- तर्क परीक्षण, सम्बन्धों को जानना, सादृश्यता और तेजी से गणना करना आदि।

सदस्य 2 क्या बुद्धि (Intelligence) और सूचना (Information) में कोई अन्तर है?

अमूल्य जी सर, बुद्धि और सूचना में अन्तर होता है। सामान्यत: मुख्य अन्तर यह है कि सूचना केवल आँकड़े हैं और आँकड़ों में कोई प्रसंग सम्मिलित नहीं होता, लेकिन बुद्धि ज्ञानात्मक समस्याओं को हल करने की युक्ति अर्थात् कुशलता है, जिसमें तार्किक और सादृश्य योग्यता शामिल हैं।

सदस्य 1 इस्लामाबाद में हुए सार्क सम्मेलन में भारत ने भाग क्यों नहीं लिया?

अमूल्य सर, सीमा पार से हो रहे लगातार आतंकवादी आक्रमणों तथा आन्तरिक मामलों में सदस्य देशों के हस्तक्षेप में निरन्तर वृद्धि होने के कारण भारत सरकार ने क्षुब्ध होकर सार्क सम्मेलन में भाग लेने के निर्णय को रद्द कर दिया।

सदस्य IB में सर्वोच्च पद कौन-सा है?

अमूल्य सर, 'डायरेक्टर ऑफ इंटेलिजेन्स ब्यूरो' IB का सर्वोच्च पद है तथा इस पद पर एक वरिष्ठ आई पी एस अधिकारी को नियुक्त किया जाता है।

अध्यक्ष मि. अमूल्य, क्या आपके कोई शौक हैं?

अमूल्य सर, खाली समय में मैं खेल सम्बन्धी गतिविधियों में भाग लेता हूँ। मुझे फुटबॉल खेलना तथा टी.वी. पर फुटबॉल मैच देखना बहुत पसन्द है।

सदस्य 2 आपका पसन्दीदा फुटबॉल खिलाड़ी कौन-सा है?

अमूल्य सर, मेरे पसन्दीदा फुटबॉल खिलाड़ी क्रिश्टियानो रोनाल्डो हैं। वे पुर्तगाल के पेशेवर फुटबॉल खिलाड़ी हैं। वे हमेशा फॉरवर्ड पोजिशन (Forword Position) में ही खेलते हैं तथा पुर्तगाल की राष्ट्रीय फुटबॉल टीम के कप्तान भी हैं।

सदस्य 2 ठीक है, मि. अमूल्य, आपका इंटरव्यू खत्म हुआ। क्या आपका कोई प्रश्न है?

अमूल्य धन्यवाद सर। मेरा कोई प्रश्न नहीं है।

अध्यक्ष अब आप जा सकते हैं।

अमूल्य धन्यवाद, महोदय। (वे सभी का अभिवादन कर शालीनता के साथ बाहर निकल जाते हैं।)

15. RRB (जूनियर इंजीनियर) के लिए सैम्पल इंटरव्यू

अंकित चन्द्रा सामान्य लम्बाई और औसत शरीर वाले युवा व्यक्ति हैं। उन्होंने लखनऊ विश्वविद्यालय से अच्छे अंकों के साथ बी.एस.सी. की है। उन्होंने आर. आर. बी. द्वारा संचालित लिखित परीक्षा को उत्तीर्ण किया और वे जूनियर इंजीनियर के लिए इंटरव्यू देने आए हैं। इंटरव्यू के लिए बुलाए जाने पर वे दृढ़ आत्मविश्वास के साथ इंटरव्यू कक्ष की ओर जाते हैं तथा अनुमति मिलने पर इंटरव्यू कक्ष में प्रवेश करते हैं।

अंकित गुड मॉर्निंग सर।

अध्यक्ष गुड मॉर्निंग मि. अंकित। कृपया बैठिए।

अंकित धन्यवाद सर। (शालीनता के साथ वे उम्मीदवार हेतु रखी कुर्सी पर बैठ जाते हैं।)

अध्यक्ष आप कहाँ से आए हैं?

अंकित सर, मैं मलिहाबाद, लखनऊ से आया हूँ।

अध्यक्ष मि. अंकित, मलिहाबाद क्यों प्रसिद्ध है?

अंकित विभिन्न प्रजातियों के आमों को उगाए जाने के कारण मलिहाबाद प्रसिद्ध है, जिसमें दसहरी सबसे लोकप्रिय प्रजाति का आम है। दसहरी के अतिरिक्त, यहाँ चौसा, फजली, लखनऊ, सफेदा आदि आम भी उगाए जाते हैं।

अध्यक्ष अंकित, आप अपने बारे में किस प्रकार बताएँगे?

अंकित मैं एक कुशल एवं सुव्यवस्थित व्यक्ति हूँ। समस्याओं को सुलझाना मुझे अच्छा लगता हैं; मैं सही समय पर समाधान ढूँढ पाने में सक्षम हूँ।

अध्यक्ष अंकित, आपके बायोडाटा के अनुसार आपने भौतिकी में अच्छे अंकों के साथ स्नातक की शिक्षा प्राप्त की है। क्या आप बता सकते हैं कि प्रकाश के परावर्तन और अपवर्तन में क्या अन्तर है?

अंकित जी हाँ सर जब कोई किरण किसी सतह से टकराकर वापस जाती है, तो इसे प्रकाश का परावर्तन कहा जाता है, जबकि प्रकाश की किरण एक माध्यम से दूसरे माध्यम में प्रवेश करते समय सामान्य दिशा की ओर या उसके विपरीत मुड़ जाती है, तो उसे प्रकाश का अपवर्तन कहते हैं।

सदस्य 1 मि. अंकित उदासीन उत्पलावन बल (Neutral Buoyancy) क्या है?

अंकित सर, उदासीन उत्पलावन बल वह स्थिति है, जिसमें किसी भौतिक वस्तु का औसत घनत्व उस द्रव के घनत्व के बराबर होता है, जिसमें वह डूबी हुई है। अत: उदासीन उत्पलावन बल वह स्थिति होती है, जिसमें कोई वस्तु न तो डूबी ही रहती है और न ही पूर्णत: जल (द्रव) से बाहर रहती है।

अध्यक्ष 'रेलटेल' (Rail Tel) से आप क्या समझते हैं?

अंकित 'रेलटेल' कॉर्पोरेशन एक प्रथम श्रेणी का सार्वजनिक उपक्रम (Public Sector Undertaking) है। यह देश के सबसे बड़े न्यूट्रल दूरसंचार इंफ्रास्ट्रक्चर प्रदाताओं में से एक है। रेलटेल के पास रेलवे ट्रैक के विशेष अधिकार हैं तथा यह अखिल भारत ऑप्टिकल फाइबर नेटवर्क है।

सदस्य 1 समानान्तर रेलवे लाइनों के बीच क्रॉस ओवर बनाने के लिए कौन-कौन से अवयवों की आवश्यकता होती है?

अंकित सर, समानान्तर रेलवे लाइनों के बीच क्रॉस ओवर बनाने के लिए दो स्विच प्वॉइण्ट, दो समकोण क्रॉसिंग तथा चार चेक रेलों (Check Rails) की आवश्यकता होती है।

सदस्य 2 किस प्रान्त में स्वचालित रेल सिग्नल व्यवस्था प्रारम्भ हुई?

अंकित यह व्यवस्था मध्य रेलवे (Central Railway) में शुरू हुई जो कि महाराष्ट्र के मुम्बई में है।

सदस्य 2 कौन-सा एकमात्र रेलवे स्टेशन है, जिसमें तीनों रेल कार्यरत् हैं?

अंकित सर, यह दमदम रेलवे स्टेशन है। यहाँ से इ. एम. यू. (EMU) रेल सेवा, सरकुलर रेलवे (Circular Railway) और मेट्रो रेल तीनों साथ-साथ चलते हैं।

अध्यक्ष किस कम्पनी ने पहला देशी रेल कम्पार्टमेण्ट बनाया और कब?

अंकित सर, ICF (International Coach Federation) ने पहला देशी रेल कम्पार्टमेण्ट 2 अक्टूबर, 1955 में बनाया।

सदस्य 1 किस भारतीय राज्य में सबसे अधिक रेल मार्ग हैं?

अंकित सर, उत्तर प्रदेश में सर्वाधिक रेल मार्ग हैं।

अध्यक्ष भारतीय रेल के सम्बन्ध में पार्थक्य या पृथक्कता (Isolation) क्या है?

अंकित पृथक्कता उस विधि को कहते हैं, जिसमें किसी एक लाइन को अन्य नजदीक की लाइनों से सुरक्षित रखा जाता है; जैसे कि लूप लाइनें जो मुख्य लाइन से किसी स्टेशन पर निकलती हैं।

एक ट्रेन को किसी एक लाइन पर रोक दिया जाता है, जब कोई ट्रेन पास वाली अन्य लाइन से गुजर रही हो। इन ट्रेनों को मुख्य लाइन पर एक साथ जाने से रोक दिया जाता है।

सदस्य 1 स्वतन्त्रता प्राप्ति के पूर्व आसिफ अली रेल मन्त्री थे। स्वतन्त्रता प्राप्ति के पश्चात् भारत के प्रथम रेल मन्त्री कौन थे?

अंकित सर, डॉ. जॉन मथाई (Dr John Mathai) स्वतन्त्रता प्राप्ति के पश्चात् प्रथम रेल मन्त्री थे।

अध्यक्ष भारत की सबसे लम्बी रेलगाड़ी कौन-सी है?

अंकित सर भारत की सर्वाधिक लम्बी रेलगाड़ी प्रयागराज एक्सप्रेस है, जो दिल्ली और इलाहाबाद के बीच चलती है। इसमें 26 डिब्बे (Coaches) हैं।

सदस्य 2 मि. अंकित, किस रेलवे को भारतीय रेलवे का 'ब्लू चिप' (Blue Chip) कहा जाता है?

अंकित सर, दक्षिण-पूर्वी रेलवे राष्ट्र के औद्योगिक विकास की क्रियाओं में महत्त्वपूर्ण भूमिका निभाता है, इसीलिए उसे भारतीय रेलवे का 'ब्लू चिप' कहा जाता है।

अध्यक्ष ठीक है मि. अंकित, क्या आप खेलों में रुचि रखते हैं या आपका कोई शौक भी है?

अंकित सर, जब भी मुझे समय मिलता है, मैं हॉकी खेलता हूँ।

अध्यक्ष मि. अंकित, आपका इंटरव्यू समाप्त हुआ। क्या आपको कोई प्रश्न पूछना है?

अंकित नहीं सर, धन्यवाद।

सदस्य 2 आप जा सकते हैं।

अंकित धन्यवाद सर। (शालीनता के साथ खड़े होकर बाहर निकल जाते हैं।)

16. दिल्ली मेट्रो में कस्टमर रिलेशन असिस्टेंट पद के लिए सैम्पल इंटरव्यू

अमित सान्याल ने विज्ञान से स्नातक की शिक्षा ग्रहण की है। उन्हें दिल्ली मेट्रो में कस्टमर रिलेशन असिस्टेंट पद के इंटरव्यू के लिए बुलाया गया है। इंटरव्यू के लिए उन्हें बुलाए जाने पर वे तेजी से, परन्तु आत्मविश्वास के साथ इंटरव्यू कक्ष की तरफ बढ़ते हैं तथा अनुमति लेकर वे कमरे में प्रवेश करते हैं।

अमित सान्याल गुड मॉर्निंग सर।

अध्यक्ष गुड मॉर्निंग अमित। कृपया बैठिए।

अमित सान्याल बहुत-बहुत धन्यवाद सर। (शालीनता के साथ वे उम्मीदवार के लिए रखी गई कुर्सी पर बैठ जाते हैं।)

अध्यक्ष आपने स्नातक की शिक्षा कहाँ से प्राप्त की?

अमित सान्याल सर मैंने स्नातक की शिक्षा दिल्ली विश्वविद्यालय से प्राप्त की।

अध्यक्ष दिल्ली के बारे में कुछ बताइए। दिल्ली राज्य कब बना?

अमित सान्याल सर, दिल्ली भारत की राजधानी है। यह 1483 वर्ग किमी के विस्तृत भू-भाग पर फैली है। दिल्ली में सभी जाति, धर्म एवं सम्प्रदाय के लोग रहते हैं। इसके दक्षिण-पश्चिम में अरावली पहाड़ियाँ और पूर्व में यमुना नदी है। यह एक विश्वस्तरीय शहर की श्रेणी में आता है। यहाँ आधुनिकता और प्राचीनकाल के अवशेषों का अद्‌भुत संगम है। अंग्रेजी सरकार द्वारा वर्ष 1911 में भारत की राजधानी को कलकत्ता से दिल्ली स्थानान्तरित कर दिया गया। दिल्ली को वर्ष 1992 में 69वें संविधान संशोधन अधिनियम, 1991 के तहत राज्य का दर्जा प्रदान किया गया।

अध्यक्ष अमित सान्याल, आप डी. एम. आर. सी. (DMRC) से क्या समझते हैं?

अमित सान्याल डी. एम. आर. सी. एक संयुक्त उपक्रम है, जिसमें भारत सरकार और दिल्ली सरकार की समान सहभागिता है। इसे दिल्ली, एन. सी. आर. एवं अन्य मेट्रो रेल सम्बन्धी सामूहिक तीव्र परिवहन व्यवस्था (Mass Rapid Transit System) के कार्यान्वयन की जिम्मेदारी दी गई है। इसे संयुक्त राष्ट्र के द्वारा विश्व के ऐसे प्रथम मेट्रो रेल के रूप में प्रमाणित किया गया है, जो ग्रीन हाउस गैसों का उत्सर्जन कम करता है।

अध्यक्ष आप डी. एम. आर. सी. में क्यों भर्ती होना चाहते हैं?

अमित सान्याल सर, दिल्ली मेट्रो लाखों लोगों को आवागमन का उत्तम साधन उपलब्ध कराकर एक अद्‌भुत काम कर रहा है। मैं भी ऐसी व्यवस्था का एक हिस्सा बनना चाहता हूँ, जो लोगों के बहुत बड़े भाग को सुविधाएँ प्रदान करता है।

अध्यक्ष भारतीय रेल एवं मेट्रो रेल में क्या अन्तर है?

अमित सान्याल सर, मेट्रो रेल महानगरों में यातायात का एक प्रमुख साधन है। भारतीय रेल का प्रयोग लम्बी दूरी के लिए किया जाता है, जबकि मेट्रो रेल कई स्थानों पर रुकती हुई कम दूरी तक ही सफर करती है। मेट्रो फ्लाईओवर और भूमि के नीचे बने (भूमिगत) प्लेटफॉर्मों पर चलती है, जबकि भारतीय रेल हमेशा भूमि के ऊपर ही चलती है।

सदस्य अन्तरिक्ष में जाने वाली भारतीय मूल की प्रथम महिला कौन हैं?

अमित सान्याल डॉ. कल्पना चावला, जो भारतीय मूल की एक अमेरिकी महिला थीं, जो नासा के अन्तरिक्षयान कोलम्बिया में मिशन विशेषज्ञ के रूप में 19 नवम्बर, 1997 को अन्तरिक्ष में जाने वाली प्रथम भारतीय महिला बनीं।

सदस्य सी. आर. ए. (Customer Relations Assistant) कौन होते हैं?

अमित सान्याल सर, सी. आर. ए. अर्थात् ग्राहक सम्पर्क सहायक, ग्राहक सेवा केन्द्र पर अपना कर्त्तव्य निभाते हैं। वे लोग यात्रियों, ग्राहक सेवाओं, अयोग्य यात्रियों की मदद, ग्राहकों की शिकायतों को सुनने, असामान्य परिस्थितियों से स्टेशन नियन्त्रक को निपटने में मदद करने; जैसे—भीड़ प्रबन्धन, स्टेशन को खाली कराने आदि के लिए जिम्मेदार होते हैं।

सदस्य आप ग्राहकों की सन्तुष्टि से क्या समझते हैं?

अमित सान्याल सर, कोई भी व्यवसाय, उस सेवा की गुणवत्ता पर निर्भर करता है, जो हम ग्राहकों को प्रदान करते हैं। यह सेवा अथवा सुविधा देने के लिए यह जानना आवश्यक है कि उनकी जरूरतें और समस्याएँ क्या हैं। ग्राहक सन्तुष्टि एक पैमाना है, जिससे पता चलता है कि कम्पनी के उत्पाद एवं सेवाएँ जो उन्हें दी जाती हैं; उनकी जरूरतों को पूरा करती हैं या उनकी उम्मीद से अधिक हैं। इसे ही व्यवसाय की सफलता की महत्त्वपूर्ण कुंजी माना जाता है।

अध्यक्ष ग्राहक सेवा से आप क्या समझते हैं?

अमित सान्याल ग्राहकों की आवश्यकताओं को पूरा करने से पहले, पूरा करने के दौरान एवं पूरा करने के पश्चात् उच्च दर्जे की सेवा एवं सहायता उपलब्ध कराना, जिससे कि ग्राहकों की जरूरतों का ख्याल रखा जा सके, ग्राहक सेवा कहलाता है।

अध्यक्ष ठीक है, मि. सान्याल। जिस पद के लिए आपने आवेदन किया है, उसके लिए कम्प्यूटर का ज्ञान होना आवश्यक है। क्या आप बता सकते हैं Ms-Word क्या है?

अमित सान्याल सर, Ms-Word वर्ड एक सॉफ्टवेयर है, जो माइक्रोसॉफ्ट के द्वारा विकसित किया गया है, यह सबसे लोकप्रिय वर्ड प्रोसेसिंग प्रोग्रामों में से एक है। वर्ड प्रोसेसर प्रोग्रामों से उपयोगकर्ता दस्तावेजों की रचना तथा उसमें संशोधन कर

सकता है। इसके अतिरिक्त इसका उपयोग निबन्ध लिखने, बायोडाटा बनाने, रिपोर्ट बनाने अथवा नोट लिखने में भी होता है।

अध्यक्ष ठीक है मि. सान्याल। क्या आपका कोई शौक है या क्या आप कोई खेल, खेलना पसंद करते हैं?

अमित सान्याल मैं फुटबॉल और बैडमिण्टन खेलने का शौकीन हूँ। मैं प्रतिदिन सवेरे उठता हूँ और फुटबॉल खेलता हूँ। शाम को मैं एक घण्टा बैडमिण्टन खेलता हूँ। प्रतिदिन ऐसा करने से मैं स्वस्थ एवं ऊर्जावान रहता हूँ।

सदस्य क्या आप कोई प्रश्न पूछना चाहेंगे?

अमित सान्याल जी नहीं सर, धन्यवाद।

अध्यक्ष आप जा सकते हैं, मि. सान्याल।

अमित सान्याल धन्यवाद सर। (वे अध्यक्ष एवं सदस्यों का अभिवादन करते हैं एवं इंटरव्यू कक्ष से बाहर चले जाते हैं।)

17. फाइनेंस मैनेजर पद के लिए सैम्पल इंटरव्यू

हेमन्त ओबेरॉय पटियाला, पंजाब के निवासी हैं। उन्होंने हाल ही में पटियाला से स्नातक की शिक्षा पूर्ण की है। समय पर साक्षात्कार स्थल पर पहुँचकर वे रिसेप्शन (Reception) पर अपनी उपस्थिति दर्ज कराते हैं तथा आवश्यक औपचारिकताएँ पूरी करते हैं।

जैसे ही साक्षात्कार के लिए उन्हें बुलाया जाता है, वे खड़े होकर आत्मविश्वास के साथ इंटरव्यू कक्ष की ओर जाते हैं। इंटरव्यू कक्ष में प्रवेश करने की अनुमति प्राप्त करने के बाद वे उम्मीदवार के लिए रखी गई कुर्सी के पास जाकर खड़े हो जाते हैं और अनुमति मिलने पर बैठ जाते हैं।

हेमन्त गुड मॉर्निंग सर।

अध्यक्ष गुड मॉर्निंग मि. हेमन्त। कृपया बैठिए।

हेमन्त धन्यवाद सर।

अध्यक्ष मि. हेमन्त। आपने स्नातक की शिक्षा पटियाला से की है। पटियाला पंजाब में है। अत: आप हमें बता सकते हैं कि इसे पंजाब ही क्यों कहा जाता है।

हेमन्त जी हाँ सर। वास्तव में पंजाब दो शब्दों से बना है—पंज अर्थात् पाँच तथा 'आब' अर्थात् पानी। वस्तुत: पंजाब पाँच नदियों का प्रदेश है-झेलम, रावी, व्यास, सतलुज एवं चेनाब। इसलिए इस राज्य को पंजाब कहा जाता है।

सदस्य आप पटियाला के निवासी हैं। क्या आप बता सकते हैं कि इस शहर की स्थापना किसने की?

हेमन्त सर, पटियाला शहर की स्थापना 1763 ई. में बाबा अला सिंह ने की, जो एक जाट नेता थे। उन्होंने पटियाला किले की नींव भी रखी, जिसके चारों ओर वर्तमान पटियाला शहर बसा है। इस किले को 'किला मुबारक' कहा जाता है। वर्तमान में पटियाला, राज्य का चौथा सबसे बड़ा शहर है।

अध्यक्ष आपकी वे विशेषताएँ कौन-सी हैं, जिनमें आप मजबूत हैं?

हेमन्त सर, मैं बहुत परिश्रमी हूँ, इसलिए लम्बे समय तक काम कर सकता हूँ तथा नियत समय में काम पूरा भी कर सकता हूँ। इसके अतिरिक्त मैं हर परिस्थिति से सामंजस्य कर लेता हूँ, इसलिए मैं हर प्रकार की परिस्थितियों तथा लोगों पर आसानी से नियन्त्रण कर सकता हूँ।

सदस्य अपनी विफलताओं से अब तक आपने क्या सीखा?

हेमन्त सर, मैंने स्वयं का विश्लेषण करना सीखा है। इससे मुझे मेरी कमियों का पता चलता है। मैंने अपनी कमियों को दूर करने का काफी प्रयास किया है और भविष्य में स्वयं में और भी सुधार लाने का प्रयास करूँगा। मैंने एक मुख्य बात यह सीखी है कि परिस्थितियों से कभी हारना नहीं चाहिए।

अध्यक्ष मि. हेमन्त, आपने अपने बायोडाटा में लिखा है कि आप फाइनेन्स (Finance) में एम. बी. ए. करना चाहते हैं, जबकि आप पहले से ही एक कम्पनी में कार्यरत् हैं। ऐसा क्यों?

हेमन्त मुझे फाइनेन्स में हमेशा से रुचि रही है। अपनी वर्तमान जॉब में भी मैं यू. के. के एक बहुत बड़े बैंक के इक्विटी विभाग की एक परियोजना पर काम कर रहा हूँ। कम्पनी के मूल्य निर्धारण, पी/ई. अनुपात एवं सम्पत्ति अनुपात तथा कैसे वे कम्पनी के शेयर की कीमत से सम्बन्धित हैं आदि सब मुझे बेहद रुचिकर लगा। इस अनुभव के कारण मेरा झुकाव फाइनेन्स की ओर कुछ ज्यादा बढ़ गया। अत: यही कारण रहा कि मैंने अपना करियर फाइनेन्स में बनाने के विषय में सोचा। इसीलिए मैं एम. बी. ए. करना चाहता हूँ। तत्पश्चात् मैं एक बहुराष्ट्रीय बैंक के इक्विटी अनुसन्धान विभाग में भर्ती होना चाहूँगा।

सदस्य मि. हेमन्त, क्या आप बता सकते हैं Price Earning Ratio क्या है और वे कम्पनी की स्टॉक कीमत (Stock Price) से कैसे जुड़े होते हैं?

हेमन्त सर Price Earning Ratio एक कम्पनी की कीमत लगाने का अनुपात है, जो इसके वर्तमान शेयरों की कीमत से प्रति शेयर कमाई को मापता है। इससे पता चलता है कि बाजार कम्पनी की कीमत कम लगा रहा है या अधिक/एक उच्च Price Earning Ratio यह संकेत दे सकता है कि शेयर की कीमत आवश्यकता से अधिक है। निम्न Price Earning Ratio में कीमत में वृद्धि होने की सम्भावना अधिक रहती है/अधिक रहती हैं।

सदस्य वित्तीय सूचना एक्सचेंज (Finance Information Exchange) प्रोटोकॉल क्या हैं?

हेमन्त वित्तीय सूचना एक्सचेंज प्रोटोकॉल एक इलेक्ट्रॉनिक संचार प्रोटोकॉल है, जिससे अन्तर्राष्ट्रीय सूचनाओं का सही समय पर आदान-प्रदान होता है। ये सूचनाएँ सुरक्षा समझौता तथा बाजारों से सम्बन्धित होती हैं। अधिकांश इलेक्ट्रॉनिक व्यापार वित्तीय सूचना एक्सचेंज में होता है, जबकि अलग-अलग एक्सचेंज के अपने स्थानीय प्रोटोकॉल होते हैं, लेकिन अधिकांश ब्रोकर वित्तीय सूचना एक्सचेंज का समर्थन करते हैं।

सदस्य मि. हेमन्त, क्या आप 'राष्ट्रीय आय' (National Income) को परिभाषित कर सकते हैं?

हेमन्त राष्ट्रीय आय किसी देश की एक वर्ष में उत्पादित सभी वस्तुओं और सेवाओं के मौद्रिक मूल्य का योग होता है। इसमें उन समस्त अन्तिम वस्तुओं एवं सेवाओं के मूल्यों को सम्मिलित किया जाता है, जो देश के सामान्य निवासियों द्वारा घरेलू सीमा में अथवा इसके बाहर रहकर उत्पादित की गई हैं। इसमें विदेशों से अर्जित साधन आय को भी सम्मिलित किया जाता है। राष्ट्रीय आय जितनी अधिक होती है, उसी के अनुसार देश की अर्थव्यवस्था भी उसी गति से आगे बढ़ती है। अतः राष्ट्रीय आय से यह जाना जा सकता है कि किसी देश का विकास कितना हो रहा है।

सदस्य अनावृत्त लघु बिक्री (Maked Short Sale) और आवृत्त लघु बिक्री (Covered Short Sale) किसे कहते हैं?

हेमन्त बिना मालिकाना हक प्राप्त किए जब एक व्यापारी स्टॉक बेचता है, तो उसे अनावृत्त लघु बिक्री कहा जाता है। जब व्यापारी अपने स्टॉक का व्यापार करता है, तो उसे आवृत्त लघु बिक्री कहते हैं।

सदस्य बाजार के विभिन्न प्रकार क्या हैं और हम उनमें अन्तर कैसे कर सकते हैं?

हेमन्त सर, बाजार अर्थ जगत् में विभिन्न प्रकार के बाजारों की व्यवस्था है, जो उद्योग एवं उसके अधीन कम्पनियों पर निर्भर करती है। कुछ बाजार व्यवस्थाएँ निम्न हैं—पूर्ण प्रतियोगिता (Perfect Competition), एकाधिकार (Monopoly), अल्पाधिकार (Oligopoly), एकाधिकारवादी प्रतियोगिता ((Monopolistic Competition) और क्रय का एकाधिकार इन सभी बाजार व्यवस्थाओं में अन्तर करना आसान है। जैसे पूर्ण प्रतियोगिता एक ऐसे बाजार की व्यवस्था है, जिसमें क्रेता एवं विक्रेता भिन्न-भिन्न होते हैं। पूर्ण प्रतियोगिता की क्लासिक सैद्धान्तिक परिभाषा में, अनगिनत क्रेता एवं विक्रेता होते हैं। चूँकि इस बाजार व्यवस्था में बहुत से लोग सम्मिलित रहते हैं, इसलिए किसी भी प्रतिभागी के लिए बाजार की कीमत में हेर-फेर करना बिल्कुल असम्भव

होता है। यदि वे ऐसा प्रयास भी करते हैं, तो क्रेता और विक्रेता के पास अनेक विकल्प सहज ही सुलभ रहते हैं।

एकाधिकार ठीक इसके विपरीत प्रकार की बाजार व्यवस्था है। शुद्ध एकाधिकार व्यवस्था में सामान या सेवा का केवल एक ही उत्पादक होता है और सामान्यत: उसका कोई विकल्प नहीं होता। ऐसी बाजार व्यवस्था में उत्पादकर्ता इच्छानुसार कीमत वसूल करता है, क्योंकि वहाँ प्रतियोगिता का अभाव होता है, लेकिन उसकी आय कीमत देने की ग्राहकों की योग्यता एवं इच्छा से सीमित हो जाती है।

अध्यक्ष मि. हेमन्त, क्या आप मानते हैं कि लघु व्यवसाय या प्रारम्भ में व्यावसायिक वृद्धि के अवसर अधिक हैं?

हेमन्त सर वास्तव में, किसी भी बहुराष्ट्रीय कम्पनी की अपेक्षा लघु व्यवसाय से अधिक अनुभव प्राप्त किया जा सकता है, क्योंकि इस तरह व्यवसायी को विभिन्न क्षेत्रों के बारे में पता चलता है। इस तरह वह अपनी विभिन्न योजनाओं को अपने लघु व्यवसाय में लागू करता है, जिसमें कुछ में वह सफल होता है, तो कुछ में निष्फल। इस तरह का अनुभव उसे बहुराष्ट्रीय कम्पनियों में कार्य करते हुए नहीं मिल सकता। यदि व्यवसायी अपने व्यवसाय में होने वाले जोखिमों से न डरे तथा कठिन परिश्रम करे, तो उसके लघु व्यवसाय में व्यावसायिक वृद्धि के अवसर अधिक रहते हैं।

सदस्य क्या एम. बी. ए. करके कोई अपना व्यापार आरम्भ कर सकता है?

हेमन्त नहीं सर, एम. बी. ए. करने से एक व्यक्ति को इतनी जानकारी नहीं मिल सकती कि किसी भी व्यापार या व्यवसाय को शुरू करने से पहले क्या-क्या करना आवश्यक होता है। एक उद्यमी को किसी भी व्यवसाय को प्रारम्भ करने से पहले विभिन्न उपक्रमों की जानकारी होना आवश्यक होता है; जैसे- योजनाओं की पुष्टि, जिस परियोजना को लेकर वह व्यापार शुरू करना चाहता है, बाजार में उसके विषय में अनुसन्धान करना, विपणन योजना, निवेश करने वाली पूँजी की सुरक्षा, उत्पाद या सेवा को बाजार में कब उतारा जाए आदि। एम. बी. ए. करने से 'कौन-सी योजना बेहतर हो सकती है' केवल यही विचार किया जा सकता है, लेकिन व्यवसाय को बेहतरीन रूप से चलाने का तरीका एक उद्यमी स्वयं के अनुभवों से ही सीख सकता है।

अध्यक्ष ठीक है मि. हेमन्त। यदि आप किसी व्यवस्था या प्रक्रिया में कोई समस्या पाते हैं, तो उसका हल कैसे निकालेंगे?

हेमन्त सर, किसी व्यवस्था या प्रक्रिया में आई समस्या को विस्तृत रूप से देखना होगा। कोई भी समस्या सामूहिक प्रयासों से हल की जा सकती है।

सदस्य कठिन समय में परिस्थिति को आप किस प्रकार सँभालेंगे?

हेमन्त सर, मैं अब तक ऐसी किसी समस्या का सामना नहीं किया है। लेकिन यदि मैं ऐसी किसी परिस्थिति में पड़ता हूँ, तो मैं योजना का स्पष्ट ज्ञान प्राप्त करूँगा। अपने कार्यों की प्राथमिकता के आधार पर मैं अपने कार्य की योजना बनाऊँगा, जो अवश्य ही मेरे लिए सहायक होगी। कुछ समय प्रत्याशित एवं अप्रत्याशित समस्याओं को देखना होगा। छोटे-छोटे कामों अथवा क्रियाओं को योजनाबद्ध तरीके से करने पर कठिन समय में भी कार्यों को पूर्ण रूप से किया जा सकता है।

सदस्य आपके अनुसार एक अच्छा प्रबन्धक बनने के लिए कौन-कौन से गुण आवश्यक हैं?

हेमन्त सर, एक अच्छे प्रबन्धक का अपनी टीम द्वारा पसन्द किया जाना ही पर्याप्त नहीं है, बल्कि उसे आवश्यकतानुसार अपने कार्यों में कुशल एवं दक्ष होना चाहिए। समय-समय पर अपनी टीम के सदस्यों को प्रोत्साहित करना तथा उनकी किसी कार्य के प्रति कमजोरी व कुशलता को बताते रहना, धैर्यपूर्वक किसी बात को सुनना तथा हमेशा समय पर सुलभ रहना ही एक अच्छे प्रबन्धक के लक्षण हैं।

अध्यक्ष मि. हेमन्त, क्या आपका कोई शौक है?

हेमन्त सर, वैसे तो मुझे खाली समय कम ही मिलता है, परन्तु यदि मिल जाए तो उस समय मैं बागवानी करना पसन्द करता हूँ। मेरा एक सुन्दर बगीचा है, जिसमें मौसम के अनुसार फूल खिलते हैं।

सदस्य वाह, बहुत सुन्दर! क्या आपका कोई प्रश्न है, मि. हेमन्त।

हेमन्त जी नहीं सर, मेरा कोई प्रश्न नहीं है।

अध्यक्ष आप जा सकते हैं, मि. हेमन्त।

हेमन्त धन्यवाद सर। (आत्मविश्वास एवं शान्ति से साक्षात्कार कक्ष से बाहर चले जाते हैं।)

18. ट्रेनी इंजीनियर के लिए सैम्पल इंटरव्यू

मिस सीमा चौधरी एक 25 वर्षीय युवती हैं, जिन्होंने अन्ना विश्वविद्यालय से इलेक्ट्रॉनिक्स एवं कम्युनिकेशन्स में बी. टेक. की डिग्री प्राप्त की है। उन्हें BHEL के द्वारा इंटरव्यू हेतु बुलाया गया है। जब उन्हें इंटरव्यू हेतु बुलाया जाता है, तो वे इंटरव्यू कक्ष की तरफ आत्मविश्वास के साथ बढ़ती हैं। अनुमति मिलने पर वे साक्षात्कार कक्ष में प्रवेश करती हैं।

सीमा गुड मॉर्निंग सर।

अध्यक्ष गुड मॉर्निंग सीमा। कृपया बैठिए।

सीमा बहुत-बहुत धन्यवाद सर। (वे उम्मीदवार के लिए रखी गई कुर्सी पर बैठ जाती हैं।)

अध्यक्ष हाँ तो मिस. सीमा, आपकी यात्रा कैसी रही? मैं समझता हूँ इस स्थान को ढूँढने में आपको कोई परेशानी नहीं हुई होगी।

सीमा जी नहीं सर, मैंने इस स्थान की जानकारी पहले ही प्राप्त कर ली थी तथा रास्ता भी अच्छी तरह समझ चुकी थी। इस कार्यालय तक आने में मुझे कोई परेशानी नहीं हुई।

सदस्य 1 आप अपने बारे में बताएँ।

सीमा यह सुअवसर देने के लिए आपका धन्यवाद सर। मैं पहले अपना परिचय देती हूँ। मेरे परिवार में चार सदस्य हैं—मेरे माता-पिता, मैं और मेरी छोटी बहन। मेरे पिताजी का नाम मनोहर चौधरी है। वे पेशे से डॉक्टर हैं। मेरी माँ, डिम्पल चौधरी, एक कुशल गृहिणी हैं। मेरी छोटी बहन रीना 11वीं कक्षा में पढ़ रही है।

मैंने स्कूली शिक्षा दिल्ली पब्लिक स्कूल, आर. के. पुरम से प्राप्त की तथा अन्ना विश्वविद्यालय, तमिलनाडु से मैंने इलेक्ट्रोनिक्स और कम्युनिकेशन में बी. टेक. की डिग्री प्राप्त की। स्नातक की पढ़ाई करते समय मैंने तीन प्रोजेक्ट बनाए एवं एक प्रशिक्षण कोर्स भी सफलतापूर्वक पूरा किया। मैं योजना बनाने में एवं विश्लेषण करने में तथा उसे विकसित करने में दक्ष हूँ। जो भी काम मैं अपने हाथ में लेती हूँ, उसे मैं पूरे मनोयोग एवं एकाग्रता के साथ करती हूँ तथा कार्य को नियत समय पर पूरा करने का प्रयास करती हूँ।

सदस्य 1 अपनी कमजोरियाँ तथा जो कार्य आप करने में सक्षम हैं, उन्हें बताइए।

सीमा मैं अपने कॉलेज के समय से ही प्रोजेक्ट तैयार करने एवं उसे योजनाबद्ध तरीके से निर्धारित समय के अन्दर पूरा करने में सक्षम रही हूँ। जिसमें मेरी सकारात्मक सोच और आत्मविश्वास ने मुझे परिणाम तक पहुँचाया है। इसके बावजूद मैं निश्चित समय में एक ही काम को पूर्ण रूप से कर सकती हूँ। इसे मेरी कमजोरी के रूप में देखा जा सकता है।

अध्यक्ष आपने बी. टेक., इलेक्ट्रॉनिक्स एण्ड कम्युनिकेशन्स में किया है। क्या इसके पीछे कोई विशेष कारण है?

सीमा सर, हमारे जीवन के प्रत्येक पहलू में अब तकनीकी की व्यापक रूप से आवश्यकता पड़ती है। उदाहरण स्वरूप आज संचार व्यवस्था ने लोगों को आपस में जोड़ने में एक महत्त्वपूर्ण भूमिका निभाई है। इसके अतिरिक्त विभिन्न क्षेत्रों में भी इसकी भूमिका महत्त्वपूर्ण रही है; जैसे—रक्षा विभाग, मनोरंजन, शिक्षा तथा अन्य विभिन्न क्षेत्र। नए इंजीनियरों के लिए और भी महत्त्वपूर्ण अवसर उपलब्ध हैं; जैसे—नैनो टेक्नोलोजी, रोबोटिक्स, हाई स्पीड ओटोमैटड प्रोसेसर इन एम्बैडड सिस्टम तथा इमेज प्रोसेसर।

अध्यक्ष ठीक है, अब आपके विषय पर आते हैं। टेक्नोलॉजी में कम्युनिकेशन क्या है?

सीमा सर, कम्युनिकेशन का अर्थ ट्रांसमीटर के द्वारा संकेतों को एक स्थान से दूसरे स्थान तक भेजना होता है जोकि एक माध्यम से होकर गुजरते हैं और उनसे रिसीवर पर एक आउटपुट प्राप्त होती है। साधारण शब्दों में सन्देशों को एक स्थान से दूसरे स्थान पर भेजना कम्युनिकेशन है।

सदस्य 2 कम्युनिकेशन के कितने प्रकार हैं? बताइए?

सीमा कम्युनिकेशन दो प्रकार के होते हैं—1. एनालॉग (Analog) तथा डिजिटल (Digital) कम्युनिकेशन।

तकनीक के रूप में एनालॉग एक ऑडियो या विडियो सिग्नल को प्राप्त करता है तथा उन्हें इलेक्ट्रॉनिक इम्पल्स में रूपान्तरित करता है। डिजिटल में इन संकेतों को बाइनरी प्रारूप में जोड़ा जाता है, जिससे ऑडियो या विडियो डाटा '1' या '0' के द्वारा प्रस्तुत किया जाता है। डिजिटल सिग्नल में शोध की सम्भावना नहीं रहती, प्रसारण तथा प्राप्ति के गुण उत्तम होते हैं। डिजिटल कम्युनिकेशन में प्रयोग किए गए उपकरण स्पष्ट रूप से उत्पन्न किए जा सकते हैं तथा एनालॉग सिग्नल की तुलना में बिजली की लागत भी बहुत कम होती है।

सदस्य 1 मिस सीमा, इलेक्ट्रॉनिक क्या है?

सीमा विद्युतीय उपकरणों का अध्ययन, जो इलेक्ट्रॉनों के प्रवाह से या अन्य विद्युतीय आवेशित कणों द्वारा नियन्त्रित होता है, उसे इलेक्ट्रॉनिक कहते हैं। इसका अध्ययन विज्ञान की शाखा के रूप में भी किया जाता है।

अध्यक्ष सी. डी. एम. ए. (CDMA) क्या है?

सीमा सी. डी. एम. ए. अर्थात् कोड डिवीजन मल्टीपल एक्सेस डिजिटल सेलुलर सेवा के लिए एक मानक है। इसके प्रयोग से डिजिटल वायरलेस टेलीफोन प्रणालियाँ प्रचालन में हैं। सी. डी. एम. ए. सिस्टम में बहुत से ट्रांसमीशन रेडियो इण्टरफेस के द्वारा एक ही फ्रीक्वेंसी बैंडविथ में समान रूप से जुड़ते हैं। इसमें यूजर डाटा को ट्रांसमीटर की ओर एक कोड से जोड़ दिया जाता है और फिर उसका प्रसारण होता है। सारे प्रसारण हवा में मिल जाते हैं। इसमें रिसीवर तथा ट्रांसमीटर की ओर वही कोड प्रयुक्त होता है।

सदस्य 1 मिस. सीमा क्या आप ब्लूटूथ की व्याख्या कर सकती हैं?

सीमा ब्लूटूथ एक हाई स्पीड वायरलेस तकनीक है, जिसका प्रयोग किसी इलेक्ट्रॉनिक गैजेट्स; जैसे—मोबाइल, लैपटॉप और इसी तरह की किसी अन्य इलेक्ट्रॉनिक डिवाइस में एक-दूसरे को डाटा सम्प्रेषण करने में प्रयोग किया जाता है। ब्लूटूथ शब्द स्वीडिश शब्द 'ब्लाटांड' का अंग्रेजी रूपान्तरण है। इसका नामकरण डेनमार्क के राजा हेराल्ड ब्लूटूथ के नाम पर किया गया है।

इस तकनीक का जन्म वर्ष 1994 में टेलीकॉम कम्पनी एरिक्सन द्वारा किया गया था। इसके द्वारा शॉर्ट वेबलेंथ रेडियो ट्रांसमिशन का प्रयोग करते हुए डाटा को एक उपकरण से दूसरे उपकरण में ट्रांसफर किया जाता है। ब्लूटूथ के जरिए डाटा को एक डिवाइस से दूसरी डिवाइस में भेजने की दूरी 10 मीटर तक की होती है तथा इसके जरिए डाटा की स्पीड 1mbps तक की होती है।

अध्यक्ष अब से पाँच वर्ष बाद आप स्वयं को कहाँ देखती हैं?

सीमा सर, मैं अनुभवहीन हूँ इसलिए मैं समझती हूँ कि प्रथम पाँच वर्ष में मेरे लिए सीखने का अवसर रहेगा। मैं उद्योग से सम्बन्धित अधिक-से-अधिक जानकारी प्राप्त करना चाहती हूँ तथा अपनी तकनीकी योग्यता को और भी कुशल बनाना चाहूँगी। इसके पश्चात् अगले पाँच वर्षों में, मैं स्वयं को एक टीम में काम करते हुए तथा दल का नेतृत्व करते हुए देखना चाहूँगी।

सदस्य 2 मिस. सीमा, आपका साक्षात्कार समाप्त हुआ। आपको कोई प्रश्न पूछना हो तो पूछ सकती हैं।

सीमा जी नहीं सर। मेरा कोई प्रश्न नहीं है।

अध्यक्ष आप जा सकती हैं।

सीमा धन्यवाद सर। (अभिवादन कर कमरे से बाहर निकल जाती हैं।)

19. HR कॉर्डिनेटर के लिए सैम्पल इंटरव्यू

29 वर्षीय मिस पारुल सिन्हा ने दिल्ली विश्वविद्यालय से बी.ए. (अच्छे अंकों के साथ) तथा जी.जी. एस. इन्द्रप्रस्थ विश्वविद्यालय से एच.आर. में एम.बी.ए. किया है। एम.बी.ए. उत्तीर्ण करने के बाद उन्होंने एक बड़ी IT कम्पनी के HR डिपार्टमेण्ट में मैनेजमेण्ट ट्रेनी के रूप में कार्य किया। अपने एक वर्ष के प्रशिक्षण को समाप्त करने के बाद उन्होंने स्थापित हो रही एक इंजीनियरिंग संस्था में HR एक्जीक्यूटिव के रूप में नौकरी की। यहाँ वे लगभग 5 वर्षों से कार्यरत् हैं और उनकी देखरेख में संस्था ने काफी प्रगति की है।

जब इंटरव्यू के लिए उनके नाम की घोषणा हुई, तो उन्होंने आत्मविश्वास के साथ इंटरव्यू कक्ष की ओर कदम बढ़ाया तथा अन्दर प्रवेश करने की आज्ञा लेने के लिए दरवाजे पर धीरे से दस्तक दी।

पारुल क्या मैं अन्दर आ सकती हूँ सर?

अध्यक्ष जी हाँ, मिस सिन्हा (उम्मीदवार की कुर्सी की ओर इशारा करते हुए) कृपया अन्दर आ जाइए और अपना स्थान ग्रहण कीजिए।

पारुल (स्थान ग्रहण करते हुए) धन्यवाद, गुड मॉर्निंग सर।

सदस्य गुड मॉर्निंग, पारुल। मेरा नाम रजनी सेठ है और मैं इस कम्पनी में HR उप-प्रबन्धक हूँ। ये हैं मि. सतीश पुरकायस्थ, ये हमारे HR डिपार्टमेण्ट के हेड हैं। पारुल यह बताइए कि आपकी रुचि इस पद में क्यों है?

पारुल (दोनों साक्षात्कारकर्ताओं से बारी-बारी से आँखें मिलाते हुए) मैडम मैं उत्तरदायित्व के निर्वहन के लिए हमेशा तत्पर रहती हूँ और आपकी कम्पनी जैसी ही एक बड़ी कम्पनी से जुड़ना चाहती हूँ। इससे मुझे विभागीय ग्राहकों और सहकर्मियों के साथ कार्य सम्बन्धी निकटता बनाने का अवसर प्राप्त होगा। मैंने अपने पिछले कार्य-अनुभव से समझा है कि यह अनुभव कम्पनी को अत्यधिक क्रियाशील बनाने के साथ-साथ काम में भी सन्तुष्टि प्रदान करेगा।

अध्यक्ष क्या आपको नहीं लगता है कि यह अवसर आपको वर्तमान नियोक्ता ने प्रदान किया है? जैसा कि आपने अपने बायोडाटा में यह उल्लेख किया है कि वह एक आगे बढ़ रही कम्पनी है और इस प्रकार क्या यह कम्पनी आपको आगे बढ़ने का अवसर प्रदान नहीं करेगी?

पारुल सर, वास्तविक तथ्य यह है कि कम्पनी तो आगे बढ़ रही है, लेकिन व्यापार की वृद्धि बहुत धीमी है और कई कर्मचारियों द्वारा कम्पनी को छोड़कर चले जाने के कारण हम लोग अभी भी ज्यादातर रिक्तियों पर कर्मचारियों की भर्ती नहीं कर पा रहे हैं। हमारी लाभप्रदता घटकर लगभग शून्य हो चुकी है, जैसा कि हमारी पिछली वार्षिक रिपोर्ट में उल्लेखित है। मेरा विचार है कि यदि मैं उस कम्पनी में कुछ समय के लिए और रुकती हूँ तो मेरी तरक्की बिल्कुल अवरुद्ध हो जाएगी। (जैसे ही वह बोलते हुए रुकती है, मिस रजनी सेठ, बीच में ही बोल पड़ती हैं।)

सदस्य ठीक है, हमें जानकारी मिल गई। अब पारुल, अपने अब तक के करियर पर प्रकाश डालिए।

पारुल जी, मैडम, MBA करने के पश्चात्, मैंने एश (Ace) सॉफ्टवेयर लिमिटेड कम्पनी के HR विभाग में मैनेजमेण्ट ट्रेनी के रूप में जॉब की। उन्होंने मुझे छः क्षेत्रों में अवसर प्रदान किया, जिन्हें HR संचालित करता था। इससे मुझे प्रत्येक क्षेत्र के कार्यों को समझने में मदद मिली।

एश सॉफ्टवेयर कम्पनी में एक वर्ष तक मैनेजमेण्ट ट्रेनी के रूप में कार्य करने के बाद मुझे एक इंजीनियरिंग संस्था से HR एग्जीक्यूटिव की जॉब ऑफर हुई थी, जिसे मैने ज्वॉइन कर लिया और अभी मैं यहीं कार्यरत् हूँ।

हालाँकि, वर्तमान में कम्पनी का विकास अब अवरुद्ध हो चुका है, क्योंकि उत्पादों के निर्माण के लिए अद्यतन प्रौद्योगिकी का विकास हो चुका है, लेकिन हमारी कम्पनी ने अद्यतन प्रौद्योगिकी में निवेश नहीं किया है। मेरा विचार है कि अब मेरा अनुभव मुझे निष्पक्ष एवं स्वतन्त्र रूप से काम करने के लिए

सक्षम बनाता है और मैं आप जैसी विकासशील कम्पनी में नौकरी कर, अपने करियर को मजबूत कर सकती हूँ। यही मेरा अब तक का करियर रहा है।

अध्यक्ष क्या आप किसी एक विशिष्ट समस्या का उदाहरण दे सकती हैं, जो विचाराधीन थी, जिसका समाधान आपने कारखाने की देखरेख करते हुए किया?

पारुल जी सर, यह हाल ही की घटना है। एक कर्मचारी ने कार्य करते हुए व्यावसायिक तकनीकी योग्यता प्राप्त की लेकिन उसको पदोन्नति नहीं दी गई, क्योंकि उसके विभाग में उस योग्यता की आवश्यकता नहीं थी। उस कर्मचारी ने मुझे इस विषय में बताया। भर्ती मुख्य कार्यालय में हो चुकी थी, जिससे मैं अवगत थी। वहीं दूसरे विभाग में एक महत्त्वपूर्ण पद से एक व्यक्ति ने त्याग-पत्र दे दिया था। वहाँ उस पद के लिए तुरन्त आवश्यकता थी। संयोग से इस पद के लिए इस व्यक्ति की आवश्यक योग्यता त्याग पत्र दिए कर्मचारी की योग्यता व कार्य पृष्ठभूमि से मेल खाती थी। मैंने उस रिक्त पद के लिए तुरन्त इस व्यक्ति को प्रतिस्थापित कर दिया। इस तरह उसकी समस्या का भी समाधान हो गया और रिक्त पद के लिए एक योग्य उम्मीदवार भी मिल गया।

अध्यक्ष बधाई हो पारुल, आप वास्तव में समस्याओं को सुलझाने में सक्षम हैं। अब अपनी महत्त्वाकांक्षा के बारे में बताइए। यदि आप हमारी कम्पनी से HR कॉर्डिनेटर के रूप में जुड़ती हैं, तो स्वयं को अगले पाँच वर्षों में किस रूप में देखती हैं?

पारुल निश्चित रूप से सर, मैं आपकी जैसी बड़ी कम्पनी से जुड़ने की इच्छुक हूँ, क्योंकि मैं महसूस करती हूँ कि वर्तमान नौकरी में मेरा भविष्य नहीं है। कम्पनी का टर्नओवर काफी कम है। मैं विकासशील कम्पनी से जुड़ना चाहती हूँ। अगले पाँच वर्षों में मैं आपकी कम्पनी के किसी भी विभाग में HR विभाग के शीर्ष अनुक्रम पर पहुँचना चाहूँगी। मैं कर्मचारियों की समस्याओं का समाधान करना जारी रखना चाहती हूँ, जिससे उच्च उत्पादकता बनी रहे। मेरा विचार है कि मैं एक इंजीनियरिंग कम्पनी की अपेक्षा एक IT कम्पनी में अच्छा कर सकती हूँ।

सदस्य एक अन्तिम प्रश्न, मिस सिन्हा। आपने अपनी सैलरी से सम्बन्धित अपेक्षाएँ नहीं बताई हैं। आप कितनी सैलरी चाहती हैं और कितनी जल्दी आप यहाँ जॉब शुरू कर सकती हैं?

पारुल जी मैम, मैंने अपने बायोडाटा में मेरी वर्तमान सैलरी और सी.टी.सी. (Cost to Company) का उल्लेख किया है। यदि मेरी वर्तमान सैलरी में 10% से 15% तक की वृद्धि कर दी जाए, तो मैं आपकी कम्पनी में अवश्य जॉब करूँगी। मैं आशा करूँगी कि कम्पनी की नीतियों का ध्यान रखते हुए मुझे कर्मचारियों की

समस्याओं का समाधान करने के लिए थोड़ी बहुत स्वतन्त्रता दी जाएगी। मुझे विश्वास है कि मैं आपको निराश नहीं करूँगी।

यदि मेरा चयन होता है तो मुझे नियुक्ति-पत्र की शर्त के अनुसार अपने वर्तमान नियोक्ता को एक महीने का नोटिस देना आवश्यक होगा, क्योंकि मैं अपने नियोक्ता से सौहार्दपूर्ण तरीके से अलग होना चाहती हूँ।

अध्यक्ष धन्यवाद मिस सिन्हा, यदि आप चयनित होती हैं, तो हम लोग शीघ्र ही आपको सूचित करेंगे। आपका दिन मंगलमय हो।

पारुल (अपनी कुर्सी से उठकर समिति के दोनों सदस्यों से हाथ मिलाती है) धन्यवाद सर। धन्यवाद मैडम

(आत्मविश्वास के साथ कक्ष से बाहर चली आती हैं।)

20. ऑफिस एग्जीक्यूटिव के लिए सैम्पल इंटरव्यू

ऑफिस एग्जीक्यूटिव किसी भी कम्पनी में सामान्य पद है। ऑफिस एग्जीक्यूटिव के कम्पनी में कुछ सामान्य कार्य होते हैं जैसे किसी भी विषय से सम्बन्धित डाक्यूमेण्ट्स तैयार करना, रिपोर्ट बनाना, विभिन्न विषयों से सम्बन्धित मेल भेजना या मेल्स के उत्तर देना आदि।

24 वर्षीय सार्थक द्विवेदी केन्द्रीय विश्वविद्यालय से वाणिज्य में स्नातक हैं। वे विगत दो वर्षों से अपने आवास के पास स्थित एक लघु परामर्श फर्म में ऑफिस एग्जीक्यूटिव के रूप में कार्यरत् हैं। इंटरव्यू के लिए जब उनके नाम की घोषणा होती है, तब वे आत्मविश्वास के साथ इंटरव्यू कक्ष की ओर कदम बढ़ाते हैं। इंटरव्यू कक्ष में तीन व्यक्ति बैठे हैं। इंटरव्यू कक्ष में प्रवेश की अनुमति लेने के लिए सार्थक द्विवेदी धीरे से दरवाजा खटखटाते हैं।

सार्थक क्या मैं अन्दर आ सकता हूँ, सर।

अध्यक्ष जी हाँ, मि. द्विवेदी। (उम्मीदवार हेतु रखी कुर्सी की ओर इशारा करते हुए) कृपया अन्दर आ जाइए और अपना स्थान ग्रहण कीजिए।

सार्थक (बैठते हुए) धन्यवाद सर, गुड मॉर्निंग।

सदस्य मि. द्विवेदी, अपना परिचय दीजिए।

सार्थक सर, मैं सार्थक द्विवेदी हूँ। मेरी उम्र 24 वर्ष है। मैंने पंजाब केन्द्रीय विश्वविद्यालय से वाणिज्य में स्नातक किया है। मेरा मूल निवास स्थान एटा, उत्तर प्रदेश है। मेरे पिता एक राष्ट्रीयकृत बैंक में कार्यरत् हैं और मेरी माता एक गृहिणी हैं। मैं गत दो वर्षों से ऑफिस एग्जीक्यूटिव के रूप में यहीं एक छोटे फर्म में कार्यरत् हूँ। लेकिन मेरा विचार है कि अब मुझे और अधिक उत्तरदायित्वपूर्ण वाली नौकरी करनी चाहिए, क्योंकि एक कार्यालय में किए जाने वाले मूल कार्यों को मैंने समझ लिया है।

अध्यक्ष मि. द्विवेदी, आपने अपना अच्छा परिचय दिया। आप मुझे बताइए कि हमारी जैसी मध्यम आकार की इंजीनियरिंग कम्पनी के शाखा कार्यालय से आप किस प्रकार के कार्यों का निष्पादन करने की इच्छा रखते हैं? यह भी बताइए कि आप कौन-से कार्यों का निष्पादन पहले करेंगे?

सार्थक सर, सबसे पहले, मैं संस्थान के डाक्यूमेण्ट्स, रिकॉर्डों और रिपोर्टों की फाइल बनाऊँगा और उन्हें पुनः सुधारना चाहूँगा। मुझे अपनी वर्तमान नौकरी में इसका पर्याप्त अनुभव हो चुका है, जहाँ मैं अब अपने सभी ग्राहकों की पत्राचार से सम्बन्धित फाइलों को सँभाल रहा हूँ। शुरुआत में मुझे इस कार्यालय में फाइल व्यवस्था को समझने व उसका अध्ययन करने की जरूरत पड़ेगी। (जैसे ही वे थोड़ा रुकते हैं, इंटरव्यू बोर्ड का एक सदस्य बीच में ही बोल पड़ता है।)

सदस्य 1 मि. द्विवेदी? यहाँ आप किस-किस अन्य कार्य को करने में सक्षम हो पाएँगें? उस पर प्रकाश डालिए।

सार्थक जी सर, आगे मुझे या तो ई-मेल या कूरियर से डाक्यूमेण्ट्स और पत्रों को ड्राफ्ट, स्केन, कॉपी या मेल करना होगा। कम्पनी की तरफ से विजिटर्स (आगंतुकों) से बातचीत करना, चाहे वे मुख्य कार्यालय से हों अथवा शाखा कार्यालयों से हों या हमारे कर्मचारी हों आदि कार्य करने होंगे। मैं अपने ग्राहकों से सम्बन्धित सभी समस्याओं का निदान कर सकता हूँ और जैसा कि यह सेल्स ऑफिस है, इस सम्बन्ध में मुझे अपनी वर्तमान नौकरी में परामर्श कार्यों के सम्बन्ध में कम्पनी एवं ग्राहकों के साथ होने वालों कार्य-व्यवहार का अनुभव प्राप्त है।

मुझे विश्वास है कि मैं ग्राहकों के साथ टेलीफोन पर भी विचार-विमर्श कर सकता हूँ। जैसा कि मैंने अपने बायोडाटा में उल्लेख किया है कि मैं अंग्रेजी बोलने में भी सक्षम हूँ। इन सभी कार्यों के अतिरिक्त अन्य जो भी कार्य मुझे करने के लिए दिए जाएँगे, मैं उन्हें पूर्ण रूप से निष्पादित करने का प्रयत्न करूँगा।

सदस्य 2 धन्यवाद, सार्थक। मैं समझता हूँ कि आप अपने सभी कार्यों को पर्याप्त रूप से निष्पादित कर लेंगे। लेकिन जैसा कि आपने अपने बायोडाटा में कम्प्यूटर से सम्बन्धित किसी भी जानकारी का उल्लेख नहीं किया है, तो हम इसे कैसे समझेंगे कि आप ई-मेल भेजने के कार्य को सही तरह से कर पाएँगे।

सार्थक माफ कीजिएगा सर, वस्तुतः वर्तमान में जो कोई भी व्यक्ति किसी ऑफिस में काम करता है, उसे कम्प्यूटर सम्बन्धी मूलभूत जानकारी होना आवश्यक है, अन्यथा वह अपने कार्यों का सन्तोषजनक निष्पादन करने में सक्षम नहीं हो पाएगा। इसलिए मैंने इसका उल्लेख अपने बायोडाटा में नहीं किया। फिर भी, मैंने अपनी वर्तमान नौकरी के विवरण में इस बात का उल्लेख किया है कि मैं कम्पनी से सम्बन्धित ई-मेल को भेज और प्राप्त कर सकता हूँ। इसलिए आप आश्वस्त रहे कि मैं इन सभी कार्यों को अच्छे से कर लूँगा।

अध्यक्ष जी हाँ, मैं समझता हूँ। अब आप अपनी इस नौकरी के बारे में बताइए, जिसके लिए आपका साक्षात्कार किया जा रहा है। यह नौकरी प्रमुखता से 8 कर्मचारियों की लिपिकीय कार्यक्षमता और इस शाखा के सभी कार्यालयी कार्यों की देख-रेख को प्रमुखता देती है।

अत: इसके लिए आवश्यक है कि उम्मीदवार में नेतृत्व क्षमता और टीमवर्क का गुण हो, जिससे शाखा से सम्बन्धित सभी कार्य दक्षता से निष्पादित किए जा सकें। आप अपनी वर्तमान नौकरी से सम्बन्धित या अन्य किसी ऐसी घटना का उदाहरण दीजिए, जिसमें आपने नेतृत्व क्षमता और टीमवर्क का सफलतापूर्वक प्रदर्शन किया हो।

सार्थक (कुछ देर तक सोचते हुए) जी सर, कुछ महीनों पहले जहाँ मैं कार्य करता हूँ, उस स्थान के ग्राहकों में से एक ने हमारे बिलों का भुगतान करने से मना कर दिया, क्योंकि परामर्श कार्य के लिए माँगी गई राशि में कुछ गड़बड़ियाँ थी। हमारी फर्म के मालिक ने इस समस्या के समाधान के लिए तीन सदस्यों की टीम बनाई; जिसमें मैं कार्यकारी लेखा पदाधिकारी (जिसने ग्राहक को बिल दिया) और परामर्शदाता (वह व्यक्ति जिसने परामर्श कार्य को निष्पादित किया) थे। मैंने अपनी टीम के सभी प्रयासों को कॉर्डिनेट किया और कार्यकारी लेखा पदाधिकारी को परामर्शदाता से प्रत्यक्ष रूप से बातचीत करने के लिए कहा, जिससे गड़बड़ी का पता लगाया जा सके। तद्नुसार, मैंने कार्यकारी लेखापदाधिकारी से ग्राहक को जारी किए गए अन्तिम बिल में भूल सुधार करने के लिए कहा, जिससे परामर्शदाता भी सहमत थे। इस प्रकार मैंने समस्या का समाधान किया और ग्राहक ने सन्तुष्टि के साथ सुधार की गई राशि का भुगतान कर दिया।

अध्यक्ष एक अन्तिम प्रश्न, मि. द्विवेदी। आप हमारी कम्पनी से क्यों जुड़ना चाहते हैं?

सार्थक जी सर, वर्तमान नौकरी में मैं किसी भी प्रकार का विकास नहीं कर पा रहा हूँ इसलिए मैं आपके जैसी बड़ी कम्पनी से जुड़ने के लिए उत्सुक हूँ। वहाँ मैं सीधा मालिक को रिपोर्ट करता हूँ। जहाँ मैं काम करता हूँ वहाँ दो वर्षों से व्यापार बढ़ा ही नहीं है। मैंने आपकी कम्पनी की तरक्की के बारे में समाचार-पत्र में पढ़ा है और आपकी कम्पनी की वेबसाइट को भी देखा है। मैंने पाया कि आपकी कम्पनी का व्यापार बढ़ रहा है और इसका भविष्य भी उज्ज्वल है। अब से कुछ वर्षों में, मैं इस प्रकार के शाखा कार्यालय या मुख्य कार्यालय (Head Office) के विशिष्ट कार्यों में दक्ष होना चाहूँगा, जिससे कम्पनी को बेहतर परिणाम मिल सकेंगे।

अध्यक्ष धन्यवाद सार्थक। अगर आप चयनित किए जाते हैं, तो हम आपको यथाशीघ्र सूचित करेंगे। आपका दिन मंगलमय हो।

सार्थक (कुर्सी से उठते हुए और बोर्ड के सभी सदस्यों से हाथ मिलाते हुए) धन्यवाद सर।

(वे आत्मविश्वास के साथ कक्ष से बाहर चले आते हैं।)

21. मार्केटिंग रिप्रजेनटेटिव के लिए सैम्पल इंटरव्यू

किसी भी तरह की कम्पनी के मार्किटिंग विभाग में यह पद सबसे निम्न स्तर का होता है। एक मार्किटिंग रिप्रजेनटेटिव के कार्यों में निम्नलिखित कार्य सम्मिलित होते हैं—उत्पाद के प्रति ग्राहकों में जागरूकता बढ़ाना, बिक्री और लाभ में वृद्धि करना तथा मार्किटिंग सम्बन्धी अभियानों को क्रियान्वित करना आदि।

23 वर्षीय कुलवंत सरीन किसी केन्द्रीय विश्वविद्यालय से विज्ञान में स्नातक हैं। विगत तीन वर्षों से वे सेल्स सहायक के रूप में विभिन्न डीलरों को भवन निर्माण सामग्री बेचने वाले एक वितरक के साथ कार्यरत् हैं, जो शहरों और नगरों में भवन बनाने के लिए ठेकेदारों को आपूर्ति करता है। अब उन्हें एक सीमेण्ट बनाने वाली कम्पनी से इंटरव्यू के लिए बुलावा आया है, जो अपने डीलरों और वितरकों को विभिन्न श्रेणी के सीमेण्ट की आपूर्ति करती है। इंटरव्यू के लिए अपने नाम की घोषणा होने के साथ ही वे इंटरव्यू कक्ष की ओर आत्मविश्वास के साथ चल देते हैं। इंटरव्यू कक्ष के पास पहुँचने पर वे अन्दर आने की अनुमति प्राप्त करने के लिए दरवाजे को धीरे से खटखटाते हैं।

कुलवंत (मध्य में बैठे व्यक्ति को सम्बोधित करते हुए) क्या मैं अन्दर आ सकता हूँ, सर?

अध्यक्ष जी हाँ, मि. सरीन (उम्मीदवार की कुर्सी की तरफ इशारा करते हुए) कृपया अन्दर आइए और अपना स्थान ग्रहण कीजिए।

कुलवंत (बैठते हुए) धन्यवाद, गुड मॉर्निंग सर।

सदस्य 1 गुड मॉर्निंग मि. सरीन। आप हमें अपनी पारिवारिक पृष्ठभूमि, योग्यताओं, कार्य अनुभव और इस जॉब के लिए आवेदन करने के कारणों के बारे में बताइए।

कुलवंत (चारों ओर देखते हुए और तीनों साक्षात्कारकर्ताओं से बारी-बारी से नजर मिलाते हुए) सर, मेरा नाम कुलवंत सरीन है। मेरी उम्र 23 वर्ष है। मैंने हरियाणा के महेन्द्रगढ़ स्थित केन्द्रीय विश्वविद्यालय से विज्ञान में स्नातक किया है। मेरा गृहनगर हरियाणा के जींद में है। मेरे माता-पिता दोनों सरकारी शिक्षक के रूप में हरियाणा में कार्यरत् हैं। मैं विगत एक वर्ष से सेल्स असिस्टेंट के रूप में भवन-निर्माण सामग्री के वितरक के साथ कार्यरत् हूँ। मैंने कई डीलरों से सम्पर्क किया है, उनसे ऑर्डर भी लिए हैं और उनकी मार्किटिंग भी की है।

इस दौरान मैंने इस क्षेत्र की कुछ महत्त्वपूर्ण जानकारी प्राप्त की है। जिस कारण मैं आपकी जैसी संगठित कम्पनी में लम्बे समय के करियर के प्रति आश्वस्त हूँ। इसलिए मैंने इस जॉब के लिए यहाँ आवेदन किया है।

अध्यक्ष धन्यवाद। सबसे पहले, यहाँ आप केवल बाजार जाएँगे और हमारे द्वारा निर्मित विभिन्न श्रेणियों के सीमेण्ट को बाजार में बेचेंगे। आपने अपने बायोडाटा में उल्लेख किया है कि आपने भवन-निर्माण सामग्री के अतिरिक्त सीमेण्ट बेचने का भी काम किया है। क्या आप सीमेण्ट के 43 श्रेणी और 53 श्रेणी के बीच का अन्तर बता सकते हैं? इन प्रत्येक श्रेणी के सीमेण्ट का उपयोग किस प्रकार के भवन-निर्माण में किया जाता है?

कुलवंत (आत्मविश्वास के साथ) जी हाँ, सर। इन दोनों श्रेणियों के सीमेण्ट में एक बार सैट होने के बाद इनकी दबाव शक्ति में अन्तर होता है। 53 श्रेणी के सीमेण्ट में उच्चतर शक्ति होती है और उसका उपयोग आर.सी.सी. (RCC) एवं उच्च श्रेणी के प्री-स्ट्रेस्ड कंकरीट, सीमेण्ट के मसाले इत्यादि में किया जाता है, जहाँ आरम्भ में उच्च शक्ति का मानदण्ड होता। वहीं दूसरी तरफ 43 श्रेणी के सीमेण्ट का प्रयोग सामान्यत: प्लास्टर करने, आर.सी.सी. ढाँचा रहित कार्यों, रास्ता बनाने इत्यादि में किया जाता है, जहाँ आरम्भ में इसके सैट होने का समय महत्त्वपूर्ण नहीं होता। इसके साथ ही इस श्रेणी का सीमेण्ट 53 श्रेणी के सीमेण्ट की अपेक्षा 2 – 3% सस्ता भी होता है।

सदस्य 2 ठीक है, मेरी एक समस्या है, जिसका समाधान आप कर सकते हैं। कल्पना कीजिए कि मैं एक वितरक या डीलर हूँ, जो विगत कुछ महीनों से आपकी कम्पनी का सीमेण्ट बहुत कम मात्रा में बेच रहा है, जबकि कुछ समय पहले वह काफी मात्रा में सीमेण्ट बेच चुका है। आप अपनी कम्पनी के सीमेण्ट को अत्यधिक मात्रा में बेचने के लिए मुझे किस प्रकार प्रेरित करेंगे?

कुलवंत मैडम मान लीजिए कि आप मेरी डीलर हैं। मैं आपको इस प्रकार ही सम्बोधित करूँगा।

(कुलवंत अपनी आवाज बदलते हुए इस प्रकार बोलते हैं जैसे डीलर को सम्बोधित कर रहे हों) मैडम, विभिन्न श्रेणियों के सीमेण्ट को बेचने के लिए विगत वर्ष से आप हमारी सबसे मूल्यवान डीलर रही हैं, लेकिन पिछले वर्ष के कुछ महीनों में आपका ऑर्डर काफी घट गया है, जबकि भवन-निर्माण का कार्य अपने चरम पर है। विगत वर्ष आपने प्रत्येक महीना औसतन 5 टन सीमेण्ट बेचा था, लेकिन मैंने आकलन करते हुए पाया कि अब वह प्रत्येक महीना 2 टन ही रह गया है। आपको हमारी वर्तमान विपणन पॉलिसी से अवश्य अवगत होना चाहिए, जिसमें हम लोग अपने डीलरों को एक आकर्षक छूट प्रदान कर रहे हैं, जिससे डीलर वर्ष भर प्रत्येक महीना औसतन 5 टन सीमेण्ट उठा सकेगा। क्यों न आप भी इसका फायदा उठाएँ। साथ ही आप

'हमारे विभिन्न श्रेणी के सीमेण्ट की उत्पादकता का प्रयोग किस प्रकार किया जाए', के विषय में भी परामर्श प्राप्त कर सकते हैं। अन्त में हमने उन डीलरों के लिए कुछ ऑफर भी तैयार किए हैं, जो प्रत्येक महीने विभिन्न श्रेणी के सीमेण्ट की एक निश्चित मात्रा को उठाने की गारण्टी देंगे। मुझे विश्वास है कि आप इन सभी प्रोत्साहन (Incentives) पर विचार करते हुए विगत वर्ष से अत्यधिक मात्रा में हमारे सीमेण्ट को बेच सकेंगे। (बात को समाप्त करते हुए)

सदस्य 2 धन्यवाद, कुलवंत। मैंने ध्यान दिया है कि आप अंग्रेजी में धारा-प्रवाह बोलते हैं, जबकि हमारे कई वितरक और डीलर अंग्रेजी नहीं बोल सकते और न ही उतना समझ सकते हैं। आपका हिन्दी सम्प्रेषण कैसा है? बताइए।

कुलवंत मैडम मैं यहाँ का स्थानीय निवासी हूँ और इस कारण मैं हिन्दी के साथ-साथ हरियाणवी भी धाराप्रवाह बोल सकता हूँ। अपने माता-पिता के साथ ज्यादातर मैं हरियाणवी में ही बातें करता हूँ। जब मैं ग्राहक से मिलने जाता हूँ, तब ग्राहक जिस भाषा में सहज महसूस करता है, उसी भाषा में बातें करता हूँ। यह उनके साथ एक अच्छा सम्बन्ध बनाने में मदद करता है।

सदस्य 1 मि. सरीन, अभी आपने हमारे समक्ष बिक्री सम्बन्धित प्रस्तुतिकरण देते हुए 'ऑफर' के बारे में बताया। अपने उत्पाद को अधिक मात्रा में बेचने के लिए हमें डीलरों को किस प्रकार के प्रोत्साहन (Incentives) देने चाहिए?

कुलवंत सर, बाजार में प्रोत्साहन सम्बन्धी विभिन्न प्रकार की योजनाएँ और व्यवस्थाएँ हैं। उनमें से सबसे अधिक सामान्य छूट देने की है। कुछ कम्पनियाँ प्रोत्साहन सम्बन्धी विभिन्न प्रकार की योजनाएँ पेश करती हैं। ये कम्पनियाँ उत्पाद की सर्वाधिक बिक्री करने वाले डीलर को एक ब्रांडेड कार या कुछ अन्य आकर्षक उपहार प्रदान करती हैं। कुछ कम्पनियाँ 53 श्रेणी जैसे महँगे सीमेण्ट को अधिक मात्रा में बेचने पर अपने डीलर को दुबई या सिंगापुर में सैर करने की पेशकश भी देती हैं। अत: बाज़ार में अधिक मात्रा में उत्पाद बेचने वाले डीलरों के लिए विभिन्न प्रकार के आकर्षक प्रोत्साहन मौजूद हैं। इसलिए इनको प्रोत्साहन देने हेतु ऐसे प्रयास किए जाने चाहिए।

अध्यक्ष ठीक है, हमने इस जॉब की रिक्तता के लिए जो विज्ञापन जारी किया है, उसमें ऑर्डर लेने के लिए नगरों और उपनगरों की व्यापक रूप से यात्रा करनी होगी। इसका प्रबन्ध आप किस प्रकार करेंगे?

कुलवंत सर, मेरे पास स्वयं की एक होण्डा मोटर साइकिल है, जिसका प्रयोग मैं वर्तमान नौकरी में कर रहा हूँ। यह मुझे एक डीलर से दूसरे डीलर के पास निश्चित समय में पहुँचने में मदद करती है। आशा है कि कम्पनी मुझे इसके ईंधन तथा रख-रखाव के लिए उचित व्यय प्रदान करेगी।

अध्यक्ष हाँ, कम्पनी अपने विपणन कर्मियों के लिए उचित यात्रा खर्च प्रदान करती है। अत: इस विषय में आपको चिन्ता करने की आवश्यकता नहीं है। एक अन्तिम प्रश्न—आपने हमें अपनी अपेक्षित सैलरी के बारे में नहीं बताया है। आप कितनी सैलरी की आशा करते हैं और आप कितनी जल्दी जॉब को ज्वॉइन कर सकते हैं?

कुलवंत सर, मैंने अपने बायोडाटा में अपनी वर्तमान सैलरी का उल्लेख किया है। यह मेरी समेकित सैलरी है, जिसमें यात्रा खर्च के अतिरिक्त कोई अन्य खर्च सम्मिलित नहीं है। मैं आपकी कम्पनी को ज्वॉइन करूँगा यदि आप मेरी वर्तमान सैलरी में कम-से-कम 10% से 15% तक की वृद्धि करते हैं और अपने नियोक्ता से 15 दिनों में मुक्त होने के बाद ही मैं आपकी कम्पनी को ज्वॉइन करूँगा, क्योंकि मैं उनके साथ अपने सम्बन्ध को खत्म नहीं करना चाहता, क्योंकि भविष्य में मुझे उनके साथ भी डील करनी होगी। मैं जानता हूँ कि वे आपके सीमेण्ट के सबसे अच्छे वितरक हैं।

अध्यक्ष धन्यवाद आपका मि. सरीन, यदि आप चयनित होते हैं, तो हम लोग आपको सूचित करेंगे। आपका दिन शुभ हो।

कुलवंत (कुर्सी से उठकर और बोर्ड के सभी सदस्यों से हाथ मिलाते हुए) धन्यवाद सर, धन्यवाद मैडम।

(वे आत्मविश्वास के साथ कक्ष से बाहर निकल जाते हैं।)

22. सेल्स एग्जीक्यूटिव के लिए सैम्पल इंटरव्यू

मि. जफर इकबाल की उम्र 26 वर्ष है। उन्होंने उस्मानिया विश्वविद्यालय से स्नातक तथा हैदराबाद विश्वविद्यालय से मार्केटिंग में MBA किया है। MBA उत्तीर्ण करने के पश्चात् उन्होंने कानपुर स्थित एक मध्यम आकार की कम्पनी, जिसमें व्यक्तिगत उत्पादों; जैसे—हेयर ऑयल, टेलकम पाउडर, स्किन क्रीम आदि का निर्माण होता है, के विपणन विभाग में प्रबन्धन प्रशिक्षु (Management Trainee) के रूप में कार्य किया। अपने एक वर्षीय प्रशिक्षण को पूरा करने के पश्चात् जफर को उसी कम्पनी में बिक्री अधिकारी (Sales officer) के रूप में नियुक्त कर लिया गया। अब वे इस पद पर एक वर्ष या उससे अधिक वर्षों से कार्यरत् हैं। वह किसी दूसरी कम्पनी में 'सेल्स एग्जीक्यूटिव' पद के साक्षात्कार के लिए बुलावा पत्र आने पर उपस्थित होता है।

जैसे ही उनके नाम की घोषणा होती है, वे साक्षात्कार कक्ष की ओर आत्मविश्वास से बढ़ते हैं। इंटरव्यू कक्ष तक पहुँचने के बाद वे कक्ष में प्रवेश करने की अनुमति लेने के लिए दरवाजे को धीरे से खटखटाते हैं।

जफर (मध्य में बैठे व्यक्ति को सम्बोधित करते हुए) क्या मैं अंदर आ सकता हूँ, सर?

सदस्य 1 जी हाँ, मि. इकबाल आप अन्दर आ सकते हैं। (उम्मीदवार हेतु रखी गई कुर्सी की ओर इशारा करते हुए) कृपया बैठिए।

जफर (बैठते हुए) धन्यवाद सर, आप सभी को गुड मॉर्निंग।

सदस्य 1 गुड मॉर्निंग, जफर, आपके बायोडाटा से आपका कार्यानुभव स्पष्ट नहीं हो पा रहा है। क्या आप इसे विस्तार से बता सकते हैं?

जफर (सभी तीनों साक्षात्कारकर्ताओं से बारी-बारी से नजर मिलाते हुए) मैडम, मैंने कभी विचार ही नहीं किया कि आपको ज्यादा विवरण की आवश्यकता होगी, जैसा कि मुझे मूलत: व्यक्तिगत उत्पादों की बिक्री में एक वर्ष या उससे थोड़ा अधिक वर्ष का कार्यानुभव है। वर्ष के पहले चार महीनों में मैं कम्पनी में मैनेजमेण्ट ट्रेनी था। इस दौरान उन्होंने मुझे अन्य: छ: ट्रेनियों के साथ कम्पनी के सभी विभागों से परिचित कराया, जिससे हम समझ सकें कि कम्पनी किस प्रकार कार्य करती है। वह अन्तिम विभाग जिसमें हमें भेजा गया, वह सेल्स था। इस प्रशिक्षण की प्रक्रिया में, अगले आठ महीने, मैंने कम्पनी के चार विभागों में से प्रत्येक सेल्स डिपार्टमेण्ट में दो-दो महीने बिताए। अन्तत: मुझे कम्पनी के टेलकम पाउडर विभाग में सेल्स ऑफिसर (Sales officer) के रूप में नियुक्त कर लिया गया। गत 15 महीनों में मैंने उत्तर प्रदेश के अलीगढ़ जिले को कवर कर लिया है, जहाँ हमारे टेलकम पाउडर के विभिन्न प्रकार के ब्राण्डों को बेचने के लिए 2 वितरक, 30 विक्रेताकर्ता और लगभग 120 थोक व्यापारी हैं। मैं वितरकों के साथ या तो फोन पर या उनके पास जाकर प्रतिदिन विचार-विमर्श करता हूँ और उत्पाद से सम्बन्धित उनकी किसी भी समस्या का समाधान करने का पूर्ण रूप से प्रयत्न करता हूँ। जिन उत्पादों की बिक्री कम हो रही है, उनकी बिक्री को बढ़ावा देने के लिए मैं प्रत्येक विक्रेता से कम-से-कम महीने में दो बार और प्रत्येक थोक व्यापारी से महीने में एक बार अवश्य मिलता हूँ। मैं कानपुर स्थित हमारे मुख्य कार्यालय के द्वारा दी गई सारी सूचनाओं को उन लोगों तक पहुँचाने का भी काम करता हूँ। जैसा कि वितरकों के साथ हमारी शर्त है कि वे अपने ऑर्डर से पहले अग्रिम भुगतान करेंगे। मैं भुगतान को लेकर किसी विवाद में पड़ना नहीं चाहता। यही मेरे वर्तमान कार्य का प्रोफाइल है।

अध्यक्ष धन्यवाद जफर, मैंने देखा है कि आपका घर हैदराबाद में है। फिर भी आपने घर से इतनी दूर कार्य करने का निर्णय लिया। क्या आपको घर से बाहर रहने की खिन्नता का अनुभव नहीं होता?

जफर सर, मैं इससे सहमत हूँ कि मैंने अपने जीवन का बहुत समय हैदराबाद में बिताया है। फिर भी, जब मेरे कैम्पस इंटरव्यू के आधार पर वर्तमान नियोक्ता

ने मेरा चयन किया था, तब मैंने विचार किया कि यह अपने करियर को बनाने का सुनहरा अवसर है। मेरा विचार है कि घर के प्रति आकांक्षा को हमारे कार्य में अवरोधक नहीं बनना चाहिए। यदि कार्य रुचिकर है और उसके एवज में मिलने वाली राशि आकर्षक है, तो हमें कहीं भी काम करने में संकोच नहीं करना चाहिए। मैं शायद ही घर से बाहर रहने की खिन्नता का अनुभव करता हूँ, लेकिन यदि ऐसा अनुभव होता है, तो मैं अपनी माँ को फोन करता हूँ और उनसे 'दिनभर मैंने क्या सीखा' के बारे में बताता हूँ। जिससे घर की खिन्नता दूर हो जाती है।

सदस्य 2 इसका तात्पर्य है कि आप कहीं भी काम करने के लिए इच्छुक हैं। आप इस बात से तो अवगत होंगे कि हम लोग सम्पूर्ण भारत में फैले हुए हैं। मान लीजिए कि हम आपको बंगाल के किसी जिले में भेजते हैं, तो क्या आप फिर भी हमसे जुड़ना चाहेंगे? वहाँ काम करने के लिए आपको किस प्रकार की तैयारी करनी चाहिए?

जफर जी हाँ, सर, मैं आपकी कम्पनी से अवश्य जुड़ना चाहूँगा। यह मेरे बिक्री कौशल के सम्मान के लिए दूसरा मौका होगा। बंगाल में काम करने लिए मेरी प्रमुख तैयारी बांग्ला भाषा बोलना और लिखना सीखनी होगी। वहाँ वितरक एवं विक्रेता के साथ प्रभावी बातचीत करने में लाभप्रद होगा। बंगाली भाषा सीखने के प्रति मैं काफी सहज हूँ। बहुत से बंगाली व्यंजन हैदराबादी व्यंजन से काफी समानता रखते हैं।

अध्यक्ष जफर, अलीगढ़ में 15 महीनों तक टेलकम पाउडर की बिक्री के दौरान आपके सामने विभिन्न समस्याएँ आईं होगी। कृपया संक्षेप में बताइए कि आपने उन्हें कैसे सुलझाया?

जफर जी सर। अपने कार्य को करते समय मुझे बहुत-सी समस्याओं का सामना करना पड़ा और मैंने इनका समाधान भी किया। पिछले वर्ष अपने वितरकों और ग्राहकों की ओर से आई एक प्रमुख समस्या का समाधान करने में मैंने महत्त्वपूर्ण योगदान दिया। समस्या यह थी कि हमारे 400 ग्राम की पैकिंग जैसमिन टेलकम पाउडर के कुछ पैकेट 300 से 375 ग्राम के थे। प्रारम्भ में हमें इस शिकायत पर विश्वास नहीं हुआ, लेकिन जब कई ग्राहकों ने मेरे जिले में वितरकों से इस विषय में रिपोर्ट की, तो मैंने अपने सभी वितरकों और ग्राहकों से उन पैकेटों को एकत्रित किया। मैंने पाया कि उन पैकेटों के बैच नम्बर और निर्माण की तिथि एक ही है। मैंने अपनी रिपोर्ट मुख्य कार्यालय में पहुँचाई। अपने कारखाने, जो कि एक ISO9000 कम्पनी है, के रिकॉर्ड को जाँचते हुए मैंने पाया कि पैकिंग पर अंकित प्रिण्ट निर्माण की तिथि के दौरान 15 मिनट के लिए पाउडर वजन करने वाले तन्त्र में खराबी आ गई थी, जिससे आवश्यक मात्रा कम हो गई।

यह पैकेट वितरकों के माध्यम से ग्राहकों तक पहुँच गई थी। इसकी पुष्टि होने के पश्चात् हमारे प्रबन्धन ने सभी प्रभावित ग्राहकों और विक्रेता को टेलकम पाउडर का एक-एक पैकेट उपहार स्वरूप भेजा तथा साथ में माफीनामा भी संलग्न किया, जिससे समस्या का समाधान हो पाया।

सदस्य 1 बधाई हो, जफर। आपने अपने ग्राहकों को सन्तुष्ट किया। अब बताइए कि आप किस प्रकार जिले के सभी जगह की यात्रा करेंगे? क्या आपके पास अपना कोई वाहन है?

जफर मैडम, बिक्री अधिकारी बनने के बाद, मुझे कम्पनी ने एक वर्ष की मासिक किस्तों पर नई मोटर साइकिल उपलब्ध कराई थी। अब वह ऋण पूरी तरह से अदा हो चुका है और मोटर साइकिल पूर्ण रूप से मेरी हो चुकी है।

अध्यक्ष एक अन्तिम प्रश्न, जफर। आप कितना वेतन चाहते हैं और कब तक ज्वॉइन कर सकते हैं?

जफर सर, अपने बायोडाटा में मैंने वर्तमान सैलरी का उल्लेख किया है और साथ ही मैंने उसमें मिलने वाली इनसेन्टिव्स का भी उल्लेख किया है। इसलिए मुझे आशा है कि यदि आपकी कम्पनी मेरी वर्तमान सैलरी में 40% की वृद्धि के साथ सैलरी पैकेज प्रदान करेगी तो मुझे ज्वॉइन करने में कोई समस्या नहीं होगी और आपकी कम्पनी को ज्वॉइन करने के लिए मुझे अपने नियोक्ता को एक महीने पहले सूचित करने की आवश्यकता होगी, क्योंकि मैं उनसे किसी भी प्रकार से अपने सम्बन्ध बिगाड़ना नहीं चाहूँगा।

अध्यक्ष चिन्ता मत कीजिए, जफर। हम आपका अच्छे से ख्याल रखेंगे। यदि आप चयनित होते हैं, तो हम समय से आपको सूचित कर देंगे। आपका दिन शुभ हो।

जफर धन्यवाद सर, धन्यवाद मैडम,

(कुर्सी से उठकर समिति के सभी सदस्य से हाथ मिलाते हैं।)

(वे आत्मविश्वास के साथ कक्ष से बाहर निकल जाते हैं।)

23. सेल्स मैनेजर के लिए सैम्पल इंटरव्यू

एक सेल्स मैनेजर कम्पनी के बिक्री लक्ष्य को पूरा करने के लिए उत्तरदायी होता है, जिसे कम्पनी प्रभावी योजना और क्रियान्वयन के माध्यम से नियुक्त करती है। सेल्स मैनेजर का उत्तरदायित्व, जिस कम्पनी के लिए वे काम करते हैं, उसके आकार के अनुसार निर्धारित होता है। 34 वर्षीय अभिजीत घोष ने NIT, पटना से मैकेनिकल इंजीनियरिंग डिग्री प्राप्त करने के पश्चात् बंगलुरु स्थित एक प्रबन्धन संस्थान से MBA किया है। उनका कुल 9 वर्ष का कार्य अनुभव कृषि क्षेत्र और वाहन क्षेत्र से सम्बन्धित सेल्स और मार्केटिंग का है। उन्हें सेल्स मैनेजर के पद के साक्षात्कार के लिए बुलाया गया है, जो निजी क्षेत्र में एक ट्रैक्टर

निर्माता कम्पनी के पूर्वोत्तर क्षेत्र (पूर्व और पूर्वोत्तर भारत को कवर करेगा) की सेल्स के लिए उत्तरदायी होगा।

जब उनके नाम की घोषणा हुई, तो वे आत्मविश्वास के साथ इंटरव्यू कक्ष की ओर कदम बढ़ाते है और धीरे से दरवाजा खटखटाकर पूछते हैं।

अभिजीत क्या मैं अन्दर आ सकता हूँ सर?

अध्यक्ष जी हाँ, मि. घोष (उम्मीदवार हेतु रखी गई कुर्सी की ओर इशारा करते हुए) कृपया अन्दर आइए और अपना स्थान ग्रहण कीजिए।

अभिजीत (स्थान ग्रहण करते हुए एवं चारों ओर देखते हुए) धन्यवाद, गुड मॉर्निंग सर।

महिला मैं पैनल के सदस्यों से आपका परिचय कराऊँगी। मि. सुशील लाम्बा (अध्यक्ष की ओर इशारा करते हुए) हमारे मार्किटिंग डायरेक्टर हैं। मि. सदानन्द गोपीनाथ (सदस्य 1 की ओर इशारा करते हुए) हमारे सेल्स हैड हैं। मि. ई.सी. कृष्णन (सदस्य 2 की ओर इशारा करते हुए) हमारे सर्विस हैड हैं। मैं लक्ष्मी विश्वनाथ HR मैनेजर हूँ। अब साक्षात्कार आरम्भ करते हैं। मि. घोष, आपका बायोडाटा मुख्य बिन्दुओं पर प्रकाश डालता है। आपने 9 वर्ष के अपने करियर के दौरान विभिन्न क्षेत्रों से सम्बन्धित तीन कम्पनियों में काम किया है। अब आप फिर से परिवर्तन चाहते हैं। इस अस्थिरता का कारण क्या है?

अभिजीत मैडम, क्षमा कीजिएगा, लेकिन मेरा जॉब का प्रथम वर्ष केवल मैनेजमेण्ट ट्रेनी के रूप में था। हरियाणा स्थित सार्वजनिक क्षेत्र की ट्रैक्टर निर्माता कम्पनी में मेरा प्रशिक्षण समाप्त होने के पश्चात् मैंने उसे छोड़ दिया। उसके पश्चात् मैंने संगठित क्षेत्र की कम्पनी के सेल्स विभाग में नौकरी की, जो खेती के कार्यों हेतु पम्प का निर्माण करती है और जिसका मुख्यालय फरीदाबाद में है। मैंने वहाँ सेल्स विभाग में 5 वर्षों तक काम किया, जिसमें मेरी पोस्टिंग असम (3 वर्ष) में और झारखण्ड (2 वर्ष) में रही। मैनेजमेण्ट में बदलाव के कारण उस कम्पनी का व्यापार घटने लगा। यह सब बहुराष्ट्रीय कम्पनी के द्वारा कम्पनी को खरीदे जाने के कारण हुआ। तब मुझे एहसास हुआ कि यह समय आगे बढ़ने का है, क्योंकि ग्राहकों की खराब प्रतिक्रिया के कारण उन्होंने पम्प विभाग को बन्द कर दिया। शीघ्र ही मुझे एक नई कम्पनी में असिस्टेण्ट सेल्स मैनेजर के रूप में जॉब मिल गई, जो भारत में ट्रैक्टर का आयात और विक्रय करती है। दो वर्ष पहले मुझे इस कम्पनी में पदोन्नत किया गया और पूर्वोत्तर क्षेत्र का सेल्स इंचार्ज बना दिया। जहाँ मैं पश्चिम बंगाल, बिहार, झारखण्ड और ओडिशा को कवर करता था। यद्यपि इस कम्पनी की बिक्री सीमित है, क्योंकि ये केवल 65 हॉर्स पावर या उससे अधिक उच्च क्षमता वाले ट्रैक्टर बेचते हैं, जिससे अत्यधिक कीमत होने के कारण किसानों द्वारा इसकी माँग अधिक नहीं है। अब मैं महसूस करता हूँ कि इस समस्या के

कारण मेरा करियर बुरी तरह प्रभावित हो रहा है। इसलिए मैं आपकी जैसी कम्पनी से जुड़ना चाहता हूँ, क्योंकि आपकी कम्पनी उत्तर और पश्चिम भारत में सफल है।

अध्यक्ष ठीक है मि. घोष, हम आपकी स्थिति को समझते हैं, क्योंकि आप पूर्व और उत्तर-पूर्व क्षेत्र में भी काम कर चुके हैं, हम भी उसी क्षेत्र में एक 'ट्रैक्टर बिक्री प्रमुख' को नियुक्त करना चाहते हैं, जहाँ अगले महीने में हम लोगों ने अपने उत्पाद के विपणन की योजना बनाई है। क्या आप हमें बता सकते हैं कि आप इसे कैसे व्यवस्थित करेंगे?

अभिजीत (आत्मविश्वास से) निश्चित सर, मैं वहाँ के बाजार से परिचित हूँ और भली-भाँति समझता भी हूँ, क्योंकि उस क्षेत्र के अधिकतर किसान लघु या मध्यम स्तर के किसान हैं। इसलिए उच्च शक्ति वाला ट्रैक्टर, जिसकी कीमत अधिक हो, उस क्षेत्र के बाजार के लिए अच्छा नहीं होगा। यहाँ अधिकतर किसानों को केवल 25 HP और 35 HP वाले ट्रैक्टर की आवश्यकता है। इस बाजार के लिए मेरी योजना है कि प्रत्येक राज्य की राजधानी में एक मुख्य विक्रेता रखना होगा। यह मुख्य विक्रेता राज्य के प्रमुख शहरों व उप नगरों में कुछ उप-विक्रेता रखेगा। पश्चिम बंगाल जैसे बड़े राज्य में आठ या दस उप-विक्रेता और छोटे राज्य में चार या पाँच उप-विक्रेता रखे जाने चाहिए।

हमें ऐसे विक्रेताओं को नियुक्त नहीं करना चाहिए, जो इस क्षेत्र में पेशेवर नहीं हैं, क्योंकि इससे आरम्भिक बिक्री प्रभावित हो सकती है। सभी विक्रेता आर्थिक रूप से मजबूत होने चाहिए और आपूर्ति हेतु त्वरित भुगतान में उनका पिछला रिकॉर्ड बेहतर होना चाहिए। ग्राहकों को सेवा उपलब्ध कराना, ट्रैक्टर की बिक्री में महत्त्वपूर्ण पहलू होना चाहिए। सभी उप-विक्रेताओं को पूर्णकालिक स्थानीय ट्रैक्टर टेक्नीशियन और इंजीनियर उपलब्ध कराना होगा, जिसे हमारी फैक्ट्री में प्रत्येक मॉडल के ट्रैक्टर के संचालन एवं रख-रखाव हेतु प्रशिक्षित किया जाएगा। प्रत्येक राज्य में मुख्य विक्रेता एक सेवा प्रभारी की नियुक्ति, जो उप-विक्रेताओं और ग्राहकों के लिए कल-पुर्जों और अन्य पुर्जों की आपूर्ति का समायोजन करेगा, जिससे बिक्री और सेवा का नेटवर्क सुचारु रूप से संचालित हो पाएगा और ग्राहकों को सन्तुष्ट किया जा सकेगा।

सदस्य 1 (रोकते हुए) बहुत अच्छा, हम समझ चुके हैं कि आप किस प्रकार बिक्री और सेवा का नेटवर्क (Network) बनाएँगे। लेकिन, यह बताइए कि आप प्रत्येक राज्य और उप-विक्रेता के लिए बिक्री के लक्ष्य का निर्धारण किस प्रकार करेंगे? क्या बिक्री को बढ़ाने के लिए लक्ष्य निर्धारण महत्त्वपूर्ण नहीं है?

अभिजीत (सदस्य 1 की ओर घूमते हुए) जी सर, मैं उस बिन्दु पर ही आ रहा था। बिक्री में वृद्धि के लिए, हमारे पास विक्रेताओं को प्रोत्साहित करने का

कार्यक्रम (Incentive Programme) अवश्य होना चाहिए। प्रत्येक ट्रैक्टर के बेचने पर मुख्य विक्रेता और उप-विक्रेता दोनों को निर्धारित लक्ष्य से अधिक या उससे भी अधिक बिक्री के लिए उनको सामान्य कमीशन के अतिरिक्त और भी राशि दी जानी चाहिए, चाहे वह राशि नकद हो या किसी वस्तु के रूप में हो। प्रत्येक तीन माह के अन्दर विक्रेताओं के साथ लक्ष्य निर्धारण के सम्बन्ध में विचार-विमर्श किया जाना चाहिए। हमारी मार्किटिंग टीम इन लक्ष्यों के निर्धारण में सहायता करने के लिए मुख्य विक्रेताओं और उप-विक्रेताओं के पास आती रहेगी। पूर्वोत्तर क्षेत्र में बिक्री पर आधारित वार्षिक कार्यक्रमों का आयोजन किया जाना चाहिए, जिसमें विक्रेताओं से मिलकर उन्हें यह बताया जाए कि हम उनसे क्या उम्मीद रखते हैं तथा प्रत्येक राज्य में बिक्री के लिए क्या अपेक्षित लक्ष्य का निर्धारण किया जाना चाहिए। इससे विक्रेताओं में उत्साह बढ़ेगा और लक्ष्यों तक पहुँचना भी आसान हो पाएगा।

सदस्य 2 आपने हमें विक्रेता की नियुक्ति और उनके लक्ष्यों के बारे में बताया। आप किस प्रकार के विपणन कर्मचारियों को रखने की योजना बना रहे हैं और किस आधार पर आप उनका चुनाव करेंगे?

अभिजीत (सदस्य 2 की ओर घूमते हुए) जी सर, मैंने उन कर्मचारियों के बारे में बताया, जिनकी मुझे आवश्यकता होगी। प्रत्येक राज्य में मुझे एक विक्रय अधिकारी या विक्रय इंजीनियर रखना होगा, जो उन राज्यों के लिए त्रैमासिक बिक्री के लक्ष्यों को प्राप्त करने के लिए मुख्य विक्रेता के अतिरिक्त भी उत्तरदायी होगा। उसे लक्ष्य से अधिक बिक्री होने पर प्रोत्साहन राशि भी मिलेगी। प्रत्येक विक्रय अधिकारी के नीचे राज्य को पूरा कवर करने के लिए एक या दो विक्रय प्रतिनिधि काम करेंगे। विक्रय अधिकारी अपने साथ व्यापार से सम्बन्धित सेवाओं की देख-रेख के लिए एक 'सर्विस एण्ड स्पेयर्स कॉर्डिनेटर' भी रखेगा। यह कॉर्डिनेटर एक टेक्नीशियन होगा, जो ग्राहकों की सेवा सम्बन्धित किसी भी समस्या को दूर करने के लिए उपस्थित रहेगा। इस तरह का समाधान विक्रेता स्तर पर नहीं हो पाएगा। मैं और हमारे कर्मचारियों, मुख्य विक्रेताओं और उप-विक्रेताओं के बीच के सामंजस्य को सुनिश्चित करने के लिए महीने में कम-से-कम एक बार प्रत्येक राज्य का दौरा करेंगे। मेरे पास पूर्वोत्तर क्षेत्र के मुख्यालय के मेरे कार्यालय में एक कॉर्डिनेटर भी होगा, जो यह सुनिश्चित करेगा कि कारखाने से वस्तुओं का आवागमन मुख्य विक्रेता और उप-विक्रेता के पास समय से पहुँचा कि नहीं। यह कॉर्डिनेटर यह भी सुनिश्चित करेगा कि कारखाने से क्षेत्रों तक अतिरिक्त कल-पुर्जों और अन्य खपत होने वाली वस्तुओं की आपूर्ति समय पर हो रही है या नहीं।

अध्यक्ष मि. अभिजीत, क्या आपने मुख्य विक्रेता और उप-विक्रेता को ट्रैक्टर के साथ-साथ अतिरिक्त कल-पुर्जों और खपत होने वाली वस्तुओं की आपूर्ति के लिए होने वाले भुगतान की शर्तों के बारे में क्या सोचा है?

अभिजीत सर, जैसे कि कम्पनी पहले से ही भारत के दो क्षेत्रों में ट्रैक्टरों को बेच रही है। इन क्षेत्रों में भुगतान के जिन नियमों का पालन हो रहा है, उन नियमों का पालन यहाँ भी होना चाहिए अन्यथा इससे समस्या उत्पन्न हो सकती है। यद्यपि इस कम्पनी में सामान्य नियम है कि मुख्य विक्रेता जब कभी भी ट्रैक्टर की आपूर्ति के लिए ऑर्डर करेगा, ट्रैक्टर की पूरी कीमत अदा करेगा। मुख्य विक्रेता और उप-विक्रेता के साथ भुगतान की शर्तों में भिन्नता हो सकती है, हम लोग उसमें किसी भी प्रकार का हस्तक्षेप नहीं कर पाएँगे। यह कई कारणों पर निर्भर करता है, जिन पर हमारा नियन्त्रण नहीं है। यद्यपि हम मुख्य विक्रेता और किसी उप-विक्रेता के बीच मध्यस्थता कर सकते हैं, यदि उनके बीच भुगतान को लेकर विवाद होता है।

महिला (सभी बोर्ड के सदस्यों की ओर देखते हुए) मेरा विचार है कि आपने पूर्वोत्तर क्षेत्रों में हमारे ट्रैक्टर के विपणन के सभी पहलुओं को कवर कर लिया है। जबकि हमने अभी तक आपकी सैलरी के बारे में विचार नहीं किया है। इस सम्बन्ध में आपकी अपेक्षाएँ क्या हैं?

अभिजीत मैडम, मैंने अपने बायोडाटा में अपनी वर्तमान सैलरी के बारे में बता दिया है। मैंने इन्सेन्टिव्स, बोनस आदि का भी अलग से उल्लेख कर दिया है। यदि मेरी वर्तमान सैलरी में 10% से 15% तक की वृद्धि कर दी जाए, तो मैं आपकी कम्पनी से जुड़ना चाहूँगा। आपको दी गई प्रोत्साहन राशि के बारे में लक्ष्य के आधार पर विचार-विमर्श किया जाएगा।

अध्यक्ष मेरे विचार में आपको नियुक्त करने के लिए हम लोग एक बार विचार-विमर्श करेंगे, इस स्तर पर नियुक्ति के लिए हमारे प्रबन्धक निदेशक की सहमति आवश्यक है। वे अगले सप्ताह आपसे मिलना चाहते हैं। यदि आपका चयन होता है, तो आप हमारी कम्पनी को कब तक ज्वॉइन कर सकते हैं? हम अगले महीने में पूर्वोत्तर में बिक्री प्रारम्भ करने की योजना बना रहे हैं।

अभिजीत सर, मैंने अपने बायोडाटा में इसका उल्लेख किया है कि वर्तमान जॉब को छोड़ने के लिए 30 दिन की नोटिस अवधि निर्धारित है। यदि मैं पहले छोड़ना चाहूँगा, तो ये गलत होगा। आप आश्वस्त रहें, बिक्री के प्रारम्भिक लॉन्च तक मैं आपकी कम्पनी को अवश्य ज्वॉइन कर लूँगा और रही बात प्रबन्धक निदेशक से मिलने की, तो जब मुझे सूचित किया जाएगा तब उनसे मिल लूँगा।

अध्यक्ष धन्यवाद, मि. अभिजीत, जब हमारे MD आपसे मिलना चाहेंगे हम आपको सूचित करेंगे। आपका दिन मंगलमय हो।

अभिजीत (कुर्सी से उठकर और बोर्ड के सभी सदस्यों से हाथ मिलाते हुए)

धन्यवाद सर, धन्यवाद मैडम।

(वे पीछे घूमते हैं और आत्मविश्वास के साथ कक्ष से बाहर निकल जाते हैं।)

24. IT कॉर्डिनेटर के लिए सैम्पल इंटरव्यू

28 वर्षीय कमल गोपालकृष्णन ने राष्ट्रीय तकनीकी संस्थान (NIT) से कम्प्यूटर साइंस में बी.टेक किया है। उन्होंने एक कम्प्यूटर नेटवर्किंग ऑर्गेनाइजेशन में दो वर्ष तक सेवा प्रदाता इंजीनियर के रूप में काम किया, जहाँ से उन्होंने CCNA की योग्यता भी हासिल की है। पिछले तीन वर्षों से वह मध्यम आकार की निर्माणक कम्पनी में IT प्रमुख के रूप में काम कर रहे हैं। इस कम्पनी ने अपने विभिन्न प्रकार के पेपरवर्क को अब कम्प्यूटराइज्ड कर लिया है; जैसे—क्रय पद्धति, लेखा पद्धति, एच.आर. प्रशासन, बिक्री एवं सेवाएँ आदि। जब किसी अन्य कम्पनी में IT कॉर्डिनेटर के इंटरव्यू के लिए कमल गोपालकृष्णन के नाम की घोषणा हुई, तो वे आत्मविश्वास के साथ साक्षात्कार कक्ष की ओर बढ़े तथा अन्दर जाने की अनुमति लेने के लिए धीरे से दरवाजे पर दस्तक दी।

कमल (केन्द्र में बैठे हुए व्यक्ति को देखते हुए) क्या मैं अन्दर आ सकता हूँ, सर?

अध्यक्ष जी हाँ, मि. गोपालकृष्णन, आप अन्दर आ सकते हैं। (उम्मीदवार हेतु कुर्सी की ओर इशारा करते हुए) कृपया अपना स्थान ग्रहण कीजिए।

कमल (बैठते हुए) धन्यवाद सर, गुड मॉर्निंग सर।

सदस्य 1 गुड मॉर्निंग मि. गोपालकृष्णन, हमें बताइए कि अपनी इंजीनियरिंग की डिग्री लेने के बाद आप क्या कर रहे हैं?

कमल (चारों तरफ देखते हुए और तीनों साक्षात्कारकर्ताओं से बारी-बारी से नजर मिलाते हुए।) जी हाँ, सर, जब मैं अपनी डिग्री के अन्तिम वर्ष में था, मुझे एक जॉब की तलाश थी, जिससे मैं अपने तकनीकी कौशल का उपयोग कर सकूँ। मैं एक कम्पनी में सेवा प्रदाता इंजीनियर के रूप में चयनित हो गया, जो कम्प्यूटर नेटवर्क को इंस्टॉल करने और उसके रख-रखाव का काम करती थी। साथ ही साथ मैंने CCNA की योग्यता हासिल की, जिसकी इस जॉब में अत्यधिक आवश्यकता है। इस कम्पनी में दो वर्ष काम करने के पश्चात् एक उत्पादन सम्बन्धी ऑर्गेनाइजेशन के द्वारा मुझसे सम्पर्क किया गया। इस ऑर्गेनाइजेशन ने अभी अपने सभी पेपरवर्क को कम्प्यूटरीकृत करना शुरू ही किया था। वे चाहते थे कि मैं उनकी कम्प्यूटर प्रणाली और नेटवर्क को उपयुक्त ERP (Enterprise Resource Planning) प्रणाली के साथ तैयार कर दूँ। मुझे काम के व्यापक क्षेत्र के लिए एक अवसर प्रदान किया जा रहा था, इसलिए मैं उस कम्पनी में स्थानान्तरित हो गया। आगामी एक वर्ष के दौरान, मेरे मार्गदर्शन में काम करने वाले दो इंजीनियरों की मदद से मैंने इनकी सम्पूर्ण ERP प्रणाली को तैयार कर दिया। उस समय मैं इंस्टॉल करने तथा हार्डवेयर की मरम्मत करने और सॉफ्टवेयर की समस्या का निवारण करने के लिए लम्बे समय तक काम करता था, जिससे मैं आश्वस्त हो सकूँ कि कम्प्यूटर प्रणाली अभी भी अच्छी चल रही है। शीघ्र ही मुझे पुरस्कार स्वरूप

IT प्रमुख के रूप में नामित किया गया। उसके पश्चात् मैंने कम्पनी प्रबन्धन के साथ-साथ उपयोगकर्ता (User) की सन्तुष्टि के लिए सम्पूर्ण कम्प्यूटर नेटवर्क के नियमित रख-रखाव का काम जारी रखा।

सदस्य 2 फिर आप अपनी जॉब क्यों बदलना चाहते हैं, मि. गोपालकृष्णन? आप अपनी नौकरी से कब सन्तुष्ट होंगे? क्या आप वहाँ खुश नहीं हैं?

कमल सर, मैं हमेशा चुनौतियों की तलाश में रहता हूँ, चाहे वे तकनीकी हों या प्रबन्धकीय। आपकी कम्पनी मेरे वर्तमान नियोक्ता से काफी बड़ी है और मुझे विश्वास है कि मैं आपके विविध कार्यों को करने में महत्त्वपूर्ण योगदान दे सकूँगा तथा मेरे ज्ञान और अनुभव दोनों में अपूर्व वृद्धि होगी। (जैसे ही बोलते हुए थोड़ा रुकते हैं, इंटरव्यू बोर्ड के अध्यक्ष उन्हें बीच में ही रोकते हैं।)

अध्यक्ष (अन्य सदस्यों की ओर देखते हुए) कमल हम नए विभाग में कम्प्यूटर प्रणाली के प्रमुख के लिए एक व्यक्ति की तलाश कर रहे हैं। इस नए विभाग को हम अभी तैयार कर रहे हैं। यदि आप आगामी कुछ महीने के लिए बिना गम्भीर समस्या के इसे आगे ले जा सकते हैं, तो हम आपको सम्पूर्ण कम्पनी के IT कार्य प्रणाली के प्रमुख के रूप में चयन कर सकते हैं। इसलिए हमें बताइए कि जब नए विभाग को कम्प्यूटरीकृत किया जा रहा है, तब आप किस महत्त्वपूर्ण विचार पर अधिक ध्यान देंगे।

कमल जी हाँ, सर, यहाँ तीन मूलभूत विचार हैं, जो मेरे प्रेक्षण पर आधारित हैं कि आपकी वर्तमान कार्यप्रणाली नेटवर्ककृत नहीं है, कम्प्यूटरीकरण के माध्यम से सर्जनात्मक, नियमित कार्यों को स्वैच्छिक प्रणाली के रूप में आगे बढ़ाया जा रहा है। मेरा विश्वास है कि आपका लेखांकन सॉफ्टवेयर स्वयं को प्रमाणित करने में लगा है। ये तीन विचार हार्डवेयर, सॉफ्टवेयर अर्थात् ERP प्रणाली का चयन किया जाए जो नेटवर्किंग आदि से सम्बन्धित हैं। प्रथमतया मैं हार्डवेयर के बारे में स्पष्ट करना चाहूँगा। ERP प्रणाली के साथ जिस सामान्य कॉन्फिगरेशन (Configuration) का प्रयोग किया जाता है, वह थिन क्लाइण्ट कॉन्फिगरेशन (Thin Client Configuration) है।

इसका तात्पर्य है कि वहाँ एक मुख्य सर्वर होता है जिस पर ERP इंस्टॉल किया जाता है और सभी कम्प्यूटर टर्मिनल बिना स्टोरेज और कम्प्यूटिंग के केवल डम्ब टर्मिनल होते हैं। यह ERP को प्रभावी रूप से प्रयोग में लाने के लिए सबसे अच्छा कॉन्फिगरेशन है। आगे मैं सॉफ्टवेयर के बारे में स्पष्ट करना चाहूँगा अर्थात् ERP प्रणाली के बारे में; सामान्यत: इस प्रकार की लाइसेंस प्राप्त प्रणाली महँगी होती है और प्रयोगकर्ता को प्रभावी तरीके से प्रयोग करने; जैसे—रिपोर्ट तैयार करने, प्रश्नों का उत्तर देने और अन्य कई महत्त्वपूर्ण कार्यों को करने के लिए प्रशिक्षित करना पड़ता है। ERP का चयन नए विभाग के आकार पर आधारित होगा, जिसका हम लोग कम्प्यूटरीकरण

कर रहे हैं, लेकिन बाद में सम्पूर्ण ऑर्गेनाइजेशन के लिए यह आकार में आवश्यक विस्तार करने के लिए भी सक्षम होना चाहिए। अन्ततः मैं आपको नेटवर्क प्रणाली के बारे में स्पष्ट करना चाहूँगा। यह सभी के लिए सबसे सरल है। नेटवर्क के कठोर तारों को प्रत्येक स्थान पर; जैसे—कारखाने में, मुख्यालय में और विभिन्न बिक्री कार्यालयों में, इंस्टॉल किया जाना चाहिए। इन स्थानों के प्रत्येक सर्वर को मुख्यालय पर वायरलैस नेटवर्क प्रणाली के माध्यम से मुख्य सर्वर से जोड़ा जाना चाहिए। यह कॉन्फिगरेशन सबसे किफायती और सबसे अधिक विश्वसनीय होता है। मैंने इस प्रकार की प्रणाली लघु पैमाने पर अपने वर्तमान नियोक्ता के साथ लागू की और वह सफलतापूर्वक काम कर रही है।

सदस्य 1 धन्यवाद, क्या आप ऐसी किसी विशेष समस्या का उदाहरण दे सकते हैं, जिसे आपने अपने वर्तमान ऑर्गेनाइजेशन में अपने तकनीकी ज्ञान और समस्या को हल करने की दक्षता का उपयोग करते हुए उसका समाधान किया हो?

कमल जी हाँ, सर। इस प्रकार के कई मामले हैं, लेकिन मैं हाल ही की समस्या का उल्लेख करना चाहूँगा, जिसके कारण प्रारम्भ में तो हम परेशान हो गए, लेकिन बाद में तकनीकी मामलों पर सावधानीपूर्वक विचार करने के पश्चात् उसका समाधान हो गया। हाल ही में हमने अपने ERP के सॉफ्टवेयर को अपडेट किया है।

इस सॉफ्टवेयर के अपडेट से पहले एक कर्मचारी ने कम्पनी छोड़ दी, जिसके कारण जिस कम्प्यूटर सिस्टम पर वह काम करता था, उसे रिमूव कर दिया गया, इसलिए सर्वर में उसके अनुरूप सॉफ्टवेयर का अपग्रेडेशन नहीं हुआ। अपग्रेडेशन के पश्चात् जब एक नया कर्मचारी ज्वॉइन हुआ, तब यह सिस्टम फिर से जुड़ गया। फिर भी हमारे इंजीनियर के सारे प्रयासों के बावजूद यह सुचारु रूप से काम नहीं कर सका। मुझे इस समस्या के अवलोकन के लिए कहा गया। जब मैंने सर्वर में इस सिस्टम के लिए सॉफ्टवेयर कोड को जाँचा, तो मैंने पाया कि कोड को अपडेट नहीं किया गया था। कोड को नए वर्जन में अपग्रेड करने पर सिस्टम ने सुचारु रूप से काम करना आरम्भ कर दिया। इससे कार्य सहजतापूर्वक होने लगे और सभी ने इसे स्वीकारा।

सदस्य-2 मि. गोपालकृष्णन, आपने हमें इस बारे में बताया ही नहीं कि आपको कितनी सैलरी चाहिए। आपकी अपेक्षाएँ क्या हैं और कितनी जल्दी आप यहाँ ज्वॉइन कर सकते हैं? यदि आपका चयन होता है तो?

कमल सर, मेरे बायोडाटा में मैंने अपनी वर्तमान सैलरी का उल्लेख किया है। यदि आपकी कम्पनी मुझे मेरी वर्तमान सैलरी से 10% अधिक सैलरी प्रदान करती है तो मैं शीघ्र ही ज्वॉइन कर लूँगा। हालाँकि मेरी वर्तमान कम्पनी में नोटिस

अवधि एक महीने की है, परन्तु अभी मैं वहाँ किसी महत्त्वपूर्ण कार्य में व्यस्त नहीं हूँ। इसलिए कम्पनी को इस सन्दर्भ हेतु आग्रह किया जा सकता है।

अध्यक्ष धन्यवाद कमल, यदि आप चयनित होते हैं, तो हम समुचित रूप से आपको सूचित करेंगे। आपका दिन शुभ हो।

कमल (कुर्सी से उठकर कमेटी के सभी सदस्यों से हाथ मिलाते हैं।)

धन्यवाद सर।

(वे आत्मविश्वास के साथ उठते हैं और इंटरव्यू कक्ष से बाहर निकल जाते हैं।)

25. स्कूल टीचर के लिए सैम्पल इंटरव्यू

25 वर्षीय नमिता बिष्ट ने राज्य के किसी विश्वविद्यालय से कला (इतिहास, भूगोल और राजनीति विज्ञान) में स्नातक किया है। दो वर्ष पहले उन्होंने प्रथम श्रेणी के साथ बी.एड. उत्तीर्ण हुई है। तब से वे छोटे शहर में स्थित प्राथमिक विद्यालय में कक्षा VI, VII और VIII के छात्रों को सामाजिक विज्ञान पढ़ा रही हैं।

हालाँकि इन्होंने CTET की परीक्षा दी है, जिसके परिणाम अभी घोषित नहीं हुए हैं। इसी बीच CBSE से मान्यता प्राप्त किसी विद्यालय में TGT के पद पर चयन हेतु इंटरव्यू स्थल पर उपस्थित होती है।

इंटरव्यू के लिए नाम बुलाए जाने पर नमिता आत्मविश्वास के साथ साक्षात्कार कक्ष की ओर कदम बढ़ाती हैं। अन्दर जाने की अनुमति लेने के लिए नमिता दरवाजे को धीरे से खटखटाती हैं।

नमिता क्या मैं अन्दर आ सकती हूँ, सर? जी हाँ, मिस बिष्ट (उम्मीदवार हेतु रखी कुर्सी की ओर इशारा करते हुए) कृपया बैठिए।

नमिता (बैठते हुए) धन्यवाद सर, गुड मॉर्निंग सर।

सदस्य 1 गुड मॉर्निंग नमिता, हमें बताइए कि आप किस विषय का उत्तम तरीके से अध्यापन कर सकती हैं?

नमिता (चारों ओर देखते हुए और तीनों साक्षात्कारकर्ताओं से बारी-बारी से नजर मिलाते हुए) मैडम, वर्तमान में मैं एक प्राथमिक विद्यालय में कक्षा VI से VIII तक के छात्रों को सामाजिक विज्ञान के सभी विषयों को पढ़ाती हूँ। मैं इन सभी विषयों को समान रूप से पसन्द करती हूँ। इतिहास में कई रुचिकर कहानियाँ हैं, जिन्हें मैं छात्रों को कहानी की तरह पढ़ाती हूँ। भूगोल हमें हमारी पृथ्वी और अन्य प्राकृतिक घटनाओं के बारे में बहुत रोचक तथ्यों की जानकारी देता है। मैं हमेशा छात्रों को इन घटनाओं के बारे में विस्तार से

बताने के लिए उन्हें कक्षा से बाहर ले जाती हूँ और इन घटनाओं को व्यावहारिक रूप से दिखाती हूँ। राजनीति विज्ञान को उत्तम तरीके से पढ़ाने से राजनीति से सम्बन्धित विभिन्न अवधारणाएँ स्पष्ट हो जाती हैं, मैं कभी-कभी समाचार-पत्रों को कक्षा में ले आती हूँ। ताकि अवधारणा सम्बन्धित तथ्यों को व्यावहारिक उदाहरणों के माध्यम से समझा सकूँ। इस तरह से विषयों को समझाने का प्रयास करती हूँ।

अध्यक्ष आपके अध्यापन का तरीका रोचक है। अब हमें बताइए कि आपने इस जॉब के लिए आवेदन क्यों किया?

नमिता सर, मैं जानती हूँ कि यह पद TGT के लिए विज्ञापित है और जो सैलरी मुझे अपनी वर्तमान जॉब में मिलती है, उससे बेहतर यहाँ मिलेगी, क्योंकि आपका विद्यालय CBSE से मान्यता प्राप्त है, अत: यह मेरे करियर को एक बेहतरीन अवसर प्रदान करेगा। इसके साथ-साथ यदि मैं CTET की परीक्षा में सफल होती हूँ, तो मेरे करियर की सम्भावनाएँ पहले से और बेहतर हो जाएँगी। मुझे विश्वास है कि मैं CTET की परीक्षा में अवश्य उत्तीर्ण हो जाऊँगी।

मैंने बाल मनोविज्ञान की तैयारी काफी लगन से की थी। अत: मेरा विश्वास है कि उसी वर्ग में मुझे अच्छे अंक प्राप्त होंगे।

सदस्य 2 बहुत बढ़िया। अभी आप बाल मनोविज्ञान के बारे में बात कर रही थीं, अत: आप अपने अध्यापन अनुभव से प्रश्नों का उत्तर दे सकती हैं, तो बताइए क्या आपने कभी अपनी किसी कक्षा में दृढ़ अनुशासनात्मक समस्या (Persistent Disciplinary Problem) का सामना किया है? यदि हाँ तो आपने इसे कैसे सुलझाया?

नमिता (थोड़ी देर के लिए सोचती हैं और फिर बोलती हैं) जी हाँ, मैम, गत वर्ष मेरे विद्यालय में कक्षा VIII के एक वर्ग में ऐसा ही कुछ घटित हुआ। जब मैं ब्लैक बोर्ड पर कुछ लिख रही थी, तो एक लड़का दूसरे लड़कों का मजाक उड़ा रहा था। मेरे पीछे घूमने के बाद मैं उसकी पहचान नहीं कर सकी। अन्य छात्रों से उसके बारे में बार-बार शिकायत मिलने के पश्चात् मैंने उसे रंगे हाथ पकड़ने का निश्चय किया। मैंने एक छात्रा को दण्ड देने का नाटक करते हुए उससे कहा कि ब्लैक बोर्ड पट के पास खड़ी हो जाओ लेकिन अपना चेहरा छात्रों की ओर ही रखना। मैंने छात्रा को कहा कि जब वह लड़का अन्य छात्रों की मजाक उड़ाए तो अपने हाथ को हिलाकर मुझे इशारा कर देना। थोड़ी देर बाद उस छात्रा के संकेत करते ही मैं तुरन्त पीछे की ओर घूम गई और उस लड़के को रंगे हाथ पकड़ लिया। मैंने अन्य छात्रों के सामने उसे दण्डित नहीं किया, लेकिन कक्षा समाप्त होने के पश्चात्, अन्तराल के दौरान, मैंने उस लड़के को अध्यापक कक्ष में बुलाया और उसको समझाया। कारण यह था कि जो मैं पढ़ा रही थी, उसे कुछ भी समझ में नहीं आ रहा था, क्योंकि जब

उसकी माँ बीमार हो गई और उसकी देखभाल के लिए घर पर कोई नहीं था, तब उसने कुछ दिनों के लिए कुछ महत्त्वपूर्ण कक्षा छोड़ दी थी। इसलिए वह अपना समय मजाक करके बिताता था। उसी शाम विद्यालय के पश्चात् मैं उस लड़के के घर गई और उसकी माँ से बात की। मैंने उनको सलाह दी कि कुछ दिनों के लिए विद्यालय के बाद लड़के को एक घण्टा रुकने की अनुमति दे दें, जिससे कि मैं उसके छुटे हुए कक्षा कार्य को पूरा करा सकूँ और उसे समझा सकूँ। इस प्रकार वह लड़का निर्देशानुसार आगे के कार्य को करने लगा।

सदस्य 2 धन्यवाद नमिता, क्या आपको लगता है कि आप हमारे विद्यालय में भी इसी तरह सक्रिय तरीके से काम कर सकती हैं?

नमिता जरूर मैम, क्यों नहीं? यदि मेरे छात्रों की समस्याएँ हल हो जाती हैं, तो वे अपनी परीक्षा में बेहतर कर सकेंगे। यहाँ मुझे अधिक मेहनत करनी होगी, क्योंकि हमें छात्रों को बोर्ड परीक्षा के लिए तैयार करना होगा। जिसे मैं इसे एक चुनौती के रूप में लेकर अपना काम करूँगी।

अध्यक्ष एक बात, मिस बिष्ट, मैंने नोटिस किया है कि आप अंग्रेजी में धाराप्रवाह बोलती हैं। आपने यह सब कहाँ से सीखा?

नमिता सर, यह सब मेरे बायोडाटा में मौजूद है। आपने नोटिस किया होगा कि मैंने अपनी सम्पूर्ण शिक्षा अंग्रेजी माध्यम से ही की है। मेरी विद्यालयी शिक्षा एक मिशनरी स्कूल में पूरी हुई थी, जहाँ शिक्षक हमारी अंग्रेजी बोलने और लिखने पर अधिक ध्यान रखते थे। उन्होंने हमें शिक्षक से बात करने के लिए केवल अंग्रेजी बोलना सिखाया (हिन्दी कक्षा के अतिरिक्त)। धीरे-धीरे मैं धाराप्रवाह अंग्रेजी बोलना सीख गई, परन्तु जब मैं पढ़ाती हूँ तो छात्रों को कुछ चीजें बेहतर ढंग से समझाने के लिए हिन्दी का भी प्रयोग करती हूँ। यह मुझमें स्वभावत: आ गया है।

अध्यक्ष यहाँ दिए जाने वाली सैलरी के बारे में आपको समझ लेना चाहिए। प्रारम्भ में हम आपको एक समेकित राशि देंगे, जो आप वर्तमान में प्राप्त कर रही हैं, उससे बेहतर होगी। छ: महीने बाद और आपके द्वारा CTET परीक्षा उत्तीर्ण करने पर हम आपको TGT स्केल की सैलरी देंगे, जो अन्य शिक्षकों को जाता है। यदि आपको यह सब ठीक लगता है, तो हमें बताइए कि आप कब तक हमारे विद्यालय को सामाजिक विज्ञान की शिक्षिका के रूप में ज्वॉइन कर सकती हैं?

नमिता ठीक है सर, आगामी सप्ताह से ग्रीष्मावकाश आरम्भ हो रहा है। इसलिए मैं आपके विद्यालय में जुलाई की पहली तारीख में या ग्रीष्मावकाश के पश्चात् जब भी स्कूल खुलेगा तब ज्वॉइन कर सकती हूँ।

अध्यक्ष यह ठीक है। जब विद्यालय के बोर्ड ऑफ गवर्नर्स आपकी नियुक्ति की मंजूरी दे देंगे। हम आपके आवासीय पते पर आपका नियुक्ति-पत्र भेज देंगे। आपका दिन शुभ हो।

नमिता धन्यवाद सर, धन्यवाद मैम।
(वे आत्मविश्वास के साथ साक्षात्कार कक्ष से बाहर निकल आती हैं।)

26. BHM कोर्स के लिए सैम्पल इंटरव्यू

होटल प्रबन्धन में स्नातक (Bachelor of Hotel Management, BHM) की डिग्री सामान्यत: कक्षा XII उत्तीर्ण करने के पश्चात् अध्ययन के चार वर्ष की समाप्ति पर दी जाती है।

परीक्षा में हॉस्पिटेलिटी इंडस्ट्री पर आधारित कुछ सामान्य जानकारी के प्रश्न पूछे जा सकते हैं। कुछ महाविद्यालयों में व्यक्तिगत इंटरव्यू (Personal Interview) के लिए उम्मीदवार के चयन से पूर्व एक सामूहिक चर्चा (Group Discussion) भी कराई जाती है। सामूहिक चर्चा और व्यक्तिगत इंटरव्यू दोनों में उम्मीदवार के बोलने तथा किसी विषय को समझने के कौशल को जाँचा जाता है।

18वर्षीय शंभू चटर्जी ने एक CBSE विद्यालय से विज्ञान (भौतिकी, रसायन और जीव विज्ञान) में XII वीं कक्षा उत्तीर्ण की है। वह किसी संस्थान में होटल प्रबन्धन में स्नातक हेतु साक्षात्कार के लिए उपस्थित होता है।

इंटरव्यू के लिए उनके नाम की घोषणा होने पर वे आत्मविश्वास के साथ इंटरव्यू कक्ष की ओर बढ़ते हैं और अन्दर जाने की अनुमति प्राप्त करने के लिए दरवाजे को धीरे से खटखटाते हैं और अन्दर जाने की अनुमति माँगते हैं।

शंभू क्या मैं अंदर आ सकता हूँ, सर।

अध्यक्ष जी, आइए मि. चटर्जी (उम्मीदवार हेतु रखी गई कुर्सी की ओर इशारा करते हुए) कृपया बैठिए।

शंभू (बैठते हुए) धन्यवाद, गुड मॉर्निंग सर।

सदस्य 1 गुड मॉर्निंग, शंभू, हमें बताइए कि कक्षा XII में कौन-सा विषय आपको सबसे अधिक पसन्द था? साथ ही उसका कारण भी बताइए।

शंभू (चारों ओर देखते हुए और उन तीनों नियोक्ताओं से बारी-बारी से नजरें मिलाते हुए) सर, मैं सबसे अधिक रसायन विषय को पसन्द करता था। मैं हमेशा तरह-तरह के यौगिकों की रासायनिक संरचना से आकर्षित होता था, विशेष रूप से कार्बनिक यौगिक, जिसकी विशेष संरचना होती है।

अध्यक्ष अच्छा है, क्या आप एक प्रसिद्ध चक्रीय यौगिक (Cyclic Compound) का नाम और उसकी रासायनिक संरचना (Chemical Composition) बता सकते हैं? साथ ही, उसकी संरचना बोर्ड पर अंकित कीजिए।

शंभू जी सर, बेंजीन एक चक्रीय यौगिक है और उसका रासायनिक सूत्र C_6H_6 होता है। (शंभू ने रासायनिक संरचना को व्हाइट बोर्ड पर बना कर दिखा दिया) यह उसकी संरचना है, सर।

सदस्य 2 बहुत अच्छा, यदि आप रसायन में अत्यधिक रुचि रखते हैं, तो बीएससी क्यों नहीं करना चाहते? आप होटल प्रबन्धन में कोशिश क्यों कर रहे हैं?

शंभू (कुछ देर सोचते हैं और फिर बोलते हैं।) मैं आपको इसका कारण बताता हूँ। सर, बी एस सी या एम एस सी करके मैं किसी विश्वविद्यालय में शोधकर्ता के रूप में या किसी कम्पनी में केमिकल या फार्मास्युटिकल से सम्बन्धित जॉब प्राप्त कर सकता हूँ, किन्तु मैं अपना करियर हॉस्पिटेलिटी इंडस्ट्रीज में बनाना चाहता हूँ, जिससे मेहमानों की सेवा का अवसर प्राप्त होने के साथ एक सम्मानजनक सैलरी भी प्राप्त होती है। इसमें मैं अपने रुचिकर विषय रसायन विज्ञान का प्रयोग करके अपने मेहमानों के लिए स्वास्थ्यवर्द्धक और पौष्टिक भोजन तैयार करूँगा। इसलिए मैं आपके संस्थान से डिग्री लेकर पाँच-सितारा होटलों में या अन्य प्रीमियम हॉस्पिटेलिटी संस्थानों में उच्च पदों को हासिल करना चाहता हूँ।

सदस्य 2 अभी आपने एक शब्द 'हॉस्पिटेलिटी' का प्रयोग किया। होटल इंडस्ट्रीज के सम्बन्ध में हॉस्पिटेलिटी से क्या समझते हैं?

शंभू निश्चित रूप से सर, हॉस्पिटेलिटी का मुख्य तात्पर्य होता है—'हर सम्भव अच्छे तरीके से विजिटर्स की देखभाल करना।'

होटल इंडस्ट्री में इस शब्द का अर्थ सेवाओं की व्यवस्था करना और उसे उपलब्ध कराना तथा मित्रतापूर्वक और उदार तरीके से मेहमानों का ख्याल रखना होता है।

अध्यक्ष एक अंतिम प्रश्न, मि. चटर्जी, BHM कोर्स करने के लिए आप हमारे संस्थान से क्यों जुड़ना चाहते हैं?

शंभू सर, यह सर्वविदित है कि आपके संस्थान से बहुत से प्रसिद्ध शेफ़ो ने स्नातक की डिग्री ली है, जो कई प्रसिद्ध अन्तर्राष्ट्रीय होटलों में मुख्य प्रबन्धक के रूप में ख्याति पा रहे हैं। मैं भी उन्हीं में से एक होना चाहता हूँ।

अध्यक्ष ठीक है, यदि आप चयनित होते हैं, तो हम आपको सूचित करेंगे। आपका दिन शुभ हो।

शंभू धन्यवाद सर।

(आत्मविश्वास के साथ कक्ष से बाहर, निकल जाते हैं।)

27. MBA कोर्स के लिए सैम्पल इंटरव्यू

22 वर्षीय रवि सलूजा ने किसी राज्य विश्वविद्यालय से बी.बी.ए. (बैचलर ऑफ बिजनेस एडमिनिस्ट्रेशन) में स्नातक किया है। स्नातक के पश्चात्, रवि लगभग एक वर्ष से संकलित उपभोक्ता वस्तुओं का निर्माण करने वाले कारखाने में आबकारी लिपिक के रूप में कार्यरत् हैं। उन्होंने CAT की परीक्षा दी और उसमें 90% तक स्कोर किया। इसके पश्चात् किसी संस्थान से एम.बी.ए में दाखिला हेतु इंटरव्यू के लिए पहुँचता है। जब इंटरव्यू के लिए उन्हें बुलाया जाता है तो वे आत्मविश्वास के साथ इंटरव्यू कक्ष की ओर बढ़ते हैं। इंटरव्यू कक्ष तक पहुँचने के बाद वे अन्दर प्रवेश करने की अनुमति लेने के लिए दरवाजे को धीरे से खटखटाते हैं।

रवि क्या मैं अन्दर आ सकता हूँ, सर?

सदस्य जी हाँ, आप अन्दर आ जाइए, मि. सलूजा (उम्मीदवार हेतु रखी कुर्सी की ओर इशारा करते हुए।) कृपया बैठिए।

रवि (बैठते हुए) धन्यवाद, गुड मॉर्निंग सर।

सदस्य रवि, मुझे आपके बायोडाटा से ज्ञात हुआ कि आप एक कारखाने में आबकारी लिपिक के रूप में कार्यरत् हैं। आप जॉब छोड़कर MBA क्यों करना चाहते हैं?

रवि (दोनों नियोक्ताओं से बारी-बारी से नजर मिलाते हुए) सर, BBA की पढ़ाई पूरी करने के बाद मैंने नौकरी कर ली, क्योंकि मेरे पिताजी जॉब से सेवानिवृत्त हो चुके थे। हालाँकि मेरा अन्तिम लक्ष्य MBA करना था, ताकि मैं अपने करियर को अच्छा बना सकूँ और जीवन में कुछ हासिल कर सकूँ। मेरे जॉब का समय निश्चित था। अत: CAT परीक्षा की तैयारी करने के लिए मुझे समय मिल जाता था। इसलिए CAT की परीक्षा दी और 90% अंक प्राप्त किए ताकि अपने लक्ष्य को पूरा कर सकूँ। इसके लिए अब मैं जॉब छोड़ सकता हूँ।

अध्यक्ष मैंने नोटिस किया है कि आपने CAT में 90% स्कोर किया है। क्या आप मानते हैं कि यह अच्छा स्कोर है?

रवि निश्चित रूप से सर, मेरा मतलब है कि जिन उम्मीदवारों ने CAT की परीक्षा दी है, उन सबमें मैंने सबसे बेहतर स्कोर, 90% प्राप्त किया है। मैं यह समझता हूँ कि आप भी इसे अच्छा स्कोर मानते होंगे। अन्यथा आप मुझे सामूहिक चर्चा (Group Discussion) के लिए नहीं बुलाते।

सदस्य अच्छा। अब अपनी जॉब के बारे में बताएँ। आप वहाँ क्या काम करते हैं?

रवि जी हाँ सर, मेरा पहला काम कच्चे माल पर कम्पनी द्वारा आबकारी शुल्क (Excise Duty) के सभी अवयवों के भुगतान को सुनिश्चित करना तथा तैयार माल के एकत्रीकरण (Assembling) में प्रयोग करने के लिए खरीदे गए अवयवों को एकाउण्टिग सॉफ्टवेयर में रिकॉर्ड करना है। इसके साथ ही बिक्री

के लिए भेजे गए तैयार माल पर भुगतान किए गए आबकारी शुल्क को सॉफ्टवेयर में रिकॉर्ड करना है। एक बार इसका भुगतान होने पर हम कच्चे माल और खरीदे गए अवयवों पर अदा की गई आबकारी शुल्क की अदायगी के लिए दावा कर सकते हैं। कभी-कभी मैं आबकारी इंस्पेक्टर (Excise Inspector) का ऑडिट के लिए भी कम्पनी की ओर से सहायता करता हूँ।

अध्यक्ष ऐसा लगता है कि आप अपने कार्य को अच्छी तरह से जानते हैं, वस्तु एवं सेवा कर (GST) के लागू होने से इसके क्या फायदे दिख रहे हैं? अपने कार्य के सन्दर्भ में बताइए।

रवि निश्चित रूप से सर। वास्तव में, हम अपने सिस्टम में नए सॉफ्टवेयर इंस्टॉल करने की प्रक्रिया में हैं। GST का लागू होना हमारी इंडस्ट्री के लिए फायदेमंद होगा। जैसा कि पहले हम तैयार माल पर अदा किए गए बिक्री कर के माध्यम से कच्चे माल और खरीदे गए माल पर अदा किए गए बिक्री कर की वापसी का दावा नहीं कर सकते थे, लेकिन GST के कारण हम ऐसे सभी अदा शुल्कों का दावा कर सकते?

अध्यक्ष मि. सलूजा, आप GST के बारे में अच्छी जानकारी रखते हैं, लेकिन आप अपनी पढ़ाई को कैसे ज्यादा तवज्जो दे पाएँगे, जबकि आपके पिता इसमें अधिक योगदान नहीं कर सकते।

रवि सर, इस इंटरव्यू में उपस्थित होने से पूर्व मैंने अपने पिता से इस विषय पर विचार-विमर्श किया है। उन्होंने प्राइवेट सेक्टर में जॉब कर ली है, जिससे आर्थिक रूप से मदद मिलेगी। इसके अतिरिक्त एक बार मुझे नामांकन पत्र मिल जाए, तो मैं शिक्षा ऋण के लिए किसी राष्ट्रीयकृत बैंक से सम्पर्क करूँगा। मेरा विश्वास है कि मेरे शैक्षणिक रिकॉर्ड और आपके महाविद्यालय की प्रतिष्ठा (Reputation) के कारण मेरा ऋण स्वीकृत हो जाएगा, जिससे मुझे पढ़ाई में मदद मिलेगी।

सदस्य ऐसा लगता है कि आप अपने चयन के प्रति बहुत आश्वस्त हैं। इसका क्या कारण है?

रवि ऐसा नहीं है सर। मैं तो केवल इतना कह सकता हूँ कि यदि मैं इस कोर्स के लिए चयनित होता हूँ, तो इससे मेरे पिता को बहुत प्रसन्नता होगी। उन्होंने मुझे हमेशा ऐसी योग्यता प्राप्त करने के लिए प्रेरित किया है, जो मेरे करियर को बनाने में मेरी सहायता करे।

अध्यक्ष मैं समझता हूँ। हम शीघ्र ही आपके चयन के बारे में आपको सूचित करेंगे। आपका दिन शुभ हो।

रवि (इंटरव्यू बोर्ड के सदस्यों की तरफ देखते हुए), धन्यवाद सर।

(वे आत्मविश्वास के साथ इंटरव्यू कक्ष से बाहर चले आते हैं।)

जॉब के लिए आवेदन / सैम्पल बायोडाटा

- *जॉब के लिए आवेदन कैसे करें*
- *सैम्पल बायोडाटा*

RESUM
Career

जॉब के लिए आवेदन कैसे करें?

जॉब के लिए इच्छुक उम्मीदवारों को कम्पनियों के विज्ञापनों को देखते ही अपना बायोडाटा शीघ्रता से कम्पनी को भेज देना चाहिए। यह भी देखने में आता है कि बहुत-सी प्रसिद्ध कम्पनियाँ प्रत्यक्ष इंटरव्यू अर्थात् वॉक-इन-इंटरव्यू का गठन करती हैं, क्योंकि ये कम्पनियाँ लम्बे-लम्बे बायोडाटा को छाँटकर उपयुक्त उम्मीदवारों को बुलाने में रुचि नहीं रखती।

प्राइवेट सेक्टर की कम्पनियों में अपनी जॉब को सुरक्षित रखने के लिए जिन महत्त्वपूर्ण डॉक्यूमेण्ट्स की कॉपी बायोडाटा के साथ भेजनी चाहिए, उनमें मुख्य शैक्षणिक डॉक्यूमेण्ट्स, यदि एक्सपिरियन्स लेटर हो, तो उसकी भी कॉपी अवश्य लगाएँ।

बायोडाटा लेखन

बायोडाटा को अंग्रेजी में विभिन्न नामों से जाना जाता है; जैसे—बायोडाटा, सी.वी., रेज्यूम, आदि। यह उम्मीदवार की सम्पूर्ण पृष्ठभूमि को बताता है; जैसे—उसकी शिक्षा, कार्यानुभव, उपलब्धियाँ, शौक, गुण आदि। संक्षेप में, यह उम्मीदवार के लिए उस साधन की तरह होता है, जो जॉब के अनुरूप उम्मीदवार की योग्यता तथा उसके गुणों को बताने में सक्षम होता है।

एक सामान्य साक्षात्कारकर्ता किसी बायोडाटा को देखने में अपना कुछ ही समय लगाता है। अत: बायोडाटा को आवश्यक रूप से प्रभावी होना चाहिए, जिससे आपकी योग्यता और दक्षता को पढ़कर साक्षात्कारकर्ता आपसे प्रभावित हो जाए। वर्तमान में जॉब के उद्देश्य से बाजार में प्रतिस्पर्द्धा की भरमार है। अत: यह महत्त्वपूर्ण है कि उपयुक्त और सही सूचनाओं के साथ आपका बायोडाटा एक व्यावसायिक बायोडाटा लगना चाहिए।

बायोडाटा के प्रकार

बायोडाटा तीन प्रकार के होते हैं

1. **समयानुसार बायोडाटा** इस आत्मवृत्त में उम्मीदवार के कार्यों का विवरण समयानुसार विपरीत क्रम में दिया होता है। इस प्रकार का बायोडाटा पूर्व स्नातकों का पसंदीदा बायोडाटा होता है। यह बायोडाटा दिखाता है कि उम्मीदवार ने कम समय में कितनी उन्नति की है और कितने समय में कितनी कम्पनियों में काम किया है।
2. **कार्यात्मक या कार्यपरक बायोडाटा** इस बायोडाटा का प्रयोग प्राय: उन उम्मीदवारों द्वारा किया जाता है, जो या तो सबसे अधिक अनुभवी होते हैं या कम अनुभवी होते हैं। यह बायोडाटा उम्मीदवार की कुशलताओं व योग्यताओं पर केन्द्रित होता है, लेकिन इसमें उम्मीदवार के कार्यों का विस्तृत विवरण नहीं होता।
3. **संयुक्त बायोडाटा** यह बायोडाटा, कालानुक्रमिक बायोडाटा व कार्यात्मक बायोडाटा दोनों का सम्मिश्रण होता है। इसमें व्यावसायिक स्तर पर उम्मीदवार की योग्यता व गुणों को उजागर करने के साथ-साथ उसके रोजगार सम्बन्धी रिकॉर्डों का भी समावेश होता है।

बायोडाटा में क्या-क्या जानकारी दें

बायोडाटा एक ऐसा डॉक्यूमेण्ट है, जो आपके भावी साक्षात्कारकर्ता को बिल्कुल वही बताता है जो आप उसे बताना चाहते हैं, साथ ही यह भी बताता है कि आप उक्त पद के लिए क्यों सबसे अधिक उपयुक्त हैं। इससे साक्षात्कारकर्ता को यह भी पता चलता है कि आपके पास उपयुक्त कौशल एवं अनुभव है।

सामान्यतया बायोडाटा निम्नलिखित प्रारूप में लिखा जाता है

- **सम्पर्क सूचना** इसे विशेष रूप से रेखांकित कर देना चाहिए, जिससे जॉब देने वाला प्रबन्धक, जब जरूरी हो, आपसे सम्पर्क कर सके। सम्पर्क सूचना में शामिल होता है—नाम, ई-मेल पता, सम्पर्क फोन नम्बर तथा घर का पता जोकि वैकल्पिक होता है।
- **करियर का उद्देश्य** बायोडाटा में संक्षिप्त रूप में एक छोटा-सा विवरण अवश्य लिख देना चाहिए, जो उम्मीदवार के करियर की दिशा को निर्धारित करे तथा यह भी स्पष्ट करे कि आप इस पद के लिए उपयुक्त उम्मीदवार क्यों है?

- **शैक्षिक सूचना** बायोडाटा के इस भाग से उम्मीदवार के ज्ञान एवं शैक्षिक उपलब्धियों को प्रदर्शित करने में मदद मिलती है। यह विपरीत कालानुक्रमिक में होना चाहिए अर्थात् सर्वप्रथम आप अपनी उच्चतम शैक्षिक योग्यता के बारे में लिखें।
- **जॉब डिटेल्स** इसके विषय में सबसे पहले अपनी पिछली जॉब के बारे में लिखें और उसके बाद उससे भी पिछले काम के बारे में। कार्य के पद को लिखें और यह भी बताएँ कि आपने कब से कब तक यह काम किया। संगठन के प्रति आपकी उपलब्धियाँ व आपका योगदान क्या था, अवश्य लिखें।
- **कोई भी अतिरिक्त कौशल या सूचना** अपनी विशिष्ट कुशलता तथा कोई भी तकनीकी ज्ञान, जो आप जानते हैं, के बारे में लिखें। यह आपके भावी पद के अनुरूप होना चाहिए। इसमें निम्नलिखित बिन्दु शामिल हो सकते हैं; जैसे-आपका अंग्रेजी में धाराप्रवाह बोलने का ज्ञान, कम्प्यूटर का बेसिक ज्ञान आदि।
- **पाठ्येतर क्रियाएँ एवं पुरस्कार** जब कोई पाठ्येतर गतिविधियों में भाग लेता है; जैसे-खेल, वाद-विवाद प्रतियोगिता आदि तो इससे बहुत से गुणों का विकास होता है; जैसे-टीमवर्क, नेतृत्वक्षमता, अनुशासन, उत्तरदायित्व आदि। यदि इस तरह की किन्हीं गतिविधियों में आपने भाग लिया हो और पुरस्कार भी जीते हों, तो उनके विषय में अवश्य उल्लेखित करें। इससे आपके गुणों की पुष्टि होती है।
- **व्यक्तिगत सूचना** इसके अन्तर्गत उम्मीदवार के माता-पिता का नाम, स्थायी पता, DOB (Date of Birth), वैवाहिक स्तर आदि की सूचनाएँ दी जाती हैं।
- **शौक एवं रुचियाँ** इससे साक्षात्कारकर्ता को आपकी पसन्द और नापसन्द का पता चलता है। आपके शौक से आपके व्यक्तित्व का पता चलता है।
- **वर्तमान सैलरी और अपेक्षित सैलरी** वर्तमान और अपेक्षित सैलरी के विषय में लिखते समय सावधानी बरतनी चाहिए। आपको इस प्रकार की सूचना तभी देनी चाहिए जब यह साक्षात्कारकर्ता की जरूरत हो। अन्यथा आप यह लिखें ''मेरी आवश्यक सैलरी जॉब के प्रति उत्तरदायित्व तथा सम्पूर्ण क्षतिपूर्ति पैकेज पर आधारित प्राप्य है।''
- बायोडाटा के अन्त में सत्यापित करते हुए आप उन लोगों के नाम दे सकते हैं, जिन्हें आप अच्छी तरह से व्यक्तिगत तौर पर जानते हों; जैसे-आपका कोई पुराना शिक्षक या वह अन्य नाम जो आपसे परिचित हो।

बायोडाटा लिखते समय ध्यान में रखे जाने वाले बिन्दु

- सर्वप्रथम ध्यान रखें कि आप किस प्रकार के पद के लिए आवेदन कर रहे हैं तथा उसमें कौन-कौन–सी योग्यताएँ अनिवार्य हैं। उन्हीं योग्यताओं का समावेश अपने बायोडाटा में करें।
- अपने व्यावसायिक उद्देश्य को स्पष्ट लिखें, अस्पष्ट या सामान्य वाक्यांशों का उल्लेख न करें।
- अनावश्यक व्यक्तिगत सूचनाएँ; जैसे–उम्र, धर्म आदि का उल्लेख न करें।
- अपने बायोडाटा को कालानुक्रमिक बायोडाटा के रूप में लिखें।
- कम्प्यूटर कौशल, भाषा कौशल या अन्य किसी महत्त्वपूर्ण प्रशिक्षण का उल्लेख अवश्य करें।
- अपने शौक या रुचियों से सम्बन्धित सूचनाएँ संक्षिप्त रखें।
- अपने सम्पर्क वाले लोगों का उल्लेख सावधानी से करें।
- अपनी 'अपेक्षित सैलरी' का बिल्कुल भी उल्लेख न करें।
- अन्तिम लेकिन अति महत्त्वपूर्ण बात कभी भी दूसरों के बायोडाटा की नकल न करें, इससे आपकी उपलब्धियों का उचित उल्लेख नहीं हो पाएगा।

कम्प्यूटर पर बायोडाटा तैयार करते समय ध्यान रखने योग्य बातें

अपना बायोडाटा तैयार करते समय या किसी से कराते समय निम्न बातों का अवश्य ध्यान रखना चाहिए

- **साधारण फोण्ट का प्रयोग** बायोडाटा बनाते समय साधारण फोण्ट साइज का प्रयोग करना चाहिए। डेटा के लिए कभी भी ऐसे फोण्ट का प्रयोग नहीं करना चाहिए। जो सही तरह से पढ़ने में न आ रहा हो। मानकीकृत फोण्ट तथा आकार का प्रयोग करना चाहिए; जैसे-टाइम्स, एरियल, वर्दाना या फ्रैंकलिन गोथिक।
- **पीडीएफ का प्रयोग कभी न करें** बायोडाटा माइक्रोसॉफ्ट 'वर्ड प्रारूप' में होना चाहिए, क्योंकि साक्षात्कारकर्ता माइक्रोसॉफ्ट वर्ड प्रारूप में बायोडाटा चाहते हैं। यदि कोई माइक्रोसॉफ्ट वर्ड का प्रयोग करने में सक्षम नहीं है, तो उसे आरटीएफ (RTF) या 'सेव एज टेक्स्ट' का प्रयोग करना चाहिए।
- **डेटा को प्रस्तुत करने के लिए ग्राफिक्स का प्रयोग न करें** ग्राफिक्स (क्लिपआर्ट, फोटो, लोगो इत्यादि) का प्रयोग नहीं करना चाहिए। कई बार लोग महत्त्वपूर्ण सम्पर्क डेटा ग्राफिक्स के अन्दर डाल देते हैं। ऐसे में यह डेटा सॉफ्टवेयर को पास करते हुए गायब हो जाता है, इसलिए उनका बायोडाटा बेकार एवं अनुपयोगी हो जाता है।
- **टेबल या बहुस्तम्भ (Multicolumn) प्रारूप का प्रयोग न करें** टेबल प्रयोग करने से टेक्स्ट सुन्दर और साफ दिखता है, परन्तु दुर्भाग्य से कई दस्तावेज रूपान्तरण सॉफ्टवेयर टेबल को नियन्त्रित नहीं कर पाते हैं और वह या तो अव्यवस्थित टेक्स्ट को अपाठ्य शब्दों में बदल देता है या डेटा के साथ अतिरिक्त रेखा बना देता है, जिससे सॉफ्टवेयर भ्रमित हो जाता है और टेक्स्ट स्पष्ट नहीं हो पाता।
- **शीर्षक के लिए बड़े अक्षरों का प्रयोग करें** अनुभाग शीर्षक को लिखते समय बड़े अक्षरों का प्रयोग करना चाहिए। अपना नाम, साक्षात्कारकर्ता का नाम, नौकरी का पदनाम, विद्यालय का नाम, डिग्री का नाम, स्थान (शहर, क्षेत्र, देश इत्यादि) बड़े अक्षरों में लिखने चाहिए।
- **अपने बायोडाटा को अव्यवस्थित न करें** अपने डेटा को व्यवस्थित रहने दें, जिससे पाठक या सम्भावित साक्षात्कारकर्ता को इसे पढ़ते हुए संघर्ष नहीं करना पड़े। अपनी सभी जानकारी पेज के बाईं तरफ से टाइप करें। किसी भी टेक्स्ट को सेण्टर या जस्टिफाई न करें। इससे फॉर्मेटिंग कमाण्ड्स का अच्छे तरीके से इलेक्ट्रॉनिक संप्रेषण नहीं हो पाता। किसी को भी एक ही पेज में सारी जानकारी देने के बजाय दूसरे पेज का प्रयोग करना चाहिए, जिससे उसे आसानी से तथा स्पष्ट रूप से स्कैन किया जा सके।

सैम्पल बायोडाटा

Resume for Marketing Manager

SUMIT VIZ
House No. 475, Panampalli Nagar
Kochin, Kerala
Mobile no. * * * * * * * * * *
email-sumit12@gmail.com

Career Objective

Seeking a management position where my leadership, strategic planning and business development skills will be fully utilised.

Educational Background

- Masters of Business Administration from IIM Calcutta in the year 2010.
- B.A Hons. (Economics) from Madurai Kamraj University in the year 2008.

Computer Skills

- **Operating Systems** Window 2000, Windows XP, Windows Vista, Linux, MS DOS.
- **Office Package** Microsoft Word, Excel, Powerpoint, Access.

Professional Skills

- Expertise in strategic planning, budgeting/finance, customer service and staff training, supervision and mentoring.
- Excellent leadership, management, oral/written communication, interpersonal, intuitive and analysis skill.
- Energetic and self-motivated team player. Able to handle stress situation with ease.
- Comfortable in fast paced environments with emerging multiple responsibilities.

Work Experience

- Star Corporation, At post of Sales Assistant Manager from May 2013 to present.
- Managed day to day operations, supervised and co-ordinated activities of employees.

- Improved productivity and morale by initiating effective training programmes and inculcating accountability.
- Planned, prepared and devised work schedules, according to budgets and work loads.
- Developed new strategies to meet customer expectations.

Achievements

- Best Achiever Award from the Company.
- **Power Corporation, Chennai, At post of Manager from May 2011 to January 2013**.
- Successfully handled customer and employee complaints before reaching upper management.
- Recorded data for each employee including such information as absences, amount of sales and production and supervisory reports on performance.
- Submitted and reviewed reports and problems with higher management.

Personal Information

- Date of Birth : 8 August, 1987
- Marital Status : Single

Languages Known

- Hindi, English, Spanish

Hobbies and Interest

- Travelling and reading novels

Salary Expected

Negotiable

Declaration

I hereby declare that the above mentioned information is correct up to my knowledge and I bear the responsibility for the correctness of the above mentioned particulars.

Date ____________

Place ____________

Resume for the Post of Sales Executive

NAVEEN DWIVEDI
C-5, Vasant Kunj, New Delhi
Mobile no. * * * * * * * * * *
email naveen24@yahoo.com

Career Objective

Prove to be an important asset for a reputed organisation. Where I could utilise my skills and competencies to the utmost level.

Educational Qualifications

- B.Com. Hons. from Mumbai University
- XII from Maharashtra Board
- X from Maharashtra Board

Academic Projects

Project 1 Sales and promotion of a new product launched in the market.

- Strategising the sales and advertising techniques.
- Finalising the target market and promoting the product.
- Taking reviews of the people who have already used that particular product.

Key Skills

- Conversational skills
- Presentation skills
- Microsoft Office
- Interpersonal skills
- Technical skills
- Extracurricular Activities
- Participated in a seminar on 'The Methods of Advertising'
- Participated in inter school quiz

Personal Information

- Date of Birth : 10 March, 1990
- Marital Status : Single

Hobbies and Interest

- Travelling new places around India.
- Playing squash

Languages known

- English, Hindi, Marathi

Salary Expected

Negotiable

Declaration

I hereby declare that the information furnished about is true to the best of my knowledge.

Date ___________

Place ___________

Resume for the Post of Lecturer

SHILPA DHAWAN
489, C-5
Vasant Kunj
Mobile no. **********
New Delhi

Career Objective

- Seeking the position of an teacher in your institution, will give me an opportunity to pass on my knowledge to the students in an innovative manner.
- Offer support and well disciplined environment to ensure the success of each and every child.

Professional Profile

Responsible elementary school teacher with excellent communication skills, demonstrated by 9 years of teaching experience. Passion for education, especially science education for children. Motivated, energetic, enthusiastic education with a strong desire to foster a proper student learning atmosphere. Experienced in managing students effectively and maximising learning opportunities in diverse classroom settings.

Educational Qualifications

	Academic University	Year	Degree	Marks
1.	Jamia Milia University	2008	M. Ed. (Science)	80% marks
2.	Jamia Milia University	2006	B. Ed. Edu.	78% marks
3.	Delhi University	2004	B. Sc. Hons.	82% marks

Professional/Teaching Experience

4th Grade Teacher

- Bhatnagar International School, Vasant Kunj, from July 2011 to till today.
- Develop interesting course plans to meet academic intellectual and social needs of students.
- Co-ordination after school tutoring hours with other teachers to help students in need of extra attention.
- Applied progressive teaching principles to a class of 29 students, improving standardised test scores.
- Received high remarks for the creativity of classroom lesson plans and instructional techniques from students, parents and faculty.

2nd Grade Teacher

- Bloom Public School, C-8 Vasant Kunj, from April, 2009 to May 2011.
- Developed, administered tests and quizzes in a timely manner.
- Implemented interesting and interactive learning mediums to increase student's understanding of course-materials.
- Performed student background reviews to develop tailored lessons based on student's needs.
- Lessons planned to increase student's concentration, participation and progress student's accountability.

Extracurricular Activities

- Have taken part in inter college debates and quizzes.
- Fond of reading novels and magazines.

Personal Information

- Date of Birth : 11 September, 1989
- Marital Status : Single

Salary Expected

Negotiable

Declaration

I hereby declare that the above mentioned information is correct to my knowledge and I bear the responsibility for the correctness of the above mentioned particulars.

Date ________
Place ________

Resume for the Post of Chartered Accountant

SHAILESH BANNERJEE
H. no. 489, C-5
Mobile no.
Mail id - bannerjee199@gmail.com
Address - P-5, Anupam apartments, Saket, New-Delhi

Career Objective

Would like to start my career as Chartered Accountant with a well-established organisation to contribute in growth by using my accountancy skills and legal knowledge.

Professional Key Skills

- Strong analytical and problem solving skills.
- Excellent knowledge in handling accounting system.
- Well versed in using an automated accounting system.
- Excellent communication skills.
- Full and high energy and motivation.

Educational Background

- Passed 5 years CA programme from Institute of Chartered Accountant.
- Ranked 12th (All India) in the G.A. foundation examination. From institution of chartered Accountants Lodhi Road.
- B.Com. Hons. from Delhi University, Hindu College 80% marks.
- Senior Secondary (CBSE) Amity School, Saket, New Delhi 85% marks.

Work Experience

Two years work experience in a CA firm 'Mittal and Associates' Connaught Place, New Delhi while doing CA course.

Key Learning Areas

- Assisting the senior CA in his working.
- Learning about the company laws.
- Assisted in company and individual's tax filing.
- Learning about professional tax assessment and submission of returns.
- Three months training from 'Vashist Capitals' on cost sheet and profit and loss management.

Projects

- **Profit and Loss Study** This project was about complete study of five IT companies and to study about their profit and loss statement.

Extra Curricular Activities and Hobbies

- Helped in school audit.
- Participated in inter school quiz competitions.
- Fond of playing badminton.
- Watching English movies.

Personal Details

- Date of Birth : 0.1.02.1988
- Marital Status : Single

Languages known

- Hindi, English, Bengali

Hobbies and Interest

- Reading Novels, Travelling

Expected Salary

Negotiable

Declaration

I hereby declare that the above mentioned information is correct to my knowledge and I hear the responsibility for the correctness of the above mentioned particulars.

Date __________

Place __________

Resume for the Post of Computer Engineer

ASHWINI MAURYA

H. no. 391/1
Mobile no. * * * * * * * * * *
E mail ID Ashwin01@yahoo.com

Career Objectives

- A hardworking professional with excellent analytical, logical skills, perform in highly demanding atmosphere. Able to develop various programmes on different languages for existing software.
- Excellent data reporting skills using software as well as statistical methods.

Personal Skills

- Unmatchable communication skills in verbal and written both.
- Excellent analytical and logical skills.
- Ability to work individually as well as in a team.

Technical Knowledge

- Excellent in MS office (MS Word, MS Excel, MS Power point)
- Proficient in C, Java, PHP and MYSQL.
- Well versed in Macromedia, Bugzilla and Photoshop.
- Skilled in designing, programming and testing.

Key Responsibilities Handled

- Suggest innovative ideas to enhance the working of existing software.
- Finding the problems and suggest the best possible solution.
- Presenting the model in front of seniors and elaborate it.
- Perform various duties as assigned.

Achievements

- Gave a presentation of 'Software Science' at ERT University.
- Made the hacking software for SDF solutions.
- Receive 'Best Employees' award in 2011.

Employers

- Working as software engineer in ACL Company from April 2013 till now.
- Worked as Software Assistant Engineer in Genpact company from January 2009 to February 2013.

Educational Qualifications

- Masters in Computer Science Engineering from Jaipur University in 2008.
- B.Tech in Computer Science Engineering for Jaipur University in 2006.
- B.Sc from D.A.V. College, Udaipur in 2003.
- Senior Secondary (CBSE) from Paul Foundations Udaipur, Rajasthan in 2000.

Personal Details

- Date of Birth : 27th July, 1987
- Marital status : Married

Languages known

- English, Hindi

Hobbies and Interest

- Internet surfing, listening music

Expected Salary

- Negotiable

Declaration

I hereby declare that the above mentioned information is correct to my knowledge and I hear the responsibility for the correctness of the above mentioned particulars.

Date ________

Place ________

Resume for the Post of Senior IT Analyst

PRATIK SHARMA
H. No. 99112
Mobile no. * * * * * * * * * *
E mail ID Pratik04@yahoo.com

Career Objectives

Award-winning, detail-focused and result-oriented IT professional with comprehensive system support and ugrading, troubleshooting and effective training experience. Dedicated, organised, and self-directed team member with a keen eye on the bottom line and strong relationship-building and communication skills.

Specialisation Skills

- System Analysis Data collection, evaluating, proposing solution
- Web Development Programming, graphic design, relational database management.
- Project Management Understanding SDLC methodology, effective negotiations, project delivery.
- IT Compliance Systems Audit, disaster recovery co-ordination.

Technical Skills

- **Languages** HTML, DHTML, Java, Java Script, ASP, SQL, Visual Basic 6.0, Lotus Notes R5
- **Platforms** Window 2000/XP, Internet Information Services
- **Software** Microsoft Office Suite, Project Vision, Visual SourceSafe, SQL Server 2000.

Achievements

- Six Sigma Green Belt, Johnson Process Excellence
- Systematic Project Managment Certification, Johnson and Johnson Services Consortium
- Member, Information Systems Audit and Control Association

Work Experience

- ABC Incorporated, Noida
- As IT Analyst lead support and administrator for the Siebel Advantis Plus program, a hospital case management application used by 100 + professional education specialists nationwide. Minimise technical issues, and provide timely updates and training. Direct product life-cycle management, Global Complaint System and client-server based applications as database and system administrator.

- Audited a JDE One World system at another Johnson and Johnson company, in the areas of application security, CNC, and OMW, as part of Guest Auditor Program, identified and communicated potential security holes and presented recommendations to senior management.
- Recognised by the audit manger for successful completion of audit work.
- Utilised the hands-on experience of the Guest Auditor Program to complete a mock audit of JDE OneWorld system at Biosense Webster. Identified improper configuration and excess privileges; recommendations to resolve the problems were approved by the IT and Finance Directors and implemented.
- **ABC Enterprises Bengaluru**
- Worked as IT associate analyst, technical lead for the implementation of accounts, recievable management software project in the Finance Department. Ensured hardware and software compliance and compatibility, converted and mapped data from existing financial system to be operable with new system.

Personal Information

- Date of Birth : 11th November, 1987
- Marital status : Single

Languages known

Hindi, English, French

Hobbies and Interest

Mountain trekking, listening music

Salary Expected

Negotiable

Declaration

I hereby declare that the above mentioned information is correct to my knowledge and I hear the responsibility for the correctness of the above mentioned particulars.

Date __________

Place __________

कवर लेटर (आवरण पत्र)

कवर लेटर (आवरण पत्र) वह दस्तावेज है जिसे किसी (भी उम्मीदवार) के कौशल एवं अनुभव के अतिरिक्त जानकारी देने के लिए आत्मवृत्त के साथ भेजा जाता है। आवरण पत्र लिखते समय यह ध्यान रखना आवश्यक है कि वह प्रभावी ढंग से लिखा गया हो। उम्मीदवार के पद एवं योग्यता के अनुसार आवरण पत्र की सामग्री एवं प्रारूप परिवर्तित होते रहते हैं।

आवरण पत्र लिखने से पहले यह ध्यान रखना जरूरी है कि आवरण पत्र में आत्मवृत्त की प्रशंसा होनी चाहिए न कि प्रतिलिपि। प्रभावी आवरण पत्र उन कारणों का उल्लेख करता है कि उम्मीदवार की उस कम्पनी के प्रति, जिसके लिए वह अर्जी दे रहा है, रुचि क्यों है और वह व्यक्ति उक्त पद के लिए विशिष्ट और अनुकूल है।

एक प्रभावशाली आवरण पत्र में निम्नलिखित अवश्य शामिल होनी चाहिए; जैसे—आरम्भ, मध्य एवं निष्कर्ष।

आवरण पत्र के प्रारम्भ में अभिरुचि जगाने वाली सामग्री को दिया जाना चाहिए। आपका पत्र सरल, संक्षिप्त और संगतपूर्ण होना चाहिए। मध्य प्रकरण में, संक्षिप्त रूप से विशिष्ट उपलब्धियों एवं कार्य अनुभव पर पुन:बल देने की कोशिश करनी चाहिए। आवरण पत्र का निष्कर्ष समान रूप से महत्त्वपूर्ण है। निष्कर्ष प्रकरण इंटरव्यू का बुलावा पाने के वांछित परिणाम को सुरक्षित करने के रूप में होना चाहिए।

आवरण पत्र के लिए जाँच सूची

- अपने पत्र पर दिनांक ठीक ढंग से अंकित कीजिए।
- उचित प्रारूप के साथ अपने मेल का सही पता लिखिए।
- पत्र को मेल-बॉक्स में डालने से पहले प्राप्तिकर्ता का पता जाँच लीजिए।
- पत्र पर हस्ताक्षर करना मत भूलिए।
- सुनिश्चित कीजिए कि पत्र में व्याकरणिक अशुद्धि या वर्तनी की गलतियाँ न हों।
- आवरण पत्र के अन्त में संलग्नक सूची को निर्देशित कीजिए;
  जैसे-संलग्नक आत्मवृत्त

SAMPLE COVER LETTER

ANEES GYANI
H. no. * * * * * * * * * *
Mobile no. * * * * * * * * * * *
email-abc@gmail.com

12th November, 2016

DEVYANI MAHAJAN
Hiring Manager
SFL Ltd.
Sector 55
Noida (U.P)

Dear Miss Mahajan,

It is with great interest that I am applying for the position of AVP accounts in your organisation as advertised in Economic Times dated 7th November, 2016. I possess about 5 years experience in construction and contracting domain. I believe I am suitable for the job advertised by you.

With excellent knowledge of financial service industry. I am currently pursuing ACCA which has helped keep myself, updated with the latest financial trends.

As demonstration of my seriousness and commitment to the job quest, I have been prescreened by an online background verification service with the report available for review. My past employer can attest my abilities to use my financial and accounting expertise to take on a management and leadership role in the business.

Enclosed please find my detailed resume which highlights my qualification and work experience. Please feel free to contact me by phone or e-mail.

Thank you for your time and consideration. I look forward to be called for an interview.

Best Regards

ANEES GYANI

FAQ

इंटरव्यू के दौरान सामान्य तौर पर पूछे जाने वाले प्रश्न

इंटरव्यू में कुछ प्रश्न सामान्य तौर पर पूछे ही जाते हैं। यहाँ पर हम उन प्रश्नों का संकलन दे रहे हैं, जो आपकी तैयारी करने के स्तर को बढ़ाने में सहायता करेंगे। इन मूल प्रश्नों के उत्तर देकर, आप अपनी सफलता के अवसर को बढ़ा सकते हैं।

इंटरव्यू की शुरुआत करने वाले प्रश्न

अपने बारे में बताएँ।

- आप केवल उन्हीं बातों का ही जिक्र करें, जो जॉब से सम्बन्धित हैं तथा यह दिखाएँ कि आपकी पृष्ठभूमि आपको इस योग्य बनाती है कि आप सबसे उपयुक्त उम्मीदवार हैं। साक्षात्कारकर्ता को आपके निजी जीवन से सम्बन्धित बातों में कोई रुचि नहीं है।

आपने इस पद/जॉब के लिए आवेदन क्यों दिया?

- आपको इस तरह की चर्चा करने के योग्य होने चाहिए कि साक्षात्कारकर्ता किस कार्य क्षेत्र से है, संस्थान की प्रतिष्ठा क्या है तथा ऐसी कोई नवीन घटना जो सार्वजनिक की गई हो। आपमें अपनी क्षमता तथा अहमियत को संस्थान की जरूरत से जोड़ने की योग्यता होनी चाहिए।

आपने इस इंटरव्यू की तैयारी कैसे की?

- इस तरह के प्रश्नों के उत्तर देते समय जॉब के प्रति दृढ़ता का परिचय दें तथा बाद में इंटरव्यू की तैयारी के लिए किए गए प्रयासों को भी बताएँ। इंटरव्यू से पहले आपको साक्षात्कारकर्ता की वेबसाइट पर जाकर उसके बारे में अच्छे से जानकारी प्राप्त करनी चाहिए, जिससे साक्षात्कारकर्ता को यह पता लग सके कि आपने इस नौकरी के लिए तैयारी की है और आपकी रुचि इस जॉब में है।

आपका मजबूत पक्ष क्या है?

• अपनी अच्छाइयों के बारे में बातें करें, जैसे कि आप छोटी-छोटी चीजों को बारीकी से देखते हो, आप मेहनती हो, समूह में काम करने वाले हो आदि।

आपकी कमजोरियाँ क्या हैं?

• जब हम अपनी कमजोरियों के बारे में बात करते हैं, तो कई बार हम बहक भी जाते हैं। किसी भी उस कमजोरी का जिक्र न करें जिस पर आप सफलता हासिल न कर सकें। **उदाहरणार्थ** आप काम पर देर से जाते थे पर जब आपके सुपरवाइजर ने आप को बताया कि आपका समय पर आना कितना जरूरी है, तो आप उसके बाद फिर कभी देर से नहीं आए।

शिक्षा और रुचि पर आधारित प्रश्न

आप इस जॉब में क्यों आना चाहते हैं?

• हर कोई अपनी प्रशंसा सुनना चाहता है। अत: साक्षात्कारकर्ता को संस्था की अच्छाई के बारे में बताएँ। उन्हें यह बताएँ कि आप चुनौतियों से लड़ने को तैयार हैं तथा उनके साथ काम करने को लेकर उत्साहित हैं। इन बातों पर जोर दीजिए कि आप क्या योगदान दे सकते हैं तथा आपका कार्य अनुभव इस काम के लिए आपको विशिष्ट बनाता है।

स्कूल में आपका पसन्दीदा विषय क्या था और क्यों?

• इस प्रकार के प्रश्न आपके लिए एक अवसर की तरह होते हैं, जिसमें आप अपनी उन उपलब्धियों को बता सकते हैं, जिसके कारण आपको कोई पुरस्कार मिला था। **उदाहरणार्थ**-आप कहते हैं कि आपका प्रिय विषय अंग्रेजी है। आपने अंग्रेजी की निबन्ध लेखन प्रतियोगिता को जीतकर एक पुरस्कार प्राप्त किया था। इस तरह इस प्रकार के प्रश्न आपकी उपलब्धियों को प्रकाश में लाने के लिए महत्त्वपूर्ण अवसर होते हैं। लेकिन इतना ध्यान रखें कि जो भी उपलब्धियाँ आप साक्षात्कारकर्ता को बता रहे हैं, वे पद के सापेक्ष होनी चाहिए।

आपकी पसन्दीदा पुस्तक कौन-सी है?

• ऐसे प्रश्नों के उत्तर देते समय पुस्तक की समीक्षा प्रस्तुत न करें। जब आप किसी पुस्तक का चयन करने जा रहे हैं, तो सोचें कि आपने उस पुस्तक को क्यों चुना या उस पुस्तक ने आपको कुछ विशिष्ट कार्य करने के लिए बाध्य किया। यह भी सोचें कि उस पुस्तक में आपको कौन-से पात्र या घटना ने प्रभावित किया।

जरूरी नहीं है कि आपकी पसन्दीदा पुस्तक कोई विशिष्ट या महान् पुस्तक ही हो, किसी भी उस पुस्तक का नाम लेना उचित होगा, जिसने आपको सबसे अधिक प्रभावित किया हो। पुस्तक का चुनाव महत्त्वपूर्ण नहीं है, यह आपको अर्थपूर्ण क्यों लगी यह महत्त्वपूर्ण है?

आपने सरकारी/बैंक की जॉब का ही चुनाव क्यों किया, जबकि आपकी शैक्षिक योग्यता के आधार पर आपको निजी क्षेत्रों (Private Sectors) में अच्छी सैलरी वाली जॉब्स मिल सकती हैं?

- यह कदापि न कहें कि सरकारी अथवा बैंक की जॉब में सुरक्षा है और निजी क्षेत्र की जॉब्स में सुरक्षा नहीं है, क्योंकि इससे आपमें आत्मविश्वास की कमी तथा नकारात्मक सोच झलकती है। आप प्रत्युत्तर में कह सकते हैं कि सरकारी/बैंक की जॉब के द्वारा वे लोगों की सेवा तथा देश की उन्नति में योगदान दोनों साथ-साथ कर सकते हैं। (यदि आपके परिचित या रिश्तेदार इस सेवा में हैं, तो उनका उल्लेख करते हुए आप कह सकते हैं कि आप उनसे प्रभावित एवं प्रेरित हैं।)

आपकी प्रिय वेबसाइट कौन-सी है?

- यदि पद के लिए प्रासंगिक न हो, तो सामाजिक संचार माध्यमों; जैसे-फेसबुक, लिंक्ड-इन (Linked-in) आदि को शामिल न करें। कभी-भी उस वेबसाइट का नाम न लें, जिसके बारे में आप कुछ भी नहीं जानते। ऐसी साइट का नाम लेने का प्रयत्न करें, जिसमें व्यावसायिकता एवं मनोरंजन दोनों समान रूप से हों।
- जब आप साइट के विषय में बात कर रहे हों, तो सकारात्मक लक्षणों पर बात करें; जैसे कि आप एक नए कौशल को सीखने के लिए लालायित हैं। आपका उत्तर इस बात पर केन्द्रित हो कि यह साइट आपके आत्म-सुधार में किस प्रकार सहायक है। उदाहरण के तौर पर आपका उत्तर यह हो सकता है कि ''मेरी प्रिय वेबसाइट HowstuffWorks Com है, क्योंकि इसमें शैक्षिक विषयों की जानकारी मिलती है।

आपके शौक क्या-क्या हैं? या आप खाली समय में क्या करते हैं?

- यदि आप अपना खाली समय पार्टी करके बिताते हैं, तो इंटरव्यू के दौरान उन्हें प्रकट न करें। 'संगीत सुनना अथवा पढ़ना' आदि का भी उल्लेख न करें, क्योंकि ये शौक भी अस्पष्ट होते हैं। ऐसी अस्पष्ट बातें करने के बजाए आप अपने सकारात्मक पहलू को प्रदर्शित करने वाले उदाहरण दें, जिससे आपको अपने काम में सफलता मिलने की सम्भावना हो; जैसे–व्यायाम और स्वास्थ्य सम्बन्धी क्रियाएँ, स्वैच्छिक सेवा दान, समाज सेवा में आपकी सहभागिता, व्यावसायिक विकास, शिक्षा आगे जारी रखना आदि।

वर्तमान एवं पिछले पदों पर आधारित प्रश्न

आप अपनी वर्तमान जॉब/कम्पनी क्यों छोड़ना चाहते हैं?

• यदि आप अपने बॉस को पसन्द न करने के कारण वर्तमान कम्पनी को छोड़ना चाहते हैं, तो बिल्कुल भी बॉस के विषय में नकारात्मक बातें न करें। इसके बजाए आप कहें कि आपके काम करने का तरीका उनसे भिन्न है। यदि आपको वर्तमान कम्पनी का काम उबाऊ लगता हो, तो कहें कि आप और अधिक चुनौतीपूर्ण काम ढूँढ रहे हैं। वर्तमान जॉब के सकारात्मक पहलू पर विचार करें तथा ध्यान केन्द्रित करें कि कैसे यह पद जिसके लिए आपने आवेदन किया है, आपके लिए आदर्श रहेगा और आपके ज्वॉइन करने से कम्पनी को क्या फायदा होगा।

आप अपनी ऐसी विशेषताएँ बताइए, जिनका आपके बॉस ने पहले उल्लेख किया हो।

• ऐसे प्रश्नों के उत्तर तैयार किए बिना इंटरव्यू में न जाएँ। आपको पता होना चाहिए कि आपके सर्वोत्तम गुण क्या हैं? आप इन्हें अपने बायोडाटा से न पढ़ें। आपका उत्तर बायोडाटा में दिए गए आपके गुणों से अधिक स्वाभाविक होना चाहिए। अपने गुणों के विषय में ज्यादा बढ़ा-चढ़ाकर न बताएँ। जहाँ तक हो सके प्रयत्न करें कि आप अपने गुणों के द्वारा औरों से भिन्न, ईमानदार एवं विशिष्ट लगें। इसका एक आदर्श उत्तर यह होगा–''अपने पिछले काम में मुझे अपने कार्यों के प्रति अच्छे जानकार कर्मचारी के रूप में जाना जाता था। अन्य कर्मचारी कार्य से सम्बन्धित अधिकतर बातें मुझसे ही पूछा करते थे। मैं अपने काम को नियत समय पर पूरा करने में कभी असफल नहीं हुआ। मेरे बॉस हमेशा इस बात का उल्लेख दूसरे कर्मचारियों से किया करते थे कि मैं हमेशा समय से काम समाप्त करता हूँ।

व्यावहारिक प्रश्न

आप किस प्रकार एक नेता रहे या फिर नेतृत्व करने का कोई उदाहरण प्रस्तुत किया?

• आप केवल पद और उपाधि न गिनाएँ, जिस पर आप पहले रह चुके हैं। इसके विपरीत उस पर ध्यान केन्द्रित करें, जिसमें आपको नेतृत्व का अवसर मिला हो। उस पद, काम आदि की विस्तृत जानकारी दें, जिससे आपके दृढ़ निश्चय के कारण कम्पनी को कोई ठोस उपलब्धि प्राप्त हुई हो।

क्या आप उस शहर से जिसमें आप काम करते हैं, स्थानान्तरित होने के लिए तैयार हैं?

• इसका औपचारिक उत्तर यह होगा–'' सही अवसर के लिए मैं अवश्य ही स्थानान्तरण हेतु तैयार हूँ। मुझे विश्वास है कि इस पद और कम्पनी में यह अवसर है।'' आप यह भी कह सकते हैं–''स्थानान्तरण से मुझे खुशी होगी, क्योंकि नए लोग एवं नई संस्कृति से परिचित होने का मुझे अवसर प्राप्त होगा। इसलिए मैं स्थानान्तरण के लिए तैयार हूँ।''

क्या आप काम के दौरान यात्रा करना पसन्द करेंगे?

• जब आप इस प्रश्न का उत्तर दें, तो कभी न दिखाएँ कि जॉब के समय आप यात्रा के विरुद्ध हैं। इसके लिए सर्वोत्तम उत्तर यह होगा कि 'मैं जॉब के दौरान यात्रा करने को तैयार हूँ। पिछली जॉब में यात्रा कर मैं विशेष सम्मेलन एवं प्रशिक्षण केन्द्रों पर गया, जिससे मेरे ज्ञान का विस्तार हुआ है। मैं हमेशा यह चाहता हूँ कि मैं जिस कम्पनी में काम करूँ, उसके लिए एक सुविधा बनकर रहूँ , न कि समस्या बनकर। साक्षात्कारकर्ता से कभी भी रेलवे स्टेशन अथवा एयरपोर्ट पर आई अपनी समस्याओं की चर्चा न करें।

आप किनसे प्रेरित होते हैं?

• इस प्रकार के प्रश्नों का उत्तर ईमानदारी से देना चाहिए और आपका उत्तर उस कुशलता व योग्यता से मुक्त होना चाहिए, जिसकी आपको भावी पद के लिए आवश्यकता है, जिसके लिए आप इंटरव्यू दे रहे हैं, जो कुछ भी कहें, उसे आप अपनी शैक्षिक योग्यता से, कार्यानुभव से या पाठ्येतर क्रियाओं के उदाहरण से अवश्य प्रमाणित करें। आप कुछ इस प्रकार कह सकते हैं–''मैं किसी भी कार्य के मिलने वाले परिणाम से प्रेरित होता हूँ। जैसे कि जब मैंने अपनी विश्वविद्यालय पत्रिका के लिए एक लेख लिखा, तो मुझे यह सोचकर एक उपलब्धि का आभास हुआ कि इसे 6000 छात्र पढ़ेंगे।''

आप एक लीडर हैं या फोलोवर?

• आपके उत्तर में दोनों का समावेश होना चाहिए। आपके प्रश्न का उत्तर आपके पद के आवश्यकतानुसार होना चाहिए, जिसके लिए आप इंटरव्यू दे रहे हैं। यदि यह केवल प्रवेश हेतु इंटरव्यू है, तो लीडर के गुण की तरफ झुकाव कम रखें। यदि यह मैनेजमेण्ट का इंटरव्यू है, तो मैनेजमेण्ट सम्बन्धी प्रश्नों के उत्तर देने को तैयार रहें और फोलोवर के गुणों की तरफ ध्यान कम दें। एक अच्छा उत्तर यह हो सकता है,''मैं अपने पद के अनुसार काम करने का तरीका अपनाता हूँ।

यदि हमारी टीम को एक लीडर की जरूरत होती है, तो मैं यह भूमिका निभाने को तैयार हो जाता हूँ लेकिन मैं जानता हूँ कि प्रवेश करने पर नेतृत्व में ऐसा बहुत कुछ है, जो मुझे सीखना होगा और मुझे इस बात की खुशी है कि मुझे निर्देशित करने वाले मुझसे बहुत अधिक जानकार व अनुभवी हैं।

आप अपनी किसी ऐसी उपलब्धि के बारे में बताएँ जिस पर आपको गर्व है?

• विनम्रता दर्शाने के लिए या संक्षिप्त एवं सरल उत्तर देने के लिए अपनी उपलब्धियों को कम न आँकें। इससे साक्षात्कारकर्ता को आपको समझने में परेशानी होगी। ऐसी किसी उपलब्धि की चर्चा न करें जो उस जॉब से सम्बन्धित न हो, न ही अपनी उपलब्धि को बढ़ा-चढ़ाकर प्रस्तुत करें। ऐसी कोई उपलब्धि भी न बताएँ जिसे आप अत्यधिक प्रभावी समझते हों। इसके बजाए आप केवल वह जानकारी दें, जिससे आपकी विश्वसनीयता स्थापित हो सके तथा साक्षात्कारकर्ता आपकी उपलब्धि की महत्ता को समझ सके। इसका एक साधारण उत्तर यह हो सकता है- ''मेरी सबसे बड़ी उपलब्धि अच्छी श्रेणी के साथ (High Grade Point Average) स्नातक की उपाधि प्राप्त करना है। मुझे इस पर गर्व है, क्योंकि इसके लिए मुझे समर्पण, कठिन परिश्रम एवं आत्म-संयम का पालन करना पड़ा।''

क्या आप छुट्टियों में या सप्ताह के अन्त में काम करेंगे?

• संगठन की प्रकृति के बारे में सोचना न भूलें, क्योंकि कुछ बैंक या सरकारी कर्मचारियों को अतिरिक्त समय में भी काम करना पड़ सकता है। फिर भी आप ऐसी कोई स्वीकृति न दें, जिसका आप निर्वाह न कर सकें। भले ही आपका उत्तर साक्षात्कारकर्ता की अपेक्षा पर खरा न उतरे, फिर भी आपको ईमानदार बनकर उत्तर देना चाहिए, जिससे कि आपको अधिक समय या कम समय तक काम न करना पड़े। एक उत्तर यह हो सकता है–''मैं एक कुशल कर्मचारी हूँ। यदि मुझे लगता है कि मैं अपने काम का अधिकांश भाग नियत समय में नहीं कर सकता, तो जब कभी जरूरत होगी मैं अतिरिक्त परिश्रम करने को तैयार हूँ। इस तरह कभी-कभी सप्ताह के अन्त में या छुट्टियों में लम्बे समय तक काम करने में मुझे कोई परेशानी नहीं है।''

आपको कौन-सी चीज असहज बना देती है?

• किसी एक घटना पर ध्यान केन्द्रित करें एवं जीवन का कोई वास्तविक उदाहरण दें। आपके असहज होने की कोई एक घटना ही साक्षात्कारकर्ता को यह बताने में आपकी मदद करेगी कि आपने किस प्रकार उस समस्या को पहचाना तथा उसका समाधान किया। एक उचित उत्तर यह है–''जहाँ अव्यवस्था होती है, मैं वहाँ असहज हो जाता हूँ। जब भी कभी ऐसी स्थिति आती है, मैं सभी चीजों को व्यवस्थित कर लेता हूँ। हाल ही में एक ग्रुप प्रोजेक्ट (सामूहिक परियोजना) प्रारम्भ में ही

अव्यवस्थित हो गया। मैंने प्रत्येक को उसकी जिम्मेदारी का अहसास कराया तथा कार्य की गति को सुचारु रूप से बढ़ाया। प्रारम्भ में हम आश्वस्त नहीं थे कि हम अपनी भूमिका को कुशलता से निभा भी पाएँगें या नहीं, लेकिन वास्तव में हमने लक्ष्य से पूर्व ही प्रोजेक्ट को पूरा कर लिया था।''

एक ऐसे समय का उदाहरण दें जब आपको सुपरवाइजर या साथी कर्मचारी से कोई समस्या हो गई हो। आपने उस समस्या का समाधान कैसे निकाला?

- बहुत से कर्मचारियों को अपने साथी कर्मचारी/सुपरवाइजर से किसी-न-किसी समय पर समस्या हो ही जाती है। वे उन समस्याओं से कैसे निपटते हैं, इससे उनकी मानव प्रबन्धन योग्यता का पता चलता है। इस योग्यता को सूक्ष्म योग्यता (Soft Skill) भी कहा जाता है। यदि आप साक्षात्कारकर्ता को यह बताने में सफल हो जाते हैं कि उस दौरान आई उन समस्याओं को आपने किस प्रकार सुलझाया, तो निश्चित रूप से आपको नौकरी मिलने की सम्भावना बढ़ जाती है।

एक ऐसा समय बताइए जब आपसे कोई गलती हुई हो।

- कभी ऐसा न कहें–''मैं अपनी किसी असफलता को याद नहीं कर पा रहा। मुझे लगता है मैं सौभाग्यशाली हूँ कि मुझे किसी भी पद पर रहते हुए आज तक कभी असफलता नहीं मिली।'' आपको असफलता की एक उपयुक्त कहानी बनानी होगी जिससे कि इंटरव्यू के दौरान पूछे जाने पर जवाब दे सकें। आपके सामान्य उत्तर में 'गलती होने के बाद क्या हुआ था' इस पर ध्यान केन्द्रित करके आपके चरित्र के मजबूत पक्ष का पता लगना चाहिए। अपनी गलती को इस तरह व्यक्त करें जिससे लगे कि आपमें जिम्मेदारी की भावना है। इसका वर्णन करें कि गलती का ज्ञान होने पर उसमें सुधार लाने या ठीक करने के लिए आपने कौन से कदम उठाए। यह भी वर्णन करें कि आप क्या-क्या करते हैं, जिससे गलती फिर न हो। यह भी चर्चा करें उस गलती से आपको क्या अनुभव प्राप्त हुए। साक्षात्कारकर्ता के समक्ष सकारात्मक व्यवहार प्रदर्शित करें, जिससे लगे कि आप अपने काम को सीखने और सुधारने के लिए दृढ़ संकल्पित हैं।

एक नाराज एवं क्रोधित ग्राहक से आप कैसे निपटेंगे?

- इस प्रश्न के उत्तर में आपका जवाब यह होना चाहिए कि जब आपके और नाराज एवं क्रोधित ग्राहक के बीच वार्तालाप चल रही थी, आपने अपने आपको नियन्त्रण में रखा। इसके लिए आदर्श उत्तर यह होगा–''कभी-कभी सम्भव है कि ग्राहक कम्पनी के किसी उत्पाद या सेवा से रुष्ट (नाराज) हो जाएँ तथा कम्पनी से सम्पर्क करें। मैं उनकी भावना और चिन्ता का समुचित सम्मान करूँगा और बताऊँगा कि मुझे उनकी मदद करके अत्यन्त खुशी होगी। उनकी समस्या का समाधान करने का हर सम्भव

प्रयास करूँगा। यदि मैं अपने स्तर से उनकी समस्या का समाधान अपने सारे स्रोतों का उपयोग करके भी न कर पाया, तो उनसे आग्रह करूँगा कि वे सुपरवाइजर से बात करें। इसके लिए मैं उनका सम्पर्क सुपरवाइजर से करवा दूँगा। मेरा अनुमान है कि आवश्यकता हुई, तो वे उनकी मदद अवश्य करेंगे।

एक ऐसे समय के विषय में बताएँ जब कार्य का सबसे ज्यादा बोझ आपके ऊपर था। आपने इसका प्रबन्धन कैसे किया?

• आप कुछ इस प्रकार उत्तर दे सकते हैं–''पिछले साल मुझे दो विभागों की देखरेख करनी पड़ी, क्योंकि एक विभाग के विभागाध्यक्ष ने जॉब छोड़ दी थी। इसलिए मैंने पहले से ही प्रत्येक सप्ताह के लिए एक दैनिक योजना (Day Planning) बना ली तथा अपने सारे कामों को उस पर अंकित कर दिया। मैंने अपने कार्य के समय का विभाजन उपयुक्त खण्डों में कर दिया। इस प्रकार नियत समय पर मैं दोनों विभागों का कार्य पूरा कर सका।

जॉब में जब मानसिक दबाव होता है, तो आप क्या करते हैं?

• आप इस प्रकार उत्तर दे सकते हैं–''मैं परिस्थितियों से प्रतिक्रिया करता हूँ, दबाव या तनाव से नहीं। इस तरह परिस्थिति पर नियन्त्रण पाया जाता है, जिससे दबाव उत्पन्न नहीं होता है।'' आप यह भी कह सकते हैं कि ''मैं ऐसा व्यक्ति हूँ जो दबाव में शान्त रहता हूँ तथा अपने कार्यों और गतिविधियों को प्राथमिकता देकर मैं दबाव या तनाव को कम कर देता हूँ।'' इसके लिए आप इसी प्रकार का कोई अन्य उदाहरण भी दे सकते हैं। इस प्रकार साक्षात्कारकर्ता को स्पष्ट पता चल जाएगा कि आप दबाव में कितना अच्छा काम कर सकते हैं।

कन्फ्यूज अथवा भ्रमित करने वाले प्रश्न

आज से पाँच वर्ष पश्चात् आप स्वयं को कहाँ देखते हैं?

• आप बताएँ कि आपने आत्म-मूल्यांकन किया है तथा अपना लक्ष्य निर्धारित कर लिया है। आप व्यावसायिक तौर पर उन्नति करना चाहते हैं तथा इसी कम्पनी में भविष्य में आप अतिरिक्त जिम्मेदारी लेने की आशा रखते हैं। यह कभी न कहें–''मैं नहीं जानता'' या ''मैं यह जॉब पाना चाहता हूँ।''

यदि बिल गेट्स आपके ऑफिस में आएँ और वे एक मिलियन डॉलर आपको अपना व्यापार शुरू करने के लिए देने का प्रस्ताव रखें, तो वह व्यापार कौन-सा होगा?

• पहले यह सोचें कि इस प्रश्न का तार्किक सम्बन्ध उस पद से क्या हो सकता है जिसके लिए आपने आवेदन किया है और यह कि अपने शौक तथा रुचि के विषय में आपने साक्षात्कारकर्ता को क्या बताया है। यह भी ध्यान रहे कि व्यापार सम्बन्धी आपके विचार कम्प्यूटर, सॉफ्टवेयर या अन्य सम्बन्धित व्यापार से होने चाहिए। इसमें वह सब कुछ होना चाहिए, जो वर्तमान में प्रचलन में है। कभी भी समाज सेवा का नाम न लें, (बिल गेट्स स्वयं कई समाज सेवा सम्बन्धी कार्य कर रहे हैं) क्योंकि यह व्यापार नहीं है, मानवता की सेवा है। इस प्रकार आप अपना सबसे उत्तम उत्तर तैयार करें।

आप कितनी सैलरी की उम्मीद करते हैं?

• यदि आप प्रोबेशनरी ऑफिसर/प्रबन्धन प्रशिक्षार्थी/या अन्य जॉब जिसमें विज्ञापन के द्वारा या सैलरी पहले से ही विदित है, तो आप कह सकते हैं कि निर्धारित सैलरी आपके लिए उचित है। ऐसे मामलों में आप पहले से ही तैयारी कर लें कि आपको कितनी राशि सैलरी के तौर पर मिलेगी। इंटरव्यू से पूर्व यह जान लेना सन्तोषप्रद होता है। यदि साक्षात्कारकर्ता राशि बताने को कहे तो वही राशि, जो आप पहले ही निर्धारित कर चुके हैं, बताएँ।

लेकिन यदि सैलरी निर्धारित न हो, तो अपनी शैक्षिक योग्यता एवं कार्यानुभव को ध्यान में रखते हुए साथ ही उक्त स्थान जहाँ काम करना है, के अनुसार सैलरी बताएँ। **उदाहरण**; यदि आपको दिल्ली, मुम्बई या किसी अन्य महानगर में काम करना है, तो निश्चय ही सैलरी की राशि अधिक होगी। ठीक इसके विपरीत यदि किसी शहरी जिले या ग्रामीण क्षेत्र में आपको काम करना है, तो सैलरी की राशि कम होगी। एक निश्चित राशि न बताएँ, केवल राशि की एक सीमा बताएँ। आप यह भी बताएँ कि आप इस मामले में लचीले हैं तथा मिलने वाले अन्य लाभों पर भी विचार कर सकते हैं।

हम आपको जॉब पर क्यों रखें?

• जितने भी प्रश्नों के उत्तर आपने दिए हैं, उनसे साक्षात्कारकर्ता को यह लगना चाहिए कि आप उक्त पद हेतु उपयुक्त उम्मीदवार हैं। हमेशा ध्यान केन्द्रित रखें कि आपकी पृष्ठभूमि के कारण आप उक्त पद के लिए अच्छे उम्मीदवार हैं। आप उन्हें बताएँ कि आप उस विभाग या संगठन को किस प्रकार अपना योगदान देकर ऊँचाइयों पर ले जा सकते हैं।

आप कैसा महसूस करेंगे जब आपको उसके अधीन काम करना पड़ेगा, जिसका ज्ञान अथवा शैक्षिक योग्यता आपसे कम है?

• भले ही आप जानते हैं कि आप उनसे कुछ सीख नहीं सकते, फिर भी आप उन्हें सफलता दिलाने में मदद करें, क्योंकि आप उन्हें सफल बनाते हैं, तो वे भी आपको सफल बनने में मदद करेंगे। एक अच्छा उत्तर यह होगा–''मैं नहीं मानता कि ज्ञान

केवल एक ही तरह का होता है। उदाहरण के लिए, कोई सैद्धान्तिक तौर पर तो कोई व्यावहारिक रूप से अधिक ज्ञानी हो सकता है। मैं समझता हूँ कि मजदूर और सुपरवाइजर का वह रिश्ता सबसे अच्छा होता है, जिसमें दोनों के व्यवहार में सन्तुलन बना रहता है और जहाँ वे महसूस करते हों कि हम दोनों ही एक-दूसरे से कुछ सीख सकते हैं।''

अन्य उम्मीदवार आपसे अधिक शैक्षिक योग्यता एवं कार्यानुभव रखते हैं। फिर मैं यह जॉब आपको क्यों दूँ?

- आप अपनी तुलना अन्य उम्मीदवारों से बिल्कुल भी न करें। आप केवल साक्षात्कारकर्ता को आश्वस्त करें कि आप उक्त पद के लिए सही उम्मीदवार कैसे हैं? आप कह सकते हैं–''मैं अन्य उम्मीदवार के विषय में नहीं जानता, लेकिन मैं इस पद के लिए उपयुक्त शैक्षिक योग्यता एवं कार्यानुभव रखता हूँ। मैं आत्मविश्वास के साथ कह सकता हूँ कि मैं इस पद से सम्बन्धित सारे कार्यों को सन्तोषजनक तरीके से निष्पादित कर सकता हूँ।''

सूचना और राय पर आधारित प्रश्न

आपके व्यावसायिक जीवन का लक्ष्य क्या है?

- अपने कैरियर के ऐसे लक्ष्य को प्रस्तुत न करें, जिसकी प्राप्ति उस जॉब/संगठन में नहीं हो सकती, जिसके लिए आप इंटरव्यू दे रहें हैं। कभी भी कमजोर उत्तर न दें। अपने भविष्य की उपलब्धियों को बढ़ा-चढ़कर न बताएँ। आप अपने उत्तर संक्षिप्त, स्पष्ट और कम्पनी के हित के अनुरूप रखें। इससे साक्षात्कारकर्ता को यह समझने में सहयोग मिलता है कि आप उस कम्पनी में काम करने के लिए कितने इच्छुक हैं? आपका उत्तर इस प्रकार हो सकता है–''मेरा वर्तमान में ध्येय है कि मैं नई-नई बातों की जानकारी रखना चाहता हूँ। मैं सम्मेलन या वर्कशॉप सभी जगह जाने का इच्छुक हूँ। मैं अपने ज्ञान का उपयोग उनके लिए भी करना चाहता हूँ जो गुणवान तो हैं, लेकिन जीवन में उत्साह या कुछ करने की चाह नहीं रखते। अपने ज्ञान से मैं उन्हें वहाँ तक पहुँचाना चाहता हूँ, जहाँ तक जाने की क्षमता उनमें विद्यमान है। भविष्य में मैं स्वयं को एक अच्छे लीडर के रूप में देखता हूँ, ऐसा लीडर जो कर्मचारियों को आगे बढ़ने के लिए प्रेरित करता हो। इस तरह संगठन और भी बेहतर बनेगा।''

लगभग एक वर्ष पहले आपने अपनी अन्तिम शैक्षिक योग्यता पूरी की। उसके बाद से अब तक आप क्या कर रहे थे? आपके बायोडाटा में इसका उल्लेख नहीं है।

• कभी न कहें कि इस समय मैंने कुछ नहीं किया। कुछ इस तरह कहें–''इस जॉब के लिए लिखित एवं इंटरव्यू की तैयारी करने के अतिरिक्त मैंने एक महाविद्यालय में आंशिक तौर पर शिक्षक के रूप में जॉब की। इससे तैयारी के दौरान मुझे धनोपार्जन में सहायता मिली।''

आप प्राइवेट सेक्टर की अपनी वर्तमान जॉब को क्यों छोड़ना चाहते हैं, जबकि हमारे यहाँ कम सैलरी दी जाती है?

• यह कभी न कहें कि सरकारी अथवा बैंक की जॉब में काम की सुरक्षा है, जोकि प्राइवेट सेक्टर की जॉब्स में नहीं है। ऐसा कहने से यह प्रदर्शित होगा कि आपमें आत्मविश्वास की कमी है अथवा आपकी सोच नकारात्मक है। आप यह कह सकते हैं कि आपकी वर्तमान जॉब में भविष्य में उन्नति के सीमित मार्ग हैं या फिर यह कहें कि वर्तमान जॉब में कोई चुनौती नहीं है तथा आप एक चुनौतीपूर्ण काम की तलाश में हैं, जिसमें आप अपने अर्जित ज्ञान और कौशल का पूरा-पूरा उपयोग कर पाएँ।